Wallraff | Im Einsatz für Aufklärung und Menschlichkeit

Günter Wallraff

Im Einsatz für Aufklärung und Menschlichkeit

Existenzielle Erfahrungen und Ermittlungen

Ausgewählt von
Günter Wallraff und Karl-Heinz Göttert

Mit Nachworten von
Volker Weidermann und Cem Özdemir

Reclam

RECLAMS UNIVERSAL-BIBLIOTHEK Nr. 14313
2022 Philipp Reclam jun. Verlag GmbH,
Siemensstraße 32, 71254 Ditzingen

Gestaltung: Cornelia Feyll, Friedrich Forssman
Druck und Bindung: Druckerei C.H.Beck,
Bergerstraße 3–5, 86720 Nördlingen
Printed in Germany 2022

ISBN 978-3-15-014313-1
www.reclam.de

Inhalt

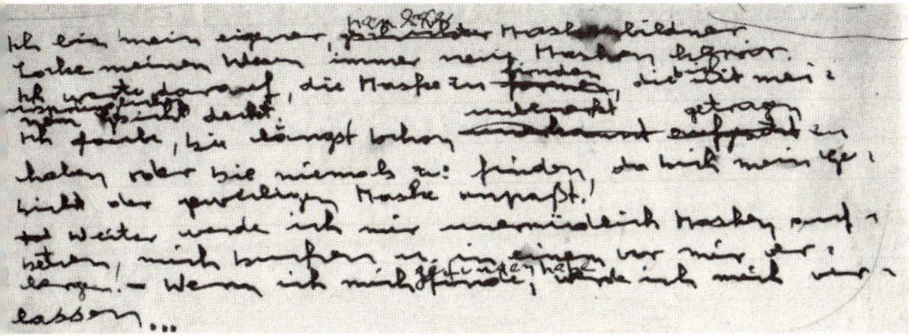

Ich bin mein eigener heimlicher Maskenbildner.
Locke meinem Wesen immer neue Masken hervor.
Ich warte darauf, die Maske zu finden, die sich mit
meinem ursprünglichen Gesicht deckt.
Ich glaube, sie längst schon unbemerkt getragen zu haben
oder sie niemals zu finden, da sich mein Gesicht der jeweiligen
Maske anpaßt.
Weiter werde ich mir unermüdlich Masken aufsetzen, mich
suchen und in einem vor mir verbergen. – Wenn ich mich
gefunden habe, werde ich mich verlassen …

Tagebucheintrag 1960

Protokoll aus der Bundeswehr

1. Juli 1963 – Montag

Meine Dienstgradbezeichnung ist »Schütze«, ich trage Uniform. Aber ich habe das Gewehr nicht genommen. Ich bin Kriegsdienstverweigerer.

»Wallraff hat sich trotzdem zur Stelle gemeldet!«

»Stehen Sie erst einmal stramm, wenn Sie mit mir reden, und melden Sie sich gefälligst richtig! Das heißt: Schütze Wallraff meldet sich zur Stelle, verstanden!«

»Ja, schon, aber wieso Schütze? Ich nehme doch kein Gewehr in die Hand und werde niemals schießen, auch nicht so zum Spaß.«

»Sind Sie blöde? Ihre Dienstgradbezeichnung ist Schütze, und so haben Sie sich ein für alle Mal zu melden, sonst werde ich Sie melden, und Sie kommen wegen Befehlsverweigerung in den Bau!«

»Ach so. Ein Schütze, der nicht schießt … aber wenn Sie Wert darauf legen: Die Dienstgradbezeichnung Schütze Wallraff meldet sich zur Stelle!«

So fing es an. Ich hatte meinen Antrag nicht früh genug gestellt. Bei der Musterung war mein Entschluss noch nicht fest gewesen. So stellte ich meinen Antrag auf Kriegsdienstverweigerung beim Kreiswehrersatzamt Köln zwei Monate vor der Einberufung und wies darauf hin, dass das Gewissen zu jeder Zeit wach werden könne und nicht an amtliche Fristen gebunden sei. Ich erhielt die Einberufung mit dem Zusatz: Wenn ich mich nicht zum anbefohlenen Zeitpunkt bei meiner Einheit einfände, gälte ich als fahnenflüchtig und würde strafrechtlich verfolgt. Mein Antrag würde an den zuständigen Prüfungsausschuss für Kriegsdienstverweigerer weitergeleitet.

Am nächsten Tag erscheine ich nicht zur Gewehrausteilung. Später bekomme ich von meinem Gruppenführer einen Stock mit Tragekordel. Ich schmücke ihn jeden Tag mit einer frischen Feldblume und stelle ihn jeden Abend in den Gewehrständer neben die blitzenden Flinten meiner Stubengefährten. Damit sie sich neben mir nicht zu schämen brauchen, pflanze ich ihren Gewehrmündungen ebenfalls Blumen auf. – Man verbot mir den Blumenzauber. Meinen mit Feldblumen geschmückten Stecken durfte ich auch nicht mehr öffentlich tragen, weil er großes Aufsehen erregte und schon in anderen Standorten der Umgebung bekannt geworden war. So stehe ich mit leeren Händen daneben, wenn die anderen schießen. [...]

26. Juli 1963 – Donnerstag – 9.30 bis 10.30 Uhr

Kompaniebelehrung! Große Aufklärung! Gehalten von Hauptmann Staller. Heutiges Thema: ABC-Kriegsführung. Schutzmaßnahmen des einzelnen Soldaten dagegen. – Wir kommen von einer harten Geländeausbildung zurück und sind müde. Die meisten schalten ab, kämpfen gegen den Schlaf an. Augenlider klappen herunter. Wer beim Schlafen erwischt wird, muss aufstehen, schläft vor Müdigkeit fast im Stehen weiter.

Als Soldat lernt man, überall und in der unbequemsten Stellung zu schlafen. Der Dienstplan ist so angesetzt, der Schlaf so knapp bemessen, dass sich das Bewusstsein ständig im halbwachen Zustand befindet. Die natürlichen geistigen Widerstandskräfte sind stark herabgesetzt. Der Soldat schluckt so alles leichter, er schluckt alles, was ihm vorgesetzt wird. »Der Soldat braucht nicht zu denken. Das besorgen wir für ihn. Nachdenken ist gefährlich und führt zu nichts«, hat Fahnenjunker Landmann treffend formuliert.

»Warum sind in Hiroshima so viele Menschen umgekommen? – Die Bombe war völlig neu, unbekannt die Wirkung. –

Noch keine Schutzmaßnahmen vorhanden. Panikstimmung aufgekommen. – Vor allen Dingen Ruhe bewahren! – In Japan sind die Häuserwände bekanntlich aus Papier, Stroh und Pappe. Schon ein ganz kleiner Mauervorsprung gewährt Schutz! Nicht Bange machen lassen! Die verantwortungslosen Wissenschaftler. Warnen vor der Bombe. Spielen mit der Angst des Menschen! – Die Militärs sind sich da einig: Jede neue Waffe hat auch wirkungsvolle Schutzmaßnahmen nach sich gezogen. – Jeder hat eine Chance zu überleben! Vor allem der geschulte besonnene Soldat. Da haben wir den Zivilisten viel voraus. Ich sage immer: ›Ein gut ausgebildeter Soldat ist eine halbe Lebensversicherung!‹ (Hauptmann Staller war im Zivilberuf in der Versicherungsbranche tätig.)

Wollen der Sache nüchtern ins Auge blicken und rein wissenschaftlich zu Leibe rücken. Aufräumen mit den verbreiteten Schauermärchen von den angeblich verheerenden Wirkungen von Mega-Wasserstoffbomben. Großstädte könnten mit einem Schlag ausradiert werden. Glatter Unsinn. Typische Angstpsychosen!

Wie verhält sich nun der Soldat, wenn eine Atomexplosion stattgefunden hat? Sie werden vielleicht lachen, lachen Sie jetzt ruhig darüber, wenn ich Ihnen sage, schon eine vorgehaltene Zeitung schützt. Von einem Erdloch ganz zu schweigen. Sie wissen ja gar nicht, wie gut Erde isoliert! (Er rechnet es uns anhand der ›Halbwertzeit‹ vor.) Vor allem: flach hinschmeißen! Kopf in die Erde stecken! Ruhe bewahren und liegen bleiben, bis der Druck nachlässt. Langsam zählen, so die Entfernung vom Explosionsnullpunkt zur eigenen Lage feststellen. Das geht alles sehr schnell vorüber.

Nun zur Strahlungsgefährdung. Wenn Sie sich nicht in unmittelbarer Nähe des Explosionsherdes befinden, haben Sie alle Aussichten zu überleben. Der Mensch verträgt schon enorm hohe Dosen, ohne bleibende Schäden zu erlangen.

Nichts Neues für uns. Wir sind alle schon geröntgt worden. Und die Leuchtziffern auf Ihren Armbanduhren speichern mit den Jahren eine beträchtliche Anzahl von Röntgeneinheiten in Ihrem Körper auf. Und Sie sind noch nicht daran gestorben, wie ich sehe!«

27. Juli 1963 – Freitag – 8 Uhr – Allendorf

Wir üben »Durchsagen von Parolen«. Hocken nebeneinander im Schützengraben. Vorne gibt der Zugführer, Stabsunteroffizier (Stuffz.) Flach, die Parole aus. Einer flüstert sie dem anderen weiter. Der Letzte muss sie auf Papier notieren und wieder nach vorn zum Stuffz. bringen.

Der Stuffz. überreicht sie dem Hauptmann. Der liest sie laut vor, sie muss mit der ausgegebenen genau übereinstimmen. Einzelne Zahlen werden schon mal falsch weitergegeben, und der Hauptmann regt sich jedes Mal darüber auf. Er sagt, im Ernstfall könne das fahrlässige Tötung bedeuten, da könne das Leben einer ganzen Kompanie von abhängen.

Eine neue Parole wird mir von meinem Nebenmann zugeflüstert: »Sieben feindliche Panzer, drei Kilometer aus SSO mit 25 km/h auf eigene Stellung zubewegend. Fertigmachen zum Sturmangriff.«

Ich gebe weiter: »ABC-Alarm. Abwurf der A-Bombe hundert Meter östlich. Atomblitz von links! Kopf in den Sand! Zeitung drauf!«

Einer gibt dem anderen mit der größten Selbstverständlichkeit die neue Parole durch. Der Letzte notiert sie und eilt damit zum Stuffz.; dieser überreicht sie dem Hauptmann. Der will zum Vorlesen ansetzen, wird ganz blass, als er die Falschmeldung liest. Er blickt mich strafend an. Aber er schweigt und geht der Sache nicht nach, um sich nicht der Lächerlichkeit auszusetzen. […]

November 1963 – Köln – Koblenz

Ich habe Wochenendurlaub und bin mit Freunden zu Besuch in einem fremden Haus. Es ist spät geworden, und ich habe zu viel getrunken. Um den letzten Bus noch zu bekommen, muss ich mich beeilen. Es ist dunkel draußen. Ich renne los und stürze die Garageneinfahrt hinunter. Man holt einen Arzt. Im nächsten Krankenhaus wird eine Gehirnerschütterung festgestellt und meine aufgeplatzte Schläfe genäht.

Nach vier Tagen entlässt man mich nach Hause »zu weiterer Bettruhe«. Dort behandelt mich der zuständige Standortarzt Dr. Spillerborg.

Ein paar Wochen vergehen. Oberstabsarzt Spillerborg holt mich eines Morgens mit dem Militärauto ab, um in seiner Praxis die Fäden aus meiner Schläfenwunde zu ziehen. Während der Fahrt kommt er auf meine Kriegsdienstverweigerung zu sprechen. Er meint, dass ich Zeuge Jehovas sein oder sonst einer Sekte angehören müsse. Als ich beides verneine, kommt er mit der üblichen Militärschablone: »Sagen Sie nur, Sie würden Ihre Mutter oder Braut nicht mit dem Gewehr verteidigen, wenn ein Russe sie vergewaltigen will?«

Ich sage: »Ein moderner Krieg wird nicht angezettelt, um Frauen zu vergewaltigen. Wenn es im Krieg so weit gekommen ist, sind die ›Beschützer‹ nicht in der Lage, ihre Familie zu verteidigen. Sie kämpfen an der Front – und mein persönliches Notwehrrecht steht mir in jedem Fall zu.«

Der Oberstabsarzt stoppt mich mit der Bemerkung (der Fahrer, ein Wehrpflichtiger, ist schon hellhörig geworden): »Das sprengt den Rahmen unseres heutigen Gesprächs. Das Thema gilt hiermit als beendet« und schweigt sich für den Rest der Fahrt aus.

Nachdem die Fäden gezogen sind, lässt er mich noch längere Zeit im Warteraum sitzen. Ich erwarte, dass er mir die Papiere für die Rückfahrt nach Koblenz fertig macht. Ich habe über keine Beschwerden mehr geklagt. Er hat selbst gesagt, dass er die Gehirnerschütterung »als geheilt betrachtet«. Nun kommt er mit einem Überweisungsschein an den Psychiater. Ich gehe in die Praxis des Bundeswehr-Vertragspsychiaters Dr. Trompel. Ich komme bald an die Reihe. Dr. Trompel bittet mich persönlich herein. Ich muss mich ausziehen, er kommt mit dem Hämmerchen und prüft die Reflexe. Anschließend will er sich mit mir »noch etwas unterhalten«.

Er kommt auf den Unfall zu sprechen. Ich muss ihn genau schildern. Er macht sich Notizen und fertigt eine Skizze an. Er stellt mehrere Fangfragen. Er spricht von »mysteriösen Umständen des Unfalls«. Dabei war es ein harmlos alltäglicher Sturz. Er fragt, ob in der Familie schon mal Geisteskrankheiten vorgekommen seien. Ob ich selbst schon von einer befallen worden sei. Ich verneine. Darauf blickt er mich nochmals durchdringend an und sagt: »Ja, der Dr. Trompel ist dafür bekannt, dass er immer was findet.«

Er unterhält sich mit mir über Literatur. Notiert sich einige meiner Lieblingsdichter, z. B. Jakob van Hoddis, Bert Traven und Georg Büchners *Woyzeck* und *Der Hessische Landbote*. Will wissen, was ich an pazifistischer Literatur lese. Ich nenne vor allem *Draußen vor der Tür* von Wolfgang Borchert und zitiere sein Manifest *Dann gibt es nur eins! Sag nein!* Ich kann es fast auswendig. Dieses Gespräch dauert eine halbe Stunde. Dann schreibt er sein Gutachten. Nach ein paar Wochen werde ich nach Koblenz zurückgeschickt. Der Truppenarzt in Koblenz liest den Befund sehr eingehend, zündet sich umständlich eine Zigarette an, lässt mich vor sich stehen, während er sitzt und liest. Er schickt mich zur neurologisch-psychiatrischen Abteilung des Bundeswehrlazaretts. Aus dem ärztlichen Gutachten:

»Zur psychiatrischen Situation erfuhr ich, Patient sei Einzelkind. Patient bemühe sich, als Wehrdienstverweigerer anerkannt zu werden. Dies sei ihm beim ersten Mal nicht gelungen.
Der Patient fällt hier durch sein Äußeres auf. Er lässt sich gerade einen Backenbart wachsen und trägt eine getönte Brille. [...]
Körperlich handelt es sich um einen femininen Typ mit etwas verbreiteten Hüften und weiblicher Schambehaarung. Sonst macht bei der Untersuchung, hier neuro-psychiatrisch gesehen, der Patient einen ungeleiteten, vaterlosen Eindruck.
Ich würde es nicht als gegen die guten Sitten verstoßend erachten, einstweilige Suspension vom weiteren Dienst von der Auflage abhängig zu machen, Veröffentlichungen gegen die Bundeswehr zu unterlassen. [...]«

Ich werde mit dem Sanitätswagen ins Bundeswehrlazarett gefahren. Ein Sanitäter trägt meine Sachen und bringt mich zur Anmeldung. Man weist mir ein Zimmer in der geschlossenen psychiatrischen Abteilung zu. Die Kranken sehen ganz normal aus. Ich mustere sie verstohlen, um herauszubekommen, warum sie hier sind. Sie mich auch. Die meisten liegen »zur Beobachtung« hier. Sie beobachten sich gegenseitig am schärfsten. Jeder pocht drauf, dass er zu Unrecht hier sei, und legt den andern die normalsten Reaktionen als »typisch neuro« aus.

Nach und nach wird mir klar, wo ich gelandet bin. Ich komme mir vor wie der typische Irre, der sich als einzig Normaler unter lauter Irren vorkommt. Es ist fast unmöglich, in einer psychiatrischen Abteilung »auf Beobachtung« annähernd normal zu erscheinen.

Wir haben einen Obergefreiten, der fast vier Jahre bei der Bundeswehr ist und alles mögliche Getier imitiert, sich dann auch so fühlt. Er bellt, miaut, blökt oder quakt oft, wenn man sich mit ihm unterhält. Er sagt, dass er sich das erst bei der Bundeswehr angewöhnt habe. Andere Fälle auf der Station: Ein Feldwebel trägt ständig sein Kopfkissen wie einen Säugling mit sich herum. Ein Patient fällt nach jeder Mahlzeit in geistige Umnachtung. Ein Neueingelieferter rennt schreiend durch die Gänge: »Ich will endlich meine deutsche Uniform haben!« Er kriegt sie nicht. Man transportiert ihn kurz darauf in eine geschlossene zivile Anstalt ab. Einer hat seinem Spieß mit einem ausgerissenen Stuhlbein eins übergezogen und ihm seinen Stahlhelm hintendrein ins Kreuz geschmissen. Sein Spieß wird am selben Tag eingeliefert, zwei Stockwerke tiefer. Ein verstörter ehemaliger Unteroffizier rennt durch alle Räume. »Muss ich mich erst wieder an die Anscheißerei gewöhnen, sonst habe ich die Anschisse erteilt!« Einer läuft mit Zuckungen im Gesicht herum. Beim Zielen ist ihm ein Nerv gerissen. »Der große Meister«, so will ein anderer genannt sein, proklamiert, stark schwäbelnd, theatralisch laut seine Verse: »Ich lag unschuldig in der Bundesgruft (er hatte drei Wochen im Bau gesessen). Einsam und verlassen in feuchter Luft. Und die deutsche Uniform, sie klebte an mir vom eigenen Blut und nicht vom Bier.«

Er schüttet über jeden, der sich mit ihm einlässt, seinen Hass gegen die Bundeswehr aus. Er sei wegen Befehlsverweigerung unschuldig zu drei Wochen Gefängnis verurteilt worden, die er im Bau habe absitzen müssen. An die Gerichte, bis zum Bundesgerichtshof, schickt er jetzt seine Protestschreiben. Er beschimpft die Richter: »Ihr Abschaum der Menschheit« oder »Ihr Schmarotzer der menschlichen Zivilisation!«

Einmal werde ich zum Stationsarzt gerufen. Er will die Anamnese (die Vorgeschichte meiner »Krankheit«) aufnehmen. Ich frage, warum ich überhaupt hier bin. Er meint: »Wir müssen Sie beobachten, ob Sie noch zu gebrauchen sind!« – Dann kommt er auf meine Kriegsdienstverweigerung zu sprechen. Ob es wahr sei, dass ich bisher kein Gewehr angerührt habe. Er erklärt mir, als Kriegsdienstverweigerer weiche man doch sehr stark von der Norm ab. Ich antworte, dass es mir inzwischen selbst aufgefallen sei. Er will wissen, wann mein Artikel erscheint. Ich soll ihm Auszüge daraus zeigen. Ich sage, dass ich nicht wisse, wann der Artikel erscheint, und kein Material hier hätte.

In den nächsten Wochen fragt er wiederholt nach meinen Artikeln. Es interessierte ihn »rein als Arzt«. – Ich zeige ihm einige Stellen aus meinem »Bundeswehrtagebuch«. Die Zeitschrift *Twen* beabsichtigt, es nach meiner Entlassung in zwei Folgen zu veröffentlichen. Er schlägt mir einen Deal vor, den er mit dem Standort-Kommandanten abgesprochen hätte: »Sie unterschreiben, dass Sie sich verpflichten, Veröffentlichungen gegen die Bundeswehr zu unterlassen, und Sie kommen sofort frei. Sie müssen dann auch Ihren Ersatzdienst nicht mehr ableisten.«

Ich entgegne: »Tut mir leid, dafür habe ich hier zu viel erlebt. Das ist ganz sicher von öffentlichem Interesse.«

Am nächsten Tag lässt er mich rufen, macht mir klar, dass er mich für dienstuntauglich hält. »Sie stehen halt doch zu weit außerhalb der Norm.« – Am folgenden Tag stellt er mich dem Oberfeldarzt (Oberstleutnant-Rang), dem Chefarzt des Lazaretts vor. Dieser fragt zum Schluss sehr ernst und eindringlich: »Gesetzt den Fall, wir entlassen Sie dienstunfähig, wollen Sie dann noch Ihre Kriegsdienstverweigerung fortsetzen? Damit könnte die Sache doch für Sie erledigt sein!«

Ich antworte, dass es mir darauf ankommt, anerkannt zu werden.

Wie auf ein Stichwort erheben sich die beiden Ärzte, erklären, dass ich »dienstuntauglich« sei und am gleichen Tage noch meine Sachen packen könne.

Ich erfahre, dass im Entlassungsbericht die Diagnose auf »abnorme Persönlichkeit« gestellt ist: »Tauglichkeitsgrad VI, verwendungsunfähig auf Dauer (für Frieden und Krieg).«

»Sinter zwo« – im Stahlwerk

Um sechs Uhr früh heulen die Sirenen. Die lange Nacht ist überstanden. H., der vor Übermüdung zittert, wäscht sich erst gar nicht, sondern steigt auf sein altes Rad und stakst, in der Kolonne der anderen Räder, nach Haus. Werksomnibusse öffnen sich und nehmen ausgelaugte Gestalten auf. Jüngere darunter, mit grauen Schläfen schon und fahlen Gesichtern. Ausgekotzt von der Nacht. Die neue Schicht rückt heran. Die gleichen Gestalten, jetzt schon müde, bereits jetzt erschöpft, drei Stunden vorzeitig aus den Betten gerissen, mit schlafwandlerischen Bewegungen. Die Blicke der An- und Abrückenden treffen sich nicht.

Die Stadt erwacht. Kolonnen von Autos durchqueren die Rauchstadt. Ein wirres Knäuel von Scheinwerferschlangen, die sich vor einem der fünfzig Tore der Fabrikstadt wieder entwirren. Proviantwagen schaffen alles heran, was zum Leben gebraucht wird. Brotwagen, Fleischerwagen, Milchwagen, Kohlenwagen, Wagen, die, die großen Warenhäuser mit dem lebensnotwendigen Kleinkram anfüllen. Dann Müllwagen wie Leichenwagen, die Platz schaffen für neue Konsumgüter und neue Arbeiter.

Im Ledigenheim habe ich Quartier bezogen. Dort schlafe ich mir die Müdigkeit aus den Knochen wie einen schweren Rausch. Ein schmaler Raum. Zwei Schritte von der Tür zu meinem Bett. Das Bett aus Stahlrohr. Auch der Schrank aus Stahl, mit einem Vorhängeschloss daran. Ein viereckiger Tisch und drei Stühle. Ein Bild an der Wand. Das Bett habe ich mir so eingerichtet, dass mein Kopf am Fenster liegt. Dadurch erspare ich mir den Anblick der Ziegelsteinfassade der Fabrikhalle. An der Wand mir gegenüber hängt das Bild ohne Rahmen. Eine Stiftung der Hütte. Eine automatische Walzstraße. Bunt.

Zwei weitere Betten stehen noch im Raum. Wenn ich von der Nachtschicht komme, ist eins davon belegt. Von dem Arbeiter, der Spätschicht hat. Ein Bett steht leer. Der dazugehörende Arbeiter hat Frühschicht. Der schlafende Arbeiter wird kurz wach, wenn ich eintrete. Er dreht sich auf die andere Seite und schläft weiter. Ich ziehe einen Stuhl an mein Bett heran, ziehe mich aus und lege meine Sachen über den Stuhl. Ich lege mich ins Bett, drehe mich zur Wand und schlafe sofort ein. Eine Stunde später wird der Stuhl aus dem Raum gerückt, und eine elektrische Säuberungsmaschine wird durch den Raum gefahren. Zwei Putzfrauen rücken den Tisch einmal in die eine Seite des Raums und einige Minuten später in die andere. Sie bemühen sich, keine lauten Geräusche zu machen, und sprechen nur leise miteinander.

Ich werde kurz wach davon und nehme den Reinigungsvorgang im Halbschlaf wahr. Das zweite Mal werde ich wach, wenn der Arbeiter, der Spätschicht hat, aufsteht. Er lässt einen elektrischen Rasierapparat surren und nimmt nicht so viel Rücksicht wie die Putzfrauen. Er knallt das Fenster auf oder zu, je nachdem wie das Wetter ist und wie der Wind sich gedreht hat. Bei Ostwind ist der Raum voll Qualm.

Das dritte Mal werde ich wach, wenn Post unter der Tür durchgeschoben wird. Nicht immer werde ich davon wach. Wenn der Hausmeister die Tür aufmacht, um ein dickeres Kuvert oder ein Päckchen ins Zimmer zu legen, fahre ich aus dem Schlaf hoch.

Kurz nach zwei Uhr mittags kommt der Arbeiter ins Zimmer, dessen Bett leer war, als ich kam. Oft legt er sich ins Bett, oder er setzt sich an den Tisch, isst etwas und hört Radio dabei. Auch er weckt mich für kurze Zeit.

Vor vier Uhr nachmittags stehe ich selten auf. Dann gehe ich in den Waschraum. Dort stehen noch andere Arbeiter, die auch Nachtschicht haben.

Danach gehe ich in die Kantine, frage, ob Brötchen vom Morgen übrig geblieben sind, wenn nicht, kaufe ich geschnittenes Brot. Als Belag nehme ich Rahmkäse, immer dieselbe Sorte, weil keine andere geführt wird, die Leberwurst mit den dicken Speckstücken mag ich nicht. Ein oder zwei Flaschen Bier kaufe ich mir noch dazu und manchmal eine Flasche Trauben- oder Johannisbeersaft. Die trinke ich dann auf einmal, weil ich glaube, dass es gesund ist. Dann gehe ich wieder ins Zimmer hoch, esse und trinke das Bier aus der Flasche. Dazu höre ich Radio.

Oft macht das Bier mich müde. Ich lege mich dann aufs Bett und versuche zu lesen. Die werkseigene Zeitung *Unsere Hütte* oder eine andere Lektüre. Dabei schlafe ich manchmal ein.

Spätestens um neun Uhr abends muss ich wieder wach sein. Ich schmiere mir ein paar Brote zum Mitnehmen. Wenn ich zu spät wach geworden bin, wickele ich die Brotschnitten trocken ein oder lasse es. Um zehn Uhr abends muss ich auf der Nachtschicht sein.

Wie viele wir auf der Schicht sind, weiß keiner.

»Das wechselt hier oft«, sagt einer, den meine Frage überrascht.

»Mehr als ein Dutzend werden es kaum sein, ich persönlich kenne den Meister Z., den H., den P. und das Holzbein – der hat in Wirklichkeit kein Holzbein, der geht nur so, war früher im Pütt*, hat unterm Bruch gelegen mit dem Bein, darum geht er so, und darum hat er seinen Spitznamen weg. Ja, dann kenne ich noch zwei andere, das heißt, sie selbst kenne ich nicht, aber ihre Stimmen, die kenne ich, von der Sprechanlage her. Ich glaube, der eine heißt S., und der andere brüllt immer so, dass ich ihn meist beim zweiten Mal erst verstehe. Ja, das ist komisch, richtige Kumpels wie früher haste hier nicht. Das liegt an der verfluchten Anlage. Wenn du da alle Gänge durchgehen willst,

* *Pütt:* unter Tage im Bergwerk

brauchst du fast ’nen Tag. Ich hab mich mal richtig verlaufen; wenn es stark staubt, siehst du die Markierungen nicht mehr; ich habe schließlich eine Sprechanlage gefunden, und von dort hat man mir über den Zentralsteuerstand den Weg gewiesen. Da habe ich erst gemerkt, wie winzig wir doch neben der verdammten Anlage sind. Und das schönste ist: Die Anlage kommt bald ohne uns aus! Der Meister hat mal gesagt, sie könnten bereits jetzt mit der halben Mannschaft zurechtkommen, und wenn die Anlage erst richtig klappte, könnten wir alle gehen.

Als ich den Betriebsingenieur wegen einer Staubzulage anging, hat er geantwortet, die Anlage wäre als garantiert staubfrei errichtet worden, und als ich das nicht kapierte – der Staub ist ja oft so dicht, dass du die Hand vor den Augen nicht sehen kannst – und nur den Kopf schüttelte, hat er gesagt, das könne ich von meiner Warte aus nicht beurteilen, es wären im Übrigen auch Verbesserungen im Gange, aber da solle ich nur ja nicht drauf hoffen, denn dann würde ich ganz überflüssig. Ein Jahr, sieben Monate genau, soll meinetwegen noch alles so laufen, wie es läuft, dann hab ich’s geschafft, dann krieg ich meine Rente.«

Es gibt Gänge in Sinter zwo, die monatelang kein Arbeiter betritt. Der Staub liegt dort so hoch, dass man annehmen könnte, seit Bestehen der Anlage habe noch kein menschlicher Fuß diese Staubschichten in Bewegung gebracht. Die Geländer sind zentimeterhoch mit Staub bedeckt, und sogar auf der dünnen Reißleine hat sich ein winziger Staubsteg gebildet. In diesen schmalen Gängen sickert das Neonlicht schwärzlich. Wer gezwungen ist, durch diese Staubkanäle zu waten, hat bereits nach kurzer Zeit keine saubere Stelle mehr an seiner Arbeitskleidung. Wenn er sich die staubigen Hände am Drillichanzug oder am Arbeitshemd darunter abwischen will, werden seine Hände nur noch schmutziger.

Er atmet den Sinter ein, schwitzt und spuckt ihn aus, saugt mit jedem Atemzug neuen Sinter ein, pumpt sich die Lungen damit voll. Nach der Schicht spült kein Bier es weg. Der Kranführer an den Halden, der sechs Jahre in der alten Sinteranlage gearbeitet hat, wo es auch nicht schlimmer als bei uns staubt, ist bekannt für seine schwarze Spucke. Seit einem halben Jahr sitzt er in seinem Krankasten hoch über uns und gleitet über die Halden. Seine Spucke hat immer noch die graue Farbe des Sinters. Er erhielt seinen luftigen Posten zugeteilt, weil er sich ein Lungenleiden zugezogen hat. »Schwarzrotzer« wurde er von einigen genannt, aber dieser Spitzname will sich nicht so recht durchsetzen. Denn die Spucke der anderen Sinterarbeiter ist nach Feierabend genauso, aber sie haben die Hoffnung, dass es sich gibt, wenn sie erst mal für immer aus dem Dreck heraus sind.

In die Gänge, wo uns der Staub bis an die Knie reicht, schickt uns Meister Z. in Abständen hinein. Bei jedem Schritt rieselt der Staub von Wänden und Decke. Hier sind wir mit unseren Schubkarren und Schippen machtlos. Wir schieben den Staub mit Brettern vor uns her und lassen ihn von Etage zu Etage hinunterstürzen. Parterre schippen wir ihn dann in die Karren und fahren ihn in den Kübel. Bei jedem Staubsturz rennen wir die Stahltreppe hinauf zur obersten Etage und klettern von dort durch den Notausstieg aufs Dach. Denn der aufgewirbelte Staub füllt die Halle so dicht, dass man puren Staub einzuatmen glaubt. Obwohl das Betreten des Dachs verboten ist, tun wir es doch. Anschließend gönnen wir uns eine Pause. Wir sitzen mit dem Rücken an den Kamin gelehnt; zuerst ist die Hitze angenehm, aber bald verbrennt man sich. Unter uns liegt die Rußstadt ausgebreitet. Die Fabrikhallen mit ihren kalten Lichtern. Und nachts der grelle Schein der Kohlenfeuer über dem Fabrikhallenmeer.

Von hier oben sieht alles geordnet aus, ein erhabener Anblick, von hier aus betrachtet ist der Arbeiter Herr über die ganze Stadt, spielerisch und eins auf das andere eingerichtet sieht es von oben aus. Die Autos, Radfahrer, Fußgänger da unten auf den Zufahrtsstraßen zu den einzelnen Toren verkörpern trotz des Gewimmels eine beinah magische Ordnung, wie Mikroben unterm Mikroskop.

In den engen Gängen sieht das anders aus. Der Staub erdrückt uns, hüllt uns ein, lullt uns ein. – S. zum Beispiel, dieser schwarze Mehlwurm, rennt längst nicht mehr weg, wenn wir Staubexplosionen entfachen. Wenn alle sich aufs Dach flüchten, bleibt er zum Trotz. Er schluckt den Staub bis zum Zerbersten, er läuft nicht weg, er nicht. Voller Verachtung empfängt er uns, wenn sich die Staubschwaden verziehen und wir unser Luftschnappen auf dem Dach beendet haben. Er steht dann da, noch einen Schimmer schwärzer als wir im Gesicht, und lacht über uns, dass seine weißen Augen in dem schwarzen Gesicht blitzen.

»Ihr Feiglinge, ihr Affenschwänze, stiften gehen könnt ihr«, empfängt er uns. »Seht mich dagegen an, mir kann nichts mehr, ich bin gefeit.«

S. ist allen etwas unheimlich. Ich habe direkt Angst, wenn mich Meister Z. mit S. zusammen einteilt und uns in die Staubkanäle schickt. Dann macht es S. nämlich einen Mordsspaß, den Staub zu entfesseln. Ein paar Schritte hält er sich immer hinter mir, und dann plötzlich schlägt er mit der Schippe gegen die Wände, das Geländer und die Decke, dass der Staub uns einhüllt, jede Sicht nimmt und uns dem Ersticken nahebringt. Sein Gelächter hallt durch die Gänge, und ich möchte wissen, was er daran zum Lachen findet. Er ist ebenso der Dumme, er rotzt und röchelt anschließend genauso den Staub heraus, er ist »gesintert« bis in die letzte Pore hinein. […]

Als ich vier Monate in Sinter zwo arbeite, lese ich in der Zeitung, dass es ein verregneter Sommer ist. Das ist mir bisher nicht aufgefallen. Auch dass Sommer ist, ist mir nicht aufgefallen. Der Rhythmus des Schichtwechsels läuft konträr zu jedem natürlichen Rhythmus. Tag, Nacht, Sommer, Winter sind nur noch Erinnerungen an eine vergangene Zeit. Einschlafen und Aufwachen zu immer wechselnden Zeiten, das ist unser Rhythmus. Ich weiß manchmal nicht, was der wirkliche Schlaf und das wirkliche Leben ist. Die Zeit in der Fabrik erscheint mir manchmal wie der Schlaf und die Zeit außerhalb der Fabrik wie der Traum davon.

Seit kurzem verändert sich manches in der Anlage. Die Roste auf dem Band, die bisher von einem Arbeiter mit einer Stange freigestoßen wurden, werden jetzt von einer Klopfmaschine gereinigt. Dem Arbeiter wurde gekündigt. Auch der Mann von der Mischtrommel bangt um seinen Posten. Er wird jetzt öfter zum Fegen herangezogen und die Mischtrommel von der Sinterwarte aus reguliert.

H. sagt doch neulich: »Ich weiche hier nicht. Jede Handbreit auf meinem Dach werd ich verteidigen. Oder die sollen mir eine neue Stelle besorgen. Hier, genau unter uns, laufen noch Stollen der Hüttenzeche. Ich bin froh, dass ich da raus bin. Und jetzt soll ich diese Arbeit verlieren.«

Der Betriebschef lässt uns zu sich rufen, spricht von »neuer technischer Revolution« und vom »letzten Schritt der Automatisierung« und dass wir uns »so langsam nach einer neuen Stelle umsehen sollen«. »Die Anlage wird im nächsten Vierteljahr mit der halben Mannschaft auskommen. Bereits jetzt halten wir euch mehr aus Luxus hier.«

Diese Worte des Betriebschefs bringen einige Unruhe unter die Arbeiter.

»Man kann nichts machen«, sagt der Mann von der Mischtrommel. »Wir werden alle noch Frührentner wider Willen«, sagt ein anderer.

Abends treffen wir uns ausnahmsweise in einer Kneipe, um

zu überlegen, ob sich etwas tun lässt. Nach den ersten Bieren haben wir vergessen, warum wir zusammengekommen sind. Wir sprechen weder über die Arbeit noch über die Anlage. Wir reden kaum etwas. Wir trinken und rauchen und blicken zu den anderen Tischen. Dort sitzen Arbeiter und warten auf ihre Schicht. Sie rauchen und blicken hinaus. Sie sind genauso gekleidet wie wir. Sauber und nicht zerlumpt. Einer trägt sogar einen Hut auf dem Kopf.

Die Judenehrung von Paderborn*

»Baun wir doch aufs neue das alte Haus«

Um eine »kurze teuflische Zeit« zwischen 1933 und 1945 dem endgültigen Vergessen zu entreißen, machten sich die Stadtväter von Paderborn daran, ihr Stück Vergangenheit zu bewältigen.

Zwanzig bis dreißig Jahre, nachdem es geschehen war, sah man die Zeit gekommen, »die Erinnerung an unsere Paderborner jüdischen Mitbürger, die Opfer der Verfolgung wurden, ehrend wachzuhalten«. Also veranstaltete man die alljährlichen Kulturtage auch einmal als »Jüdische Kulturtage«, die »aufhorchen« lassen sollten. Vom Stadtrat wurde dazu ein bleibendes Dokument in Auftrag gegeben, das zeigen sollte, »in welch grausamer, satanischer Weise geschah, was nur wenige wussten«.

Der Archivrat der Stadt, Ferdinand Molinski, wird vom 1. Stadtdirektor, Wilhelm Sasse, angewiesen, die erforderlichen Unterlagen herbeizuschaffen. Mit der entsprechenden Sorgfalt und wissenschaftlicher Genauigkeit macht Molinski sich ans Werk. So trägt er allmählich eine umfassende Dokumentation zusammen über die Vorgänge in Paderborn während der Zeit des Nationalsozialismus, über die einzelnen Verfolgten und ihre Verfolger. Er begnügt sich nicht mit dem allgemein »Schicksalhaften«, er benennt Schuldige. Er belässt es nicht bei dem Hinweis, dass die Synagoge vollständig niedergebrannt wurde, er stellt dabei die Rolle der damals noch freiwilligen Feuerwehr fest, die zwar löschte, doch vorsorglich nur die umliegenden städtischen Gebäude.

* Unter Mitarbeit von Irma Reblitz.

Außerdem findet er heraus, was bisher in keiner Lokalzeitung berichtet worden war: dass neben dem Stadtheiligen Liborius noch ein unheiliger Schutzpatron mit Paderborn verknüpft ist: Josef Klehr, der lange in der Stadt Paderborn gelebt hat und in Auschwitz einen Rekord aufstellte im eigenhändigen Massenmord durch Phenolspritzen ins Herz. Bilanz (laut Zeugenaussagen im Auschwitzprozess): 20 000 bis 30 000 Ermordete. Doch bald muss Molinski erkennen, dass seine Gewissenhaftigkeit bei den Auftraggebern wenig Anklang findet: »Den genannten Herren (Bürgermeistern, Stadtdirektoren, Amtmännern) kam es darauf an, keine angeblich vernarbten Wunden aufzureißen.« Seine Vorgesetzten geben ihm zu verstehen, dass seine Gedenkschrift nicht nur für die Toten verfasst sein dürfe, sondern ebenso im Interesse der Lebenden. Und damit sich der Archivrat wieder stärker den Aufgaben des Tages zuwende, streichen ihm seine Vorgesetzten die Gelder für Buchanschaffungen und diesbezügliche Reisen.

Molinski, der kurz vor Abschluss der Bestandsaufnahme steht, bestreitet die Kosten aus eigener Tasche. Sein Engagement und der »östliche« Name haben zur Folge, dass man ihn im Amt »Jude«, auch »dreckiger Jude« nennt und ihm nahelegt, doch »in die Wüste Negev auszuwandern«. Als Molinski weiterforscht, zwingen ihn Sasse und Leidinger, alles erarbeitete Material herauszugeben – etwa fünf Kilogramm Dokumente.

»Dann hat man mir verboten, dienstlich oder privat weiterhin über das Thema zu arbeiten und zu veröffentlichen [...], obwohl ich mich auf die im Grundgesetz garantierte Freiheit der wissenschaftlichen Forschung berufen habe.« Zur Absicherung verlangen 1. und 2. Stadtdirektor (Sasse und Leidinger) mit Hinweis auf Beförderungssperre auch noch eine schriftliche Erklärung, »dass ich gar nicht bereit sei, eine Judenschrift herauszugeben«. Als Molinski ablehnt, versucht man ihm ein

»Geständnis« mit einem inhaltlich verfälschten Protokoll unterzuschieben:

»Auf weiteres Befragen des Herrn Bürgermeisters Tölle und beider Stadtdirektoren erklärte Molinski, dass er persönlich gewünscht habe, mit der Abfassung der Schrift, wie sie jetzt vorliegt, nicht betraut zu werden, und dass er seine Mitarbeit damals aus eigenen freien Stücken zurückgezogen habe.«

Molinski reagierte nicht, wie es von einem Beamten erwartet wird. Er zeigt seine Vorgesetzten wegen »Falschbeurkundung im Amt« an. Dieser zweifache Ungehorsam hat zur Folge, dass er aus dem Amt entfernt wird unter Weiterzahlung seiner Bezüge, die man um 25 Prozent kürzt. In der Presseerklärung der Stadtverwaltung heißt es: »Archivrat Molinski musste vom Dienst suspendiert werden, weil sein Verbleiben im Dienst für die Stadt untragbar ist.«

Die von ihm Beschuldigten drehen den Spieß um: Die Institution im Rücken, stellen sie gegen Molinski Strafantrag wegen Beleidigung und Verleumdung. Als Molinski ankündigt, den Fall an die Öffentlichkeit zu bringen, versucht man die Öffentlichkeit vor ihm zu schützen: Man erklärt ihn für unzurechnungsfähig und betreibt seine Zwangsvorführung in die Landesheilanstalt Niedermarsberg.

Am 12. Januar 1968 klingeln kurz nach sechs Uhr früh zwei Polizisten mit Handschellen bei Molinski, um den Archivrat in psychiatrische Obhut zu überführen. Vorabsprachen zwischen den Behörden waren schon getroffen worden, wie aus Polizeiberichten über die Nacht-und-Nebelaktion ersichtlich wird:

»Der Vorführungstermin war bereits mit Herrn Dr. Jahn abgestimmt worden und sollte am heutigen Vormittag erfolgen. Um dieser Vorführung wenig Aufsehen zu verleihen, wurde von uns Zivilkleidung getragen, und die Fahrt zur Wohnung des Molinski erfolgte mit einem Dienstfahrzeug – neutraler Farbanstrich. Herr Molinski, notdürftig angezogen […], begrüßte uns kurz […]. Herr Molinski erkannte den Beschluss vom 4. September 1967 nicht an und erklärte, dass dieser seiner Meinung nach zu Unrecht bestehen würde. Auch den Vorführungsbefehl erkannte Herr Molinski nicht an. […] Als ihm dann unmissverständlich mitgeteilt wurde, dass er in jedem Falle von uns vorgeführt würde und selbst unter Gewaltanwendung, lenkte er ein und verhielt sich so, als ob er mitkommen wollte. Vorher führte er noch aus, ob wir auch unter gleichen Voraussetzungen – wie vor dreißig Jahren – Juden festgenommen hätten, um sie dem Tode auszuliefern. Ihm wurde daraufhin mitgeteilt, dass wir nur die jetzige Anordnung durchführen würden.«

Molinski entkommt der Zwangseinlieferung. Unter dem Vorwand, sich noch Schuhe anziehen zu müssen, flüchtet er durch eine Nebentür. Ihm gelingt es, sich ins Ausland abzusetzen. Von dort erbringt er psychiatrische Gutachten, dass er zurechnungsfähig ist, und erwirkt einen Beschluss des Landgerichts, der die damals angeordnete Zwangseinweisung in eine geschlossene Psychiatrie als nicht gerechtfertigt aufhebt.

Nach dem Verschwinden Molinskis durchsuchen die Polizisten nicht nur dessen Wohnung, sondern auch die abgeschlossenen Räume seines Bruders, Professor Waldemar Molinski, sowie zwei an Studenten vermietete Zimmer. Ohne Hausdurchsuchungsbefehl wurde diese Inspektion wenige Tage später wiederholt. Tagelang war das Haus von einem uniformierten Polizeiaufgebot mit Streifenwagen umstellt und bewacht.

Die Schrift, die ihn zu Fall brachte, ist inzwischen ohne seine Mitwirkung erschienen. Unter dem sinnigen Titel: *»Baun wir* *doch aufs neue das alte Haus«.* Herausgeber: die Stadt Paderborn. Man fand für die Verantwortlichkeit den rechten Mann, einen Kurdirektor aus dem Schwarzwald. Innerhalb von sechs Wochen legte er das Werk vor, wobei er das von Molinski erarbeitete Material nicht berücksichtigen durfte.

»Wir wollen damit einer uns Deutsche in besonderer Weise angehenden Frage nicht ausweichen«, bekennt Paderborns Altbürgermeister Christoph Tölle (MdL) »zum Geleit«. Man dürfe »nicht mit leichter Hand über dieses dunkle Kapitel deutscher Geschichte hinweggehen«, »vielmehr solle die Schrift, die nun in alle Welt gehen wird, ihren Teil dazu beitragen [...], dass jetzt noch Unbekanntes bekannt und Dunkles erhellt wird«.

Die erste Hälfte der Schrift »erhellt« nur die (Vor-)Geschichte des Paderborner Judentums, wobei sich bereits hier wie ein roter Faden das Thema der bevorzugten Behandlung der »jüdischen Mitbürger« durch geistliche und weltliche Macht durchzieht. Und aus der NS-Zeit, die in der Ablassschrift gleich einem Naturereignis als »sichtbare Geißel« oder »Braune Pest« bezeichnet wird, werden die an den Juden begangenen Verbrechen kaum benannt, vielmehr geht es um »das gute Wort, das damals gesprochen, die gute Tat, die getan wurde«.

Erwähnt wird zwar ein Lager in Paderborn, das junge Juden aus ganz Deutschland sammelte und umliegenden Firmen als Arbeitskräftereservoir diente. Nichts gesagt wird von der inneren Struktur, den Verbrechen und Todesarten in diesem Lager, das als »Vorstufe« für die Deportation nach Auschwitz diente. Dafür ist von einem Dr. med. Heinrich Schmidt die Rede, der dort »ärztlich betreute« und »versuchte, gesundheitliche Schäden weitgehend abzuwenden«. Als weiteres Alibi verweist man auf »das humane Verhalten von einigen Paderborner Firmen«, wodurch »der Wert des Essens verbessert« worden sei. Und wieder die einzigartige Judenfreundlichkeit der Stadt, die besonders früh als »judenfrei« galt und es bis heute nicht übers

Herz brachte, die Ehrenbürgerschaft Adolf Hitlers offiziell zu tilgen: »Viele Paderborner Bürger zeigten den Lagerinsassen gegenüber eine tolerante Haltung, indem sie ihnen in versteckter Weise Nahrungsmittel zukommen ließen.«

Die Broschüre erhebt für sich den Anspruch, »ein Beitrag zur Stärkung der jungen deutschen Demokratie« zu sein, »ein Schritt nach vorn, diktiert von der Verantwortung und menschlicher Verpflichtung«. Das schafft sie, indem sie z. B. die Zahl der ermordeten Paderborner Juden auf ein Sechstel reduziert. Statt der mindestens 450 Umgebrachten, wie sie in dem vom Stadtdirektor beschlagnahmten Material Molinskis belegt sind, gesteht die Stadt »nur« 79 Opfer zu.

Stereotyp taucht die Wendung auf: »deportiert und im Osten umgekommen«, man schiebt die Schuld an diesen Morden weit von sich, in eine barbarische Zone, wo die Eigenverantwortung aufhört. In der Hauptsache ist von »Mitbürgern die Rede, die wie durch ein Wunder der Hölle entgingen«. Der christliche Begriff »Hölle« dient ebenfalls der Verschleierung und Entschuldigung. Hölle untersteht nicht der menschlichen Gerichtsbarkeit, ist etwas Ewiges, gerecht Sühnendes, Unumstürzliches. So umgeht man es, die konkreten Ursachen und Auswirkungen von Faschismus und Massenmord aufzuzeigen.

Die Mehrzahl der in der Namensliste aufgeführten Juden hat überlebt. Bei diesen Überlebenden spart die Schrift nicht mit positiven Beiworten wie »hochgeachtet und beliebt«, »sehr bekannt«, »rührig«, »angesehen«, »aktiv in der Feuerwehr tätig«, »allgemein geschätzt«, »im Stillen Gutes tuend«, »rührig und gesellig«, »ehrenamtlich tätig«, »beispielhaft«, »erfolgreich und tüchtig«, »originell und geschickt«, »einfach und rührig«, »umsichtig«, »weitbekannt«, »schöngeistig«.

Den anderen, »im Osten Umgekommenen« wird – von ein paar Ausnahmen abgesehen – solche Anerkennung versagt. Folglich waren es keine wertvollen Menschen, keine dem

Gemeinwohl dienenden Bürger. Waren sie am Ende doch zu Recht »umgekommen«, als sogenannte »Volksschädlinge«? Die wahren »Volksschädlinge«, die heute wieder das politische Leben in Paderborn mitbestimmen, unterschlägt die »Judenschrift«. Molinskis sichergestelltes Material – das leider in keiner Kopie vorhanden ist – könnte einige Fälle aufdecken. Echte Vergangenheitsbewältigung im Sinne von Schuldnachweis hätte man leisten können, wenn man einem zugezogenen großen Sohn der Stadt einige Seiten gewidmet hätte: dem Landgerichtsdirektor Dr. Amedick, der beispielsweise 1941 als beisitzender Richter einen Juden wegen »Rassenschande« mit seiner arischen Verlobten zu acht Jahren Zuchthaus verurteilte. Aus der Urteilsbegründung:

> »[...] Er hat über lange Zeit hin mit der Templin Geschlechtsverkehr gepflogen, und zwar zur Hauptsache noch dann, als das nationalsozialistische Deutschland im November 1938 dem Judentum letztmalig schärfsten Kampf angesagt hatte und insbesondere noch nach Ausbruch des jetzigen, vom Judentum zur Vernichtung des deutschen Volkes entfesselten Krieges [...]«

Im März 1944 zeichnete Dr. Amedick sich aus durch sechs Todesurteile gegen holländische Widerstandskämpfer und Juden – wegen Herausgabe der illegalen Zeitung *Waarheid*.

Der 1. Stadtdirektor Paderborns, Wilhelm Sasse, wohnt im Villenviertel. Seine SA-Vergangenheit (Altbürgermeister Tölle: »Davon weiß hier nur ein kleiner eingeweihter Kreis.«) hat ihn in den ersten Nachkriegsjahren für den Kommunaldienst untauglich gemacht und der freien Wirtschaft zugeführt. Die dort erworbene Praxis stellt er nun seit 1952 der Stadt bei Landankäufen zur Verfügung und auch sich selbst: Er hat vier Häuser in den Besitz seiner Familie gebracht und ist Makler aus Leidenschaft.

Wir suchen ihn auf in seiner Villa. Wir kommen aus Israel, sagen wir, und bieten ihm die »Jakob-Goldmann-Versöhnungsmedaille« des Kulturzentrums Tel Aviv an. Für »besondere Verdienste in Sachen Vergangenheitsbewältigung«.

Sasse ist gerührt: »Ist uns eine Freude, wirklich ... Gott sei Dank ... Schön, dass Sie da sind.« Er bittet uns in den Garten, bei Sekt und Orangensaft. Er schüttet uns ein, hebt das Glas: »Darauf stoßen wir erst einmal an!«

Er sieht es als ganz selbstverständlich an, dass die »Gäste aus Israel« sich bei ihm einfinden, ihm zu der Schrift »Baun wir doch aufs neue das alte Haus« gratulieren, ihm dafür eine Auszeichnung antragen und ihn gleich nach Israel einladen. (Es scheint, als habe er die ganze Zeit auf solche »Vorzeigejuden« gewartet, die bereit sind, ihm einen »Persilschein« auszustellen.) Sieht man ihn vor sich – groß, breitschultrig, blauäugig, einst blond, jetzt ergraut –, kann man sich vorstellen, wie er in der NS-Zeit freiwillig und stolz die Uniform auch auf dem Stadtamt in Münster trug. Heute empfängt er uns in schwarzer Anzugshose mit schmalen schwarzseidenen Hosenträgern.

Er wählt seine Worte bedächtig und voll Selbstbewusstsein wie zu einer offiziellen Rede: »Es ist mir eine Ehre, wer hätte das gedacht, aber wie gesagt, wir haben uns ehrlich bemüht, alles, was wir irgendwie in Erfahrung bringen konnten, rein objektiv darzustellen ... Wir haben alle Quellen, die uns zugänglich wurden, ausgeforscht und aufgefunden, so dass wir eine umfassende Darstellung von allen Schicksalen geben konnten ... Wir sind der Auffassung, dass wir uns verpflichtet fühlen, unseren Bürgern, die hier in Paderborn gelebt haben, auch nach dem Schrecklichen, was geschehen ist, dieses Gedenken, dieses Erinnern, dieses Dartun schuldig sind, weil wir meinen, es sind unsere Bürger, denen wir diesen Dienst erweisen. Wir in Paderborn sind eine alte historische, wirklich wohlbekannte

Stadt. In unseren Räumen lebten seit Jahrhunderten unsere jüdischen Mitbürger in Eintracht und Frieden.«

Er ist der Ansicht, dass mit Schuldbekenntnissen der Deutschen nichts gewonnen ist: »Das ist doch uninteressant, von ständigen Schuldbeweisen haben Sie doch gar nichts. Wir leben schließlich in der Gegenwart. Es kommt auf die Überlebenden an, sind das Bürger von uns, die, wenn sie hier sind, sich wohlfühlen und mit denen wir ein gutes Verhältnis haben ...«

Hat er von KZs gewusst? Obwohl er als SA-Mann mehr wusste als die meisten, schlägt er sich jetzt auf die Seite der Nichtwisser: »Die wurden in Deutschland doch deportiert, nicht etwa um getötet zu werden oder so etwas, sondern nur um außerhalb des Staatsgebietes angesiedelt zu werden, in Polen, in der Ukraine usw. Da gibt es keinen, dem gesagt wurde, der wird rausgebracht, damit er ... das gibt es überhaupt nicht.«

Er macht auf Völkerverständigung: Gute Deutsche damals sind wie gute Israelis heute. »Sie folgen ja auch einer politischen Idee, und Sie können ja deswegen nicht persönlich für jeden Missgriff der politischen Idee verantwortlich gemacht werden ... Sie wären doch schlechte Israeliten, wenn Sie das nicht täten, was man von Ihnen verlangt. Sie werden es aus wahrer Überzeugung tun.

Das war damals auch so: Man hat ja auch nur getan, was Sie auch tun, nämlich gemeint, für sein Volk das Richtige zu tun, dann kann man das ja nicht verurteilen ... Ja, bitte schön, dass das nachher schiefgegangen ist, dass das falsch geleitet worden ist, da kann man doch nicht den Einzelnen für verantwortlich machen, nicht, das ist doch das Problem. Ich meine, Sie können schließlich auch nicht dafür verantwortlich gemacht werden, dass Sie die Araber bekämpfen oder so was ...«

»Doch sind die Deutschen schließlich in andere Länder eingefallen, ohne bedroht worden zu sein.«

Darauf Sasse: »Ja, wie soll ich sagen … Das ist ein solches psychologisches Moment, das kaum zu erklären ist …«

Er ist stolz darauf, wie man hier in Paderborn die junge Demokratie hingekriegt hat: »Wir sind zu 85 Prozent eine katholische Stadt. Die CDU hat schon immer die absolute Mehrheit, aber selbst wenn das nicht wäre, die anderen Parteien sind ja bei uns der gleichen Auffassung, die Fraktionen sind bei uns aus einem Guss. Darüber sind wir alle glücklich bei uns im Rat. Hier gibt es keine politische Minderheit oder Opposition. Bei uns kommt es darauf an: Ist einer für Paderborn oder ist er nicht für Paderborn …«

P. S.: 1993 wird offenkundig, dass Ex-Stadtdirektor Sasse an Judendeportationen beteiligt war. Die *Neue Westfälische*, Paderborn, zitiert aus Akten, wonach sich Sasse 1941 als städtischer Rechtsrat in Münster mit seiner Unterschrift persönlich dafür einsetzte, die Liste der für den Abtransport ins Vernichtungslager bestimmten Münsteraner Juden um 16 Namen zu erweitern, und jüdische Frauen und Kinder denunzierte, um die noch in Münster verbliebenen »Reste von Juden«, so Sasse, nach Auschwitz deportieren zu lassen und ihre Vermögenswerte zu »arisieren«.

Ab nach Goddelau

Als Alkoholiker in der Psychiatrie

Das um die Jahrhundertwende erbaute Philippshospital zu Goddelau in Hessen, so genannt seinem Stifter Prinz Philipp zu Ehren, beherbergt 1300 Patienten: psychisch Kranke und, ihnen gleichgestellt und mit ihnen zusammenlebend, Triebverbrecher, gescheiterte Selbstmörder – und Alkoholiker. Grund meiner Einlieferung: Alkoholismus, ich »gefährde mich und meine Umwelt«. Aber es besteht Krankheitseinsicht, darum ist eine richterliche Einweisung nicht erforderlich. Ich bin freiwillig hier.

Ein höchst seltener Fall. Ein Alkoholiker, der zugibt, Alkoholiker zu sein, und der eine Einschließung freiwillig auf sich nimmt, ist meinen Pflegern in Goddelau noch nicht begegnet. Sie nehmen mir das freiwillig jedenfalls nicht ab, denn »das sagen viele hier«.

Ich unterschreibe bei der Einlieferung eine Erklärung, nach der ich damit einverstanden bin, dass ich von nun an der Anstaltsordnung unterstehe und dass meine ein- und ausgehende Post vom Arzt eingesehen »und nach ärztlichem Ermessen zensiert werden kann«. Da ich Freiwilliger bin, bleibt mir die sonst für jeden neu Eingelieferten obligatorische Beruhigungsspritze erspart.

Ich werde auf eine geschlossene Abteilung gebracht. Ein Pfleger nimmt mir Anzug, Hemd und Schuhe ab, damit ich »nachts nicht ausrücke«. – Auch mein Geld muss ich gegen Quittung abliefern. Es ist zweiundzwanzig Uhr. Ich liege auf einem Eisenrohrbett, wie ich es von Krankenhäusern her kenne: die Umrisse des Saales im Halbdunkel. In dem etwa sieben mal fünfzehn Meter großen Raum stehen dreißig Betten. Neben mir richtet sich ein älterer Mann im Bett auf und starrt mich an. »Ich werd verrückt«, sagt er, »du bist doch gerade vor zwei Nächten abgekratzt.« Am nächsten Tag erfahre ich, was er gemeint hat. In meinem Bett soll vor kurzem jemand gestorben sein.

Die erste Nacht ist am schlimmsten. Ich kann nicht schlafen, obwohl ich vorher der Glaubwürdigkeit wegen fast eine Flasche Weinbrand getrunken habe. Der Pfleger macht viertelstündlich seinen Saalrundgang. Er tritt an jedes Bett heran und manchmal beugt er sich über einen Schlafenden. Es sieht aus, als wolle er hören, ob der Patient noch atmet.

Trotz der Nachtzeit ist der Saal voller Stimmen. Abgesehen von gelegentlichem Ächzen und Stöhnen scheinen sich Einzelne zu unterhalten. Aber bald merke ich, dass die Gespräche keine logischen, aufeinander bezogenen Dialoge sind. Nur dem Rhythmus nach erfolgen Antworten. Es sind unverständliche Wort- und Satzfetzen, die nur in einem akustisch-assoziativen Zusammenhang zum Monolog des jeweiligen Nachbarn stehen.

Vom rechten Saalende her ruft eine dünne Stimme in gleichmäßigen Abständen »Hilfe«, nicht übermäßig laut, fast automatisch. In der anderen Ecke des Saals versucht jemand, sich bemerkbar zu machen. Seine Stimme wird lauter und wieder leiser, lauter, leiser, immer abwechselnd, als koste es ihn Kraft, Gehör zu finden. […] Dafür schreit jetzt ein anderer: »Hol mich hier raus …«, und er wiederholt einen Namen, den ich nicht verstehe. »Ich will raus, ich will endlich raus, lasst mich raus!« Sein Schreien wird immer lauter, Patienten sind davon wach geworden. Der Pfleger rollt das Bett des Schreienden auf den Flur. Von dort dringt seine Stimme nur noch leise zu uns in den Saal.

Morgens um sieben Uhr ist Wecken. Von den dreißig Betten im Saal sind sechsundzwanzig belegt. Sechs Patienten stehen nicht auf. Die Betten stehen in drei Reihen, dicht aneinander.

In der dritten Reihe liegen besonders schwere Fälle. An diesen Betten sind seitlich Bretter angebracht, damit die Patienten nicht aufstehen können. Die in der dritten Reihe sind Pflegefälle. Sie werden vom Pfleger mehrmals am Tag trockengelegt und wie Kleinkinder gefüttert. Es sind Altersschwache, die von keinem Krankenhaus oder Altersheim aufgenommen werden und die hier auf den Tod warten. Das dauert oft mehrere Jahre.

Zum Waschen schließt uns der Pfleger die Tür zum Flur und die Tür zum Waschraum auf. Die Tür zum Treppenhaus bleibt verschlossen. Die Türen haben keine Klinken; die Pfleger und Ärzte schließen und öffnen sie mit Spezialschlüsseln. Auch die Fenster haben keine Griffe. Sie werden selten geöffnet. Die Fensterrahmen sind aus Eisen, ohne Scheiben wären es Gitter. Der Raum neben dem Schlafsaal ist Speise- und Aufenthaltsraum zugleich. Hohe Fenster ohne Vorhänge. Aus den Fenstern blicken wir auf den Anstaltshof. […]

Vom Speisesaal, ebenso wie vom Schlafsaal aus, haben wir Einblick in die Toiletten. Da hocken sie zu dritt nebeneinander auf den Becken. Keine Brillen, auch die Türen fehlen. Seitlich sind zwar Trennwände, aber sie sind so niedrig, dass einer den anderen sieht. Ich kann mich während meines Aufenthaltes nicht daran gewöhnen, oft warte ich bis nachts, dann kann mich nur der Pfleger von seinem Platz aus beobachten, aber ich glaube, er merkt, dass ich mich schäme, und sieht weg. […]

Morgens, nach zehn Uhr, ist Visite. Dann kommt Bewegung in die vor sich hin dösenden Gestalten. Sie stehen auf, und der Doktor reicht jedem Einzelnen die Hand. Dann erwachen längst begrabene Hoffnungen. »Herr Doktor, wann komm ich endlich raus?« – »Nun«, sagt der Arzt beruhigend, »erst müssen wir mal ganz gesund werden. Sie wissen ja, ich kann mich da überhaupt nicht festlegen, ob's nun noch ein halbes Jahr dauert oder noch ein oder zwei Jahre, das müssen wir abwarten.«

Als ihn ein Patient erregt stotternd fragt: »Vor zwei Jahren sagten Sie, ich käme in zwei Jahren raus. Wann komm ich denn nun wirklich raus?«, spricht der Arzt leise mit dem Pfleger. »Ja«, sagt er dann sanft, »ich weiß, ich weiß, bei Ihnen ist's doch so, dass Sie keinen mehr draußen haben. Und ohne Arbeit und ohne Wohnung kann ich das nicht verantworten. Sie haben's doch gut bei uns, oder etwa nicht?« – »Ja, schon«, antwortet der Patient, und der Arzt begrüßt bereits den Nächsten.

So macht er allmorgendlich seinen Rundgang, begrüßt die Langjährigen wie alte Bekannte, klopft ihnen auf die Schulter, erkundigt sich: »Nun, wie geht's?«, und mit der Antwort: »gut« oder, sehr selten, »schlecht«, lässt er es bewenden. »Kopf hoch« oder »wird schon wieder werden« – »alles halb so schlimm« oder »wir werden doch nicht gleich ...«. Er spricht ihnen Mut zu, wie man Kindern Mut zuspricht.

Er verspricht auch schon mal Konkretes: »Sie machen ja wieder ein ganz freundliches Gesicht. Nur weiter so, und ich schicke Sie bald wieder in die halboffene Abteilung.«

Ich beginne langsam zu fürchten, die Anstalt nicht mehr normal zu verlassen. Ich registriere, wie ich mich anpasse und unsinnige Reaktionen entwickele. Beim *Mensch ärgere dich nicht* mit zwei Patienten und dem Pfleger verstelle ich dem Pfleger die Steine, als er das Spiel unterbricht, um seinen Rundgang zu machen. Er tut so, als habe er nichts bemerkt, und spielt weiter. Dann wirft er plötzlich die Steine um und fragt: »Sagten Sie nicht, Sie seien freiwillig hier? Das ist der Opa hier doch auch.« Der bejaht freudig und nimmt die Gelegenheit wahr, um sich für den nächsten Tag, Punkt neun Uhr, mit mir zu verabreden, um gemeinsam auszubrechen.

Wir wollen uns die Taxifahrt teilen. Ich rechne aus, was die Fahrt kostet, es ist ihm zu viel. »Das übernehme ich«, sage ich großzügig. Das will er aber auch wieder nicht. Wir streiten uns, ob wir mit dem Taxi oder mit der Eisenbahn fahren. In den folgenden Tagen spricht er mich wiederholt an, wann wir denn nun endlich führen, ich gehe jedes Mal darauf ein und verabrede mich mit ihm auf den nächsten Tag. [...]

Am fünften Tag wird ein Neuer zu uns strafversetzt. Er ist kaum über 20 und sehr unruhig: wirft, als ein Pfleger einmal kurz ein Fenster öffnet, seinen gesamten Besitz: Pullover, Taschentücher und Handtücher, hinaus und versucht, selbst hinterherzuspringen. Aber dafür ist der Fensterspalt zu klein.

Der Neue läuft wie ein gefangenes Tier durch den Saal und stößt Verwünschungen aus: »Schlimmer als Zuchthaus« ... »Verbrecher« ... »Verrecken«, ist zu verstehen und dann noch: »Ich wünschte, ich wär tot.« Eine kaum verkrustete Fleischwunde unter seinem rechten Auge kratzt er sich auf, bis ihm das Blut übers Gesicht läuft. Ich versuche ein paarmal mit ihm zu reden, aber er reagiert nicht. Er verweigert zwei Tage lang das Essen mit der Begründung: »Kräht doch kein Hahn danach. Will verrecken.«

Am zweiten Tag biete ich ihm eine Zigarette an. Bruchstückweise erfahre ich, dass er Epileptiker und seit seinem 12. Lebensjahr in der Anstalt ist. Seine Schwester ist im Frauenbau. Das vermutlich auslösende Moment seiner derzeitigen Erregungszustände erfahre ich ebenfalls. Er war einer Arbeitskolonne auf dem Anstaltshof zugeteilt. (Für ein Päckchen Tabak pro Woche bestellen Patienten die Felder, melken die Kühe und lassen sich sogar als Zugvieh vor die Pflüge spannen.) Auf dem Bauernhof versuchte er, sich einer jungen spanischen Hilfspflegerin zu nähern. Sie hatte ihm zugelacht, doch als er ihr zu nahe trat, muss sie sich bedroht gefühlt haben und rief um Hilfe. Männliche Aufseher erschienen und warfen ihn zu Boden. Dabei hat er sich auch die Gesichtsverletzung zugezogen, wie er sagt. Als ihn am zweiten Tag seines Aufenthalts in unserer Abteilung ein Pfleger hart anpackt und mit Gewalt versucht, ihn aus dem Schlaf- in den Tagesraum hinüberzuschieben, schlägt er um sich. Der Pfleger betätigt die Alarmklingel. Drei weitere Pfleger aus unserem Bau sind gleich zur Stelle, und zu viert stecken sie den sich Wehrenden in eine Zwangsjacke aus Sackleinen. Mit den daran befestigten Riemen schnallen sie ihn an sein Bett. Anfangs bäumt er sich wild auf, dann wackelt das ganze Bett, nachher zittert er am ganzen Körper, zuletzt liegt er ruhig da und wimmert nur noch leise. [...]

Die meisten auf der Station bekommen keinen Besuch mehr. Sie sind für die draußen so gut wie gestorben. Die meisten Patienten unserer Abteilung waren vorher schon im U-Bau, so genannt seines U-förmigen Grundrisses wegen. Er ist die berüchtigtste Abteilung der Anstalt. Die Regel ist, dass jeder richterlich Eingewiesene erst einmal eine Zeitlang im U-Bau verbringt, bis er gefügig geworden ist. Ich komme nicht dorthin, da ich freiwillig hier bin; anderen Alkoholikern bleibt er nicht erspart.

Manche sind bis zu zwei Jahre im U-Bau. Diese Zeit kann ausreichen, um den Verstand zu verlieren, falls man ihn bei der Einlieferung noch gehabt hat. Vor kurzem soll dort ein 19-jähriger homosexueller Patient einen anderen Patienten geknebelt und vergewaltigt haben, ohne dass der Pfleger etwas davon bemerkte. Ein Patient ist da, weil er seine Frau nachts umgebracht hat und sich am nächsten Morgen nicht daran erinnerte. Ein anderer, weil er seiner Frau aus Eifersucht die Nase abbiss.

Fragt man einen bestimmten Patienten, warum er dort sei, antwortet er: »Weil ich Kartoffeln gestohlen habe«, und verschweigt, dass er den Bauern, der ihn dabei erwischte, tötete.

Patienten, die schon im Zuchthaus waren, halten den U-Bau für »schlimmer als Zuchthaus«. Herr H., jetzt bei uns, war einige Wochen im U-Bau. Er hat sich auf richterlichen Beschluss einer zweimonatigen Beobachtungszeit zu unterwerfen, weil er einen schweren Verkehrsunfall verursacht und sich anschließend auf der Polizeiwache renitent verhalten hat.

Seine Einlieferung wird er kaum vergessen. Man hatte ihm gesagt, er komme in ein normales Krankenhaus auf die »neurologische Abteilung«, damit er sich während der Fahrt ruhig verhielte. Im U-Bau zogen ihn erst einmal zwei Pfleger nackt aus und steckten ihn in ein weißes verwaschenes Anstaltshemd, das ihm gerade bis zur Hüfte reichte. Selbst Ehering und Brille musste er abgeben.

Er weigerte sich, Medikamente einzunehmen, worauf ihm die Pfleger unter Zwang drei Spritzen verpassten. Zwei Pfleger warfen ihn auf eine Holzpritsche, drehten ihm die Hände auf den Rücken und hielten ihn fest. Ein dritter setzte die Spritze intrapopolär, so ungeschickt oder auch mit Absicht – ein Pfleger verriet ihm später mal: »Wenn wir merken, dass uns ein Patient absichtlich dumm kommt, verpassen wir ihm eine Spritze in den Ischias-Nerv« –, dass sein Bein drei Tage steif und geschwollen war, und er jetzt noch Schmerzen spürt, wenn er das Bein beugt.

Nachts musste Herr H. hören, dass Menschen »wie Hyänen und Löwen brüllen können«, und tagsüber musste er mit ansehen, wie ein sadistischer Pfleger einem debilen Patienten in die Hose griff und ihn zum Gaudi der anderen Patienten am Penis durch den Saal führte.

Zwei Briefe von ihm an Dr. Binsack, den Leiter der Anstalt, blieben unbeantwortet. Zum Glück wurde Herr H. von einem Patienten, der irgendwie an Alkohol gekommen und stark angetrunken war, im U-Bau zusammengeschlagen und aus diesem Grund in unsere Abteilung verlegt.

Bei uns sieht es anders aus: Die Behandlung durch die Pfleger ist besser als in manchen Krankenhäusern. Aber auch das ändert nichts daran, dass Alkoholiker in dieser Umgebung kaum gesund werden können. [...]

Ich bin neun Tage hier. In dieser Zeit ist ein Patient gestorben. Nachts hörte ich über längere Zeit ein Geräusch, wie das

Gurgeln der Wasserleitung. Am nächsten Morgen stand ein Bett weniger da. Ein zweiter Patient liegt jetzt im Sterben.

Der Arzt hat mir keine Medikamente verordnet, da mein »Alkoholismus noch im Anfangsstadium« sei. Er bedauert, dass die Unterbringung so »wenig schön« sei. »Deutschlands psychiatrische Kliniken stehen an letzter Stelle in ganz Europa.« – Von einem Pfleger erfahre ich, dass vor zwei Jahren plötzlich der Etat gekürzt worden sei und das Geld für die notwendigsten Medikamente gefehlt habe. »Da mussten wir dreimal so viel anschnallen wie üblich.«

Als ich entlassen werden will, gibt es Schwierigkeiten. Ein neuer Arzt ist da. Er hält eine »mindestens vierteljährige Entziehungszeit« für erforderlich, alles darunter habe keinen dauerhaften Erfolg. Im Übrigen machte ich einen »sehr depressiven Eindruck«, von daher bestünde »Suizidgefahr«, und es sei ratsam, mich unter ständiger ärztlicher Kontrolle zu halten.

Meine Freiwilligkeitserklärung hätte mir bei meinem Entlassungsgesuch nichts genützt, denn wenn es der Arzt für erforderlich hält, kann er jederzeit eine richterliche Einweisung nachträglich erwirken. Er braucht nur zu diagnostizieren, dass der Patient für sich oder seine Umwelt eine Gefahr darstelle.

Meine Frau holt mich schließlich mit Hilfe eines befreundeten Anwalts heraus. Sie erklärt dem Arzt auf Befragen, dass ich sie nicht geschlagen habe und im Allgemeinen ein verträglicher Mensch sei. Sie hätte nur anzugeben brauchen, sie fühle sich von mir bedroht – und ich wäre ein Langjähriger von Goddelau geworden.

Wiederaufnahme einer Verfolgung

Helmut Palmer, 38, ist in seiner schwäbischen Heimat einer der erfolgreichsten und verhasstesten Obstbauern zugleich. Die meisten Männer, die von ihren Frauen das Obst Palmers zu Tisch vorgesetzt bekommen, würden ihre Mahlzeit unterbrechen, wenn sie wüssten, von wem die Ware stammt. Die Frauen müssen rechnen und wissen eher zu trennen, unterscheiden zwischen der wirklich preiswerten und guten Ware und dem Menschen, der sie ihnen auf dem Markt verkauft. Sie stehen Schlange vor seinem Stand. Auch die baden-württembergischen Obstbauern samt ihrem Verband befinden sich in einer höchst unerfreulichen, zwiespältigen Situation. Einerseits bekämpfen sie seit Jahren die »radikalen und unqualifizierten« Anbaumethoden des Palmer, andererseits zwingt sie die Entwicklung auf dem Agrarmarkt dazu, mehr und mehr die Palmer'schen Schnitttechniken anzuwenden, wodurch ihre Ernte besser und ertragreicher wird. Palmer, der betont, seinen Obstbau nicht zuletzt auch fürs Gemeinwohl zu betreiben, und es für nötig hält, in teuer bezahlten Anzeigen darauf hinzuweisen, dass er sich zum Beispiel »immer besonders anstrengte, um ein guter Deutscher zu sein«, verstößt nicht selten besonders krass gegen landläufige Gepflogenheiten. So ist es sein Prinzip, in besonders guten Erntejahren, den Usancen entgegen, grundsätzlich kein Obst zu vernichten, um den Preis künstlich hochhalten zu können; stattdessen verschenkt er es an Kindergärten und Waisenhäuser.

An der Unbeliebtheit Palmers, die er sich – wie man im Dorf sagt – selbst zuzuschreiben hat, ist wohl seine Herkunft schuld. Wie schon der Name verrät, Palmer ist Jude, vielmehr »Halbjude« und dazu noch unehelich geboren. Seine Mutter, eine Geradstetterin, hat ihn aufgezogen, sein Vater, ein jüdischer Kaufmann, ist im KZ »verschollen«. Und wie man im Dorf sagt: »So eine Mischung ist schlimmer als ein reiner Jud, da hat der Teufel seine Hand im Spiel gehabt.« [...] Es wäre zu einfach, die Anfeindungen seiner Umwelt, denen er zweifelsohne ausgesetzt ist oder die er, anders gesehen, wie kein Zweiter auf sich zu lenken versteht, ausschließlich seiner jüdischen Herkunft zuzuschreiben, die sogar von einigen jüngeren Dorfbewohnern angezweifelt wird. Immerhin war Palmer in der »HJ« und will auf dem Schulhof am lautesten geschrien haben: »Stellt die Juden an die Wand!« Es nutzte ihm nichts. Wenn in der Klasse ein Diebstahl vorkam, wurde er von der Lehrerin als der Schuldige in die Ecke gestellt, und als die »Endlösung der Judenfrage« propagiert wurde, stieß man ihn aus der »HJ« aus.

Als der Krieg aus war, mochte Palmer nicht länger in seiner Gemeinde leben. Er ging in die Schweiz und erlernte auf einem staatlichen Mustergut den Obstanbau. Jahre später kam er nach Geradstetten zurück. Die Anbaumethoden in der Gegend, die er für seine Heimat hält, erschienen ihm rückständig.

Palmer beschließt, allen zu beweisen, dass er nicht das ist, was man hier unter einem Juden versteht. Er führt Obstanbaukurse durch und reist in der Gegend herum, um allen zu besseren Erträgen zu verhelfen. Dabei versucht er einen Schnitt einzuführen, der in der Schweiz als »Oeschbergschnitt« bekannt ist und den er noch verbessert hat. Mittels einer Broschüre verbreitet er die Anwendung dieses Schnittes. Ein Haus, das er geerbt hat, will er ausbauen lassen – wie er sagt – zur »Verschönerung des Dorfes«. Es wundert ihn, dass die drei Bauunternehmer seines Dorfes den Bauauftrag ablehnen, so muss er sich einen von außerhalb nehmen.

Für 150 Mark lässt er noch ein hölzernes Wappen schnitzen und an der Vorderfront des Hauses anbringen, mit den Wahrzeichen seines Dorfes und denen des Landes Baden-Württemberg, zusammen mit seinen eigenen Initialen. Als das Haus für 60 000 Mark umgebaut ist, gibt er in den umliegenden Kreiszeitungen Anzeigen auf, dass der Obstbauer Palmer jeden, der den Weg nicht scheue, in sein neues Haus einlade und ihm mit Rat und Tat zur Seite stehe.

Der Erfolg blieb aus, es kam keiner.

Nachts werden von seinen Bäumen Äste abgesägt, der Maschendraht, mit dem er seine Obstkulturen vor Tieren schützt, wird zerschnitten. In Anspielung auf den von ihm propagierten »Oeschbergschnitt« und auf seine Herkunft wird er »Ölbergprophet« benannt.

Spottverse in schwäbischer Mundart und Witze werden über ihn verbreitet, wie zum Beispiel: Zwischen Hitler und Palmer sei nur ein Unterschied, nämlich, dass Hitler die Leute kaputtgemacht habe und Palmer die Bäume. Störtrupps, von Bürgermeistern und Gemeinderatsmitgliedern aufgestellt und ermuntert, reisen ihm zu seinen Vorträgen und Kursen nach und zwingen ihn mehrmals zum Abbruch seiner Veranstaltung. Als Flüsterpropaganda verbreiten sie: »Macht bei Palmer keine Kurse mit und kauft keine Bäume von ihm, denn er ist Jude.« [...] Viele besuchen seine Vorträge zwar noch, weil sie Nutzen daraus ziehen können, aber meist nur dann, wenn Palmer im Nachbarort spricht, damit sie in der eigenen Dorfgemeinschaft nicht auffallen. Die Kreiszeitungen schreiben gegen ihn, bezeichnen ihn als »Dilettanten« oder »Häretiker des Obstbaus«.

In anderen, vom Schauplatz weiter entfernt liegenden Gemeinden setzt sich der Palmer'sche Oeschbergschnitt langsam durch, man spricht inzwischen vom »Württembergischen Obstbaukrieg«, der von Palmer entfacht worden sei. Höhere Instanzen schalten sich ein und beteiligen sich an der Kampagne, so die Kreisbauinspektoren Jeutter und Süller, von denen Palmer zu berichten weiß: »Sie setzten die Versammelten unter Druck, indem sie mich des Kommunismus verdächtig bezeichneten. Süller sprach dabei vom ›roten Obstbau‹, als ich vortrug, dass man neuzeitliche Obstarten haben sollte, wie zum Beispiel die Sorte Jonathan, die ja bekanntlich rot ist.« Es dauerte nicht lange, und die politische Polizei erscheint bei ihm im Haus. Sie fahndet vergeblich nach kommunistischem Belastungsmaterial.

Vom Direktor des Landesobstbauverbandes, Stuttgart, Josef Seitzer, berichtet Palmer: »Er beschimpfte mich vor 300 Personen in Eltingen. ›Palmer ist der gemeingefährlichste Mensch Württembergs, er ist wie die Maul- und Klauenseuche und kommt im ganzen Land herum, aber es vergeht wieder.‹ Gleichzeitig verdächtigte er mich des Kommunismus.« Als Palmer daraufhin laut protestierte, ließ ihn der Vorsitzende der Versammlung, der dortige Landrat, unter Toben und Klatschen der Versammelten des Saales verweisen.

Geradstettens Bürgermeister Gayer, ehemaliger Offizier, verbietet Palmer, gemeindeeigene Gebäude und Grundstücke zu betreten, und der Landesobstbauverband gibt eine »Schrift zur sachlichen Auseinandersetzung« mit Palmer heraus, die mit einem Hinweis auf seine uneheliche Geburt beginnt und mit dem Rat schließt, Palmer möge sich eine Tätigkeit aussuchen, die seinen »erwiesenermaßen eng begrenzten obstbaulichen Fachkenntnissen entspricht, die ihm ein zwar bescheidenes, aber tägliches Brot sichert«. Die Stimmung in seinem Dorf verschlechtert sich noch. Angetrunkene Wirtshausbesucher warten ihm nachts mit Ständchen auf: einzeln oder im Chor brüllen sie »Saujude«, »Drecksjude« oder einfach »Mose«.

Bürgermeister Gayer erklärt auf einer Gemeinderatssitzung: »Der wagt es noch, Geradstetten als Heimatgemeinde zu nennen«, und Direktor Seitzer vom Landesobstbauverband gibt ihm den gutgemeinten Rat: »Verlassen Sie Württemberg, für Sie ist hier kein Platz.« Als Palmer versucht, in der dreißig Kilometer entfernt liegenden Gemeinde Köngen, wo er ein 40 Ar großes Grundstück erworben hat, eine Baugenehmigung zu bekommen, wird sie ihm verweigert. »Wir wollen Sie hier nicht, Sie brauchen Ihr Baugesuch gar nicht erst einzureichen.« Die Grundstücke, die an das seinige grenzen, werden nach und nach bebaut.

Eine Verlobung und mehrere Freundschaften Palmers gehen auseinander. Die Frauen selbst oder auch deren Eltern bekommen anonyme Droh- und Schmähbriefe, zum Beispiel mit dem Hinweis, dass Palmer Jude sei und so eine Bindung eine Schande fürs ganze Dorf. [...] Inzwischen hat sich Palmers Oeschbergschnitt im Land durchgesetzt, die Obstbäume bringen 30 Prozent mehr Ertrag, Palmers Broschüre erscheint in der 3. Auflage. Gleichzeitig bringt das Ministerium für Ernährung, Landwirtschaft und Forsten eine Schrift heraus, in der die von Palmer propagierten und offiziell bekämpften Anbaumethoden als eigene Erkenntnis ausgegeben und zur allgemeinen Anwendung aufs dringlichste empfohlen werden. Der Name Palmer ist nicht erwähnt, auch sein Oeschbergschnitt nicht, dafür heißt das gleiche Verfahren jetzt: »Neue württembergische Kronenpflege«.

Damit hätte der Fall »Palmer« zu Ende sein können. Palmer hat erreicht, was er will, wenn auch nur indirekt und ohne gleich einen Orden dafür zu bekommen, und den Obstbaumwarten und verantwortlichen Behörden ist die eigentliche Grundlage genommen, Palmer weiter am Zeug zu flicken. Es geht aber weiter: In der *Neuen Württembergischen Zeitung* und in zwei weiteren Kreiszeitungen erscheint folgende Anzeige:

»Verkaufe wegen Auswanderung Obsthandel mit LKW!
Kundschaft vorhanden
Jahresumsatz wird nachgewiesen.
Obstbau-Palmer, Geradstetten.«

Am gleichen Tag noch sperrt ihm seine Bank einen hohen Kredit. Lieferanten machen nur noch gegen bar Geschäfte mit ihm. Palmer steht knapp vor dem Bankrott. Es kommt nie heraus, wer die Anzeige aufgegeben hat. Die Polizei lässt ihn die gefälschte Unterschrift auf dem Anzeigenauftrag nicht einsehen, man droht ihm, falls er einen Prozess gegen Unbekannt anstrenge, mit einem Gegenprozess wegen Irreführung und groben Unfugs. Die Annoncenrechnung bekommt Palmer zugeschickt.

Zweimal wird Palmer aus Gaststätten in Geradstetten herausgeprügelt und zweimal in Oberkenningen von einem ehemaligen SS-Mann bewusstlosgeschlagen. Einige Gaststätten und Hotels, so das Hotel Schweizerhof in Tübingen und der Gasthof Harmonie in Reutlingen, verhängen Lokalverbot über ihn.

Palmer versucht die Flucht in die Öffentlichkeit. Er will »bewusst provozieren und beleidigen, um dann vor Gericht als Angeklagter alles zur Sprache bringen zu können«. Er lässt Flugblätter drucken mit dem Titel »Denn sie wissen, was sie tun!« und nennt namentlich die an der Kampagne beteiligten Personen. Seinem Bürgermeister schickt er aus Berlin eine offene Postkarte mit dem Text: »Sehr geehrter Herr Bürgermeister! In Spandau sind noch Zimmer frei!« Ähnlich lautende Schreiben schickt er seinen Feinden auf den Behörden. Der Erfolg bleibt nicht aus: Es wird Anzeige wegen Beleidigung in acht bis zehn Fällen gegen ihn erstattet. Zur Verhandlung kann Palmer nicht erscheinen, er liegt frisch operiert im Kreiskrankenhaus Göppingen, der behandelnde Professor Fuchs schickt auch kurz darauf ein Attest, aber beim Gericht liegt bereits ein anderes vor, das Attest des zuständigen Amtsarztes Dr. Dorn, der diagnostiziert hat, dass Palmer gesund und vernehmungsfähig sei. Palmer wundert sich, woher der Amtsarzt das wissen will, er sei ihm noch nie begegnet. Nach seiner Entlassung aus dem Krankenhaus begibt sich Palmer zu dem Esslinger Zeitungsverleger Otto Wolfgang Bechtle, dem Herausgeber der *Esslinger Zeitung*. Ihn bittet Palmer um Unterstützung, da Bechtle sich angeboten hatte, für ihn da zu sein, falls er Hilfe brauche. Doch er wird denunziert. Beim Verlassen des Verlagshauses wird Palmer von der Polizei verhaftet.

Palmer soll auf seinen Geisteszustand hin untersucht werden. Es gelingt ihm, vorher in die Schweiz zu entkommen, von wo aus er ein Gutachten eines namhaften Professors ans Gericht schickt, worin ihm volle Zurechnungsfähigkeit bescheinigt wird. Trotzdem wird er, als er nach Geradstetten zurückreist, nochmals dem Psychiater vorgeführt. Dr. Irle von der Universitätsklinik Tübingen legt sich angesichts des Gutachtens des namhaften Kollegen nicht fest. »Abnorme Persönlichkei« zwar, aber dennoch so weit zurechnungsfähig.

Da jetzt Verdacht auf Fluchtgefahr besteht, weil Palmer seiner Verhandlung ferngeblieben war, liefert man ihn ins Gefängnis Esslingen ein. Als er in den Hungerstreik tritt und seine Zelle von innen verbarrikadiert, bricht man sie auf, fünf Polizisten knüppeln so lange auf ihn ein, bis er bewegungslos liegenbleibt. Als er, wieder zu sich gekommen, erklärt, Anzeige erstatten zu wollen, gibt ihm Gefängnisvollzugsbeamter Messer zur Antwort: »Palmer, du Arschloch, du hast doch keine Zeugen.« Stattdessen wird gegen ihn zusätzlich Anzeige erstattet, zuerst wegen »versuchten Totschlags«, was dann fallengelassen und in »Widerstand gegen die Staatsgewalt« umgewandelt wird.

Zur Verheilung seiner Wunden bringt man ihn ins Gefängnis Hohenasperg. Als Untersuchungsgefangener verbringt er ein Vierteljahr mit dem Raubmörder Cowell in einer Zelle, und anschließend überführt man ihn in die psychiatrische Abteilung. Palmer erinnert sich: »Die Wärter nannten uns Schweine und Drecksäue, womit sie nicht einmal unrecht hatten. Wir steckten in verdreckten verkoteten Räumen bis zu zehn Mann auf einer Zelle, worin sich ein offenes nicht abdeckbares Klosett befand. Es gab Mitgefangene, die Wasser aus der Klosettschale tranken.«

Die schwebenden Prozesse werden zu einem zusammengefasst, das Landgericht Ludwigsburg verurteilt Palmer zu acht Monaten mit Bewährung. [...]

Juni 1967 steht Palmer erneut vor Gericht. Aussage steht gegen Aussage. Polizist König, der Palmer wegen Beleidigung angezeigt hat, will gehört haben, wie Palmer zu ihm auf dem Esslinger Marktplatz gesagt habe: »Die Esslinger Polizisten sind alle Verbrecher.« Palmer behauptet, gesagt zu haben: »Wie die Polizei an mir gehandelt hat, ist ein Verbrechen.« Der Beamteneid gilt mehr, das Urteil: zwei Monate Gefängnis, die Bewährung ist verfallen, jetzt sind es insgesamt zehn Monate, die Palmer absitzen soll.

Da Palmer die Strafe nicht sofort antreten muss, nimmt er die Gelegenheit wahr, um auf dem Reutlinger Marktplatz und in seinem Schaufenster Geradstetten dagegen zu protestieren. Er hängt Plakate mit Hakenkreuzen und folgendem Text aus: »Sie haben doch gesiegt. Zehn Monate für eine Lüge eines Polizisten. Wer steht dahinter?« Die Polizei beschlagnahmt die Plakate und erstattet Anzeige.

> »Die öffentliche Verwendung von Kennzeichen einer ehemaligen nationalsozialistischen Organisation ist gemäß § 96 Abs. 1 Ziffer 3 StGB mit Gefängnis bis zu drei Jahren bedroht. Die Tatsache der Strafbarkeit solchen Verhaltens ist allgemein bekannt, da in der Presse immer wieder von sogenannten Hakenkreuz-Schmierereien berichtet wird.«

Das teilt ihm die Staatsanwaltschaft Tübingen mit und stellt das Verfahren später wegen »Geringfügigkeit« ein. [...]

Palmers Haus ist zurzeit unbewohnt. Er hat den Eingang und die Fenster parterre zur Straßenseite hin zugemauert. Der Seiteneingang ist mit Brettern verbarrikadiert. Seit einiger Zeit hat Palmer sein Quartier gewechselt. Er hält sich in Gasthäusern und Hotels weit genug weg von seiner Heimatstadt auf.

Napalm? Ja und Amen

> »Napalm ist ein chemisches Produkt, das unablässig brennt und nur schwer mit Erde oder Wasser zu löschen ist. Das Napalmopfer wird vor den Augen der vor Schrecken gelähmten Betrachter verzehrt, und der Zweck dieser Waffe ist sowohl die Peinigung des Opfers wie die Brechung des Widerstandswillens der Überlebenden. Die USA benutzen dieses Benzingelee, um in Vietnam ganze Dörfer zu verbrennen, und es dient seit langem als Routinewaffe gegen die Zivilbevölkerung. In Vietnam hat man Krankenhäuser, Schulen, Sanatorien und Polikliniken durch Napalm in Flammen aufgehen lassen.«
>
> Bertrand Russell: *Napalm und Massenmord*

Um die Gewissensfrage stellen zu können, konstruiere ich folgenden Fall:

> »Ich bin Chemiefabrikant und habe ein besonders billiges Verfahren der *Natriumpalmitat*-Herstellung (Hauptbestandteil der Napalmbombe) entwickelt. Ein Großauftrag der US-Armee liegt vor. Mit weiteren Großaufträgen ist zu rechnen. Ich habe Skrupel. Ich weiß von der schrecklichen Wirkung der Bombe. Als katholischer Unternehmer mit Gewissensbissen frage ich um Rat: Darf ich, soll ich oder muss ich die Aufträge annehmen, auch wenn ich damit den Krieg unterstütze?«

Zuerst rufe ich bei der katholischen Telefonseelsorge in Frankfurt an. Der diensttuende Kaplan ist gefasst. Er lässt mich den Fall schildern. Er unterbricht mich nicht. Seine erste Reaktion: »In Ihrer Haut möchte ich nicht stecken.« Ebenso spontan sein Rat: »Ich würde es nicht tun …, bei dieser fürchterlichen Sache in Vietnam, wo die Amis so brutal vorgehen …« Außerdem: da ich das Napalm billiger liefern würde als andere Firmen, wäre es sogar eine »finanzielle Unterstützung des Krieges«. Und »selbst wenn dieser Krieg gerechtfertigt wäre« – was er nicht annimmt –, »stellt sich diese moralische Frage bei einem Mittel, das derartige fürchterliche Verletzungen hervorruft«. Ich danke ihm und sage, dass ich es nicht liefern werde. Noch ein paar Stichproben mit gleichem Ergebnis und die mir selbst nicht ganz geheure Anfrage dürfte erledigt sein.

Es kommt anders. In der Kirche einer Kleinstadt bei Frankfurt stelle ich meine Frage zum zweiten Mal. Ich knie im Beichtstuhl und sage, dass ich nicht beichten wolle, sondern nur einen Rat bräuchte. Ein junger Priester hört mir zu, und ich erzähle die Geschichte von dem Auftrag und von dem Bombengewinn, der dabei herausspringen würde. Zum Schluss: »Meinen Sie, dass ich mich mitschuldig mache?« Er sieht das Problem von einer anderen Seite: »Nein, von Schuld kann keine Rede sein. Es ist lediglich eine Entscheidung, die man wirklich persönlich fällen muss und mit Gott beratschlagen muss.« Es ist auch ganz gleich, »wie ich mich entscheide, so oder so, die Hauptsache ist, es ist eine Entscheidung mit Gott.«

Mein Einwand, »jetzt könnte ich es vielleicht. Aber später, ich könnte mir vorstellen, dass dann die Gewissensbisse kommen. Wenn dann nachprüfbar wird, es war ebenso ein Angriffskrieg wie bei Hitler«, scheint ihn zu beeindrucken: »Schon, ja, ja, ja. Man muss ja vor allen Dingen auch berücksichtigen, welchen Eindruck das auf andere macht, nicht! Denn es ist ja so, dass es dann später heißt, der war auch katholisch, und der hat damals bei der schlechten Sache dafür gestimmt, und das kann dann leicht offiziell zum Ärgernis werden!«

Der einzige Grund, es nicht zu tun, ist nach seiner Ansicht keine moralische, sondern eine taktische Frage: »Man könnte später sagen, der als katholischer Unternehmer hat damals nein gesagt. Das kann wirklich dann einen blendenden Eindruck hinterlassen, und die anderen spüren, hier hat ein Katholik mutig und aus Verantwortung gehandelt.«

Als ich sage: »Ich glaube nicht, dass das später eine Rolle spielen wird, die Aufträge sind ganz geheim«, besinnt er sich anders: »Nun ja, beten Sie zum Heiligen Geist um eine gerechte Erleuchtung.« Und wenn ich »mit seiner Hilfe eine Entscheidung gefällt habe – so oder so –, brauche ich mich nachher nicht zu beunruhigen«. Ich solle mir sagen, »ich hab's mit Gott gemacht, Gott um Rat gefragt, und ich habe es damals schließlich mit der Erleuchtung des Heiligen Geistes so für gut befunden … was hinterher dann kommt an Gewissensbissen vielleicht oder so, das soll einen dann nicht mehr groß beunruhigen; denn es kommt moraltheologisch gesehen nur auf den Augenblick drauf an vor der Entscheidung und in der Entscheidung und eben vor allem, dass es eine Entscheidung mit Gott ist.« So einfach ist das, wenn man ein göttliches Alibi hat.

Ich will aufstehen und sage: »Ob ich's nun tun soll oder nicht, weiß ich nun immer noch nicht.« Er scheint weiterhin auf den Heiligen Geist zu vertrauen: »Warten Sie«, sagt er, »ich will Sie noch segnen: im Namen des Vaters, des Sohnes und des Heiligen Geistes, Amen.« – »Amen«, sage ich und gehe. […]

Ich fahre zu einem der größten deutschen Dome mit ganztägiger Beichtgelegenheit. Die Beichtväter wechseln sich schichtweise ab. Ich knie in einem der Stühle. Hinter dem Korbgeflecht ein Jesuit, wie die Buchstaben »S. J.« auf seiner Namenskarte verraten. Er ist sehr sachlich, er sieht die Sache vom Kaufmännischen her: »Fragt sich, ob Sie, wenn Sie den Auftrag ablehnen, überhaupt etwas verhindern können. Außerdem setzen Sie das Zeugs ja schließlich nicht ein, Sie bleiben im Hintergrund, das ist eine Regierungsentscheidung.«

Er bringt ein Gleichnis: »Das ist die Frage wie mit dem Messer! Wenn ich Messer verkaufe, und es kommt einer, von dem weiß ich, der bringt mit dem Messer einen um, gleichzeitig weiß ich aber, der ist so fanatisch, der klappert noch fünf weitere Geschäfte ab, bis er sein Messer bekommt, und wenn er den doppelten Preis dafür bezahlen muss, dann würd ich es ihm halt verkaufen. Ich bin schließlich Geschäftsmann.«

Mein Einwand »Wenn jeder so denkt ...« macht ihn etwas unsicher. »Nun ja, ich hätte auch Hemmungen, aber wie weit man sie sich ausreden kann, das ist eine Frage der Vernunft.« Den letzten Rat kann er mir auch nicht geben, »es sind so viele Rücksichten zu beachten«.

Er rät mir, einen »Fachmann auf diesem Gebiet, einen versierten Moraltheologen aufzusuchen, Professor Klomps, der hat was los in solchen Dingen«.

Vorher versuche ich es aber noch bei einem anderen Jesuiten, bei Pater Leppich. Ich erreiche ihn telefonisch in Frankfurt. »Oh, da bin ich leider zu dumm zu.« Und: »Erhard, Außenpolitik und erst so was, da gebe ich mich nicht mit ab. Ich bin zuständig für Asien, Afrika, Leprakranke und so, aber für solche Fragen bin ich meistens zu dumm.« Ich soll ihm schreiben, er habe seine Fachleute, die ihn beraten. Als ich sage, dass ich mich heute noch entscheiden müsse, betont er noch einmal, dass er »zu dumm« sei und dass das »so aus der Lamäng überhaupt keiner entscheiden kann, das ist zu schwierig«.

Danach Besuche bei neun weiteren Pfarrern. Vier raten mir klar zu. Einer sagt, ich solle die Finger davon lassen. Ein anderer sagt, es komme darauf an, was Johnson sich bei dem Krieg denke, ob er die Dinge aus »Verantwortung für den freien Westen einsetze oder ob es inzwischen für ihn zu einer persönlichen Prestigefrage geworden sei«, da man da aber nicht dahinterkommen könne, solle ich doch besser »auf den irdischen Gewinn verzichten«.

Drei Pfarrer erklären sich als nicht zuständig und nennen mir

Adressen von »berufenen Leuten«, bekannten Moraltheologen, von denen einige am letzten Konzil mitgewirkt haben.

Ich gehe zur höheren Instanz. Am Telefon frage ich Professor Klomps, eine Kapazität in allen Fragen der Moral und Lehrer am Kölner Priesterseminar: »Was würden Sie machen, wenn Sie in meiner Haut steckten?«

Klomps: »Es spielen da viele Erwägungen eine Rolle, aber ich würde es machen.« Auch er hat gleich ein Beispiel zur Hand, nachdem ich ihm die verheerende Wirkung der Napalmbombe geschildert habe: »Die Bischöfliche Weinkellerei in Trier, die liefern ja auch den Wein in die ganze Welt, und die können ja auch nichts dafür, wenn er dann in sündhaften Nachtlokalen ausgeschenkt wird, wo auch Nackttänze stattfinden und was weiß ich davon. Dann kann man das doch auch nicht dem Konvikt in Trier in die Schuhe schieben. Wir werden ja immer in Dinge verstrickt, die wir im Grunde nicht gewollt haben.«

»Wenn das so ist«, sage ich, »kann ich den Auftrag ja beruhigt annehmen.«

»Ja«, meint er, »es ist ja auch die Frage *Kommunismus oder Demokratie*, und dass die Amerikaner die Demokratie vertreten, darf man doch wohl sagen.« – »Wenn Sie noch mal was auf dem Herzen haben«, entlässt er mich, »bin ich gerne für Sie da.« [...]

Professor Alfons Auer, Würzburg, ebenfalls ein prominenter Moraltheologe, gibt zu: »Das ist natürlich eine sehr schwierige Frage«, schränkt aber gleich darauf ein, »obwohl es sich dabei ja nicht um Atomwaffen handelt, sondern um eine fast noch traditionelle Sache.«

Grundsätzlich hat er nichts gegen den Krieg der Amerikaner in Vietnam: »Ich würde doch sagen, dass die Amerikaner echte Gründe haben, *positive* Gründe, diesen Krieg zu führen.« – Er hat andere Bedenken: »Wirkt das nur auf die Menschen, die es unmittelbar trifft, oder hat es eine Streuwirkung?«

Ich: »Wenn es fließt, dann breitet es sich sehr schnell aus.«

Er: »Oh, das ist außerordentlich schwierig.«

Ich: »Sie meinen, ich mache mich mitschuldig?«

Er: »Wenn Sie sonst eine Waffe herstellen, müssen Sie auch gegenwärtig sein, dass Unschuldige getroffen werden. Das würde mich nicht eigentlich beunruhigen. Mich beunruhigt nur, ob hier nicht noch etwas zu einer normalen Waffe Zusätzliches eingesetzt wird, das nicht mehr als menschlich bezeichnet werden kann …«

Ich: »Ist es nicht vielmehr das Neue, vor dem man erschrickt. Wenn man die ersten Bomben hätte liefern müssen, hätte man die gleichen Bedenken gehabt.«

Er: »Es ist die Frage, ob es noch eine weitere Streuwirkung hat, dass es eben dadurch unkontrollierbar wird. Das war ja auch das Problem bei der Atombombe, sie ist unter Umständen erlaubt, weil sie noch *kontrollierbar* eingesetzt werden kann.«

Ich: »Aber in dem Sinne, wo man dann auch sagen könnte, wenn man einen Schritt weiter geht, eine Bombe, die die ganze Welt zerstört, ist noch kontrollierbar …«

Er: »Es ist übrigens kein Kriterium, dass die Sache unter Umständen auch gegen die Zivilbevölkerung eingesetzt wird. Das liegt ja nicht in Ihrer Hand. Sie können eine *harmlose* Pistole verkaufen, und ein anderer bringt seine Frau damit um.« Weiter: »Das mit dem Napalm ist für mich besonders schwierig, weil ich mir über die Realitäten kein präzises Bild machen kann. Ich weiß zu wenig über die genaue Wirkung.« –

Ich: »Das könnte man auch dann erst wissen, wenn man im speziellen Fall das Opfer selbst ist.«

Dann kommt er zum wesentlichen Kriterium. Er ist für ein sauberes, schmerzloses Töten. »Bei diesen neuen Dingen hat man eben immer ein sehr ungewisses Gefühl wegen der Wirkung. Mein Bedenken liegt jetzt hauptsächlich darin, dass also hier nicht die unausbleiblichen Verwundungen hervorgerufen werden, sondern dass zusätzliche Peinigung entsteht.«

Ich: »Ist es nicht doch an erster Stelle eine grundsätzliche Frage, dass jedes Mittel, das zur Vernichtung von Menschen eingesetzt wird, zu verurteilen ist?«

Er: »Das würde ich nun nicht ohne weiteres sagen. Ich würde Unterschiede machen, ob ein Mittel nun diesen *unumgänglichen* Zweck sozusagen geradewegs erreicht oder ob eben eine solch schreckliche Form der Tötung gewählt wird ...«

Ich: »Sie meinen, dass man durch Abschreckung den Krieg verkürzen kann.«

Er: »Ja damit hat man ja auch damals bei der Atombombe gerechnet. Es weiß ja noch immer niemand, ob's nicht im Endeffekt tatsächlich das *geringere Opfer* war, als wenn der Krieg noch jahrelang weitergegangen wäre.«

Ich erinnere ihn noch an die Bergpredigt: »Wenn es dort heißt: liebet Eure Feinde, tuet Gutes denen, die Euch hassen, kann einem das schon imponieren.«

Er lässt die Bergpredigt aber für diesen Fall nicht gelten. Aus folgendem Grund: »Dann wäre ja überhaupt ein Krieg von vornherein unsinnig.« Die Bergpredigt gilt bei ihm nur »beim Verhalten von Mensch zu Mensch«. Zum Schluss nennt er mir noch zwei Experten, bei denen ich noch Rat einholen kann: »Dr. Martin Gritz vom Militärbischofsamt Bonn und Pater Hirschmann, S. J.«

Ich sage nicht, dass ich mit beiden schon gesprochen habe.

Schließlich gerate ich doch noch an einen Moraltheologen, der in meiner Frage ein grundsätzliches Problem sieht: Professor Scholz aus Fulda. »Die Bereitstellung dieser Dinge kommt hart an die Grenze des Sittenwidrigen heran«, sagt er. Und er ist der Ansicht, dass es »heute höchstens noch in kleinen Situationen eine *gerechte Verteidigung* geben kann«. Darum hält er »auch die Kriegsdienstverweigerung für ein echtes Anliegen«.

Scholz: »Wir müssen Leute haben, die eine große Idee, wie zum Beispiel das Christentum oder die Demokratie, prophetisch vorwärtstragen. Aber eben nicht mit Waffen.« Seine Objektivität geht so weit, nun auch die andere Meinung zu Wort kommen zu lassen: »Ich will Sie nicht einseitig beraten. Sie können ja, wenn Sie noch einmal jemanden, der Ihnen ein relativ ausgewogenes Urteil geben kann, sprechen wollen, einen Jesuiten anrufen in St. Georgen, Frankfurt: Pater Hirschmann.«

Der zweite Moraltheologe, der mir ebenfalls rät, das Napalm nicht zu liefern, ist Professor Böckle aus Bonn. Auch für ihn ist es keine militärische Frage, sondern »eine klare sittliche Entscheidung«, die er »im Schwersten mitempfindet«. Er ist verwundert: »Wo finde ich einen Industriechef, der sich überhaupt darüber Gedanken macht, wenn es um so ein Bombengeschäft geht?« Und er nennt die Ausführung des Auftrags »ein Verbrechen an der Menschheit … Obwohl man da gewiss nach klassischer Moraltheologie herumlaborieren könnte.«

Die katholische Laienorganisation Pax Christi und weitere Gläubige setzten schließlich die Amtskirche unter Druck. Auf die sich ausbreitende Diskussion reagierte diese über die offizielle Katholische Nachrichtenagentur (KNA) – ohne die Hintergründe meiner zehnmonatigen Kriegsdienstverweigerungszeit bei der Bundeswehr auch nur mit einem Wort zu erwähnen – mit der Meldung: »Wen wundert es, dass Wallraffs Umfrage nicht zu seiner Zufriedenheit ausgefallen ist?! Musste er doch als Wehrpflichtiger von der Bundeswehr als abnorme Persönlichkeit entlassen werden.«

Unternehmerfreiheit oder die »uferlosen Entgelterhöhungen in Heimarbeit«

»Etwa 90 000 Mark als Nachzahlung für zu geringen Arbeitslohn wollen 400 Heimarbeiter aus dem Frankenwald ablehnen.« Diese nicht alltägliche Meldung war vor einiger Zeit in den *Nürnberger Nachrichten* zu lesen.

Als Grund für den Lohnverzicht wurde angegeben: »Um ihren Arbeitsplatz behalten zu können.«

Dass es sich nicht um einen üblichen Arbeitsplatz, sondern um eine mehr gemeinnützige Sache gehandelt haben muss, geht aus der Erklärung des beschenkten Fabrikanten hervor, er habe »bisher noch nie etwas an seinen Arbeitern verdient und das Arbeitsverhältnis nur aus sozialer Rücksichtnahme aufrechterhalten –.« Als das Münchner Arbeitsministerium Hand an die Betriebskasse legen wollte, entzog der »sympathische Unternehmer« (so die lokale Zeitung *Fränkischer Tag*) seinen 450 Witwen, Rentnern und Körperbehinderten den »Zeitvertreib« (Unternehmer Stöhr) und teilte ihnen vorerst keine Arbeit mehr zu.

»Die 400 Heimarbeiter, die alle unter 65 Mark monatlich verdienen, haben dann in einer Eingabe an das Arbeitsministerium auf höheren Lohn verzichtet, um bei ihrer Firma bleiben zu können.«

Europas größtes Heimtextilwerk, die Firma Herbert Reichel, Rheinberg – 1300 Beschäftigte –, hat den Lohntüten seiner Arbeiter im vergangenen Jahr folgenden Leitspruch beigelegt: »Ein Mann, der nicht mehr leistet als das, wofür er bezahlt wird, leistet so wenig, dass er das nicht wert ist, was er bekommt.«

Der Spruch stammt von Abraham Lincoln, der auf der Karte abgebildet ist. »Das ist heute noch gültig«, vermerkt die Firma.

Vor einigen Jahren stellte der örtliche Gewerkschaftsvertreter bei zahlreichen Heimarbeiterinnen im Bezirk Neustadt/Aich eine merkwürdige Hauterkrankung fest. Die Arme der Frauen, die Borsten für die Pinselindustrie verarbeiten, waren mit roten Bläschen bedeckt, die stark juckten. Obwohl ihn die Frauen beschworen, nicht den Amtsarzt zu verständigen, tat es der Gewerkschaftsvertreter. Der Amtsarzt diagnostizierte »Rotlauf«, eine Krankheit, die sonst nur bei Schweinen vorkommt. Infektionsherd waren nichtdesinfizierte Borsten, die aus China geliefert wurden; der Amtsarzt beschlagnahmte die Vorräte. Die Frauen hatten acht Tage Arbeitsausfall. Sie weigerten sich, dem Gewerkschaftsvertreter Vollmacht zu geben, ihren Verdienstausfall beim Arbeitsgericht einzuklagen.

Es gibt 300 000 Heimarbeiter in der Bundesrepublik, nicht mitgerechnet mitarbeitende Familienangehörige, oft Kinder. 80 Prozent der Heimarbeiter sind Frauen, meist mit mehreren Kindern, dadurch ans Haus gebunden. Ein Schwerpunkt für Heimarbeit ist Nordbayern.

Großunternehmen und Kleinstbetriebe liefern die Arbeit ins Haus; sparen so Arbeitsraum, Heiz-, Licht- und Werkzeugkosten; sparen den Arbeitgeberanteil der Sozialversicherung; sie streuen die Arbeit so, dass die meisten nicht den Mindestbetrag von 212,50 DM im Monat erreichen (90 Prozent). So tragen sie kein Risiko; bei Berufsunfall und Invalidität haften die Betroffenen. Ein Heimarbeiter ist ein rentabler Arbeiter; er ist meist auf diese Arbeit angewiesen, stammt aus sozial schwachen Schichten, bekommt so leicht keine andere Arbeit, wodurch er gezwungen ist, seine Arbeitskraft weit unter Preis zu verkaufen. So ist es in der Branche üblich, den Heimarbeiter bei gleicher Arbeitsleistung nur halb so hoch (und oft darunter) wie den Betriebsarbeiter zu entlohnen. Die Spritzgusswerke in Weißenburg/Bayern z. B. zahlen ihren im Betrieb beschäftigten Arbeiterinnen für das Entgraten von Leika-Patronendeckeln einen Akkordlohn von 2,91 DM für 1200 Stück. Die Heimarbeiterin wird für die gleiche Menge nur mit 1,20 DM entlohnt.

Eine Weißenburger Firma, die Uniformteile herstellt, zahlt ihren Betriebsarbeitern z. B. für die Anfertigung einer Fangschnur (»Affenschaukel«) 3,11 DM. Die Heimarbeiterin hat sich mit 1,20 DM zu begnügen. Sie weiß meist nicht, dass ihre Arbeit in der Fabrik besser bezahlt wird; sie ist in den seltensten Fällen gewerkschaftlich organisiert, sie arbeitet isoliert. Oft muss sie ihr Arbeitsmaterial vom Werk abholen und selbst anliefern. Falls es die Firma übernimmt, bekommt sie nicht selten 5 Prozent vom Lohn abgezogen.

Bei Sonderaufträgen liefert der Unternehmer doppelt- und dreifache Mengen an. Hier bewähren sich kinderreiche Familien. Die Termine können oft nur eingehalten werden, wenn die ganze Familie mit anpackt, vom Kleinkind angefangen. Obwohl das Gesetz es verbietet, schaffen die Frauen ihr Pensum dann nur in Nachtarbeit. Es reicht in der Regel aus, drei Heimarbeiter für sich arbeiten zu lassen, um selbst nicht mehr arbeiten zu müssen.

Abenberg, 1200 Einwohner, vierzig Kilometer südlich von Nürnberg, hat eine Klöppelschule. Von katholischen Ordensschwestern geleitet, unter Verwaltung des Landratsamtes Schwabach. Das Klöppelhandwerk hat Tradition in dieser Gegend, seit 200 Jahren ist es hier beheimatet.

Mit der »Tradition« lassen sich in Boutiquen und Kunstgewerbegeschäften in den Großstädten gute Geschäfte machen. Eine Auftragsfirma sitzt im fünfzig Kilometer entfernten Weißenburg, die Gebrüder Auernhammer.

Der Verkaufspreis pro Meter Klöppelspitze liegt um 20 Mark. Die Klöpplerinnen in Abenberg erhalten pro Meter 60 bis 80 Pfennige. Den Meter schaffen sie in etwa eineinhalb bis zwei Stunden.

Es gibt sonst kaum eine Arbeitsmöglichkeit für die Frauen in Abenberg. »Ja, früher bei Hitler«, so sagen sie, »sei man beim Klöppeln noch auf 50 Pfennig in der Stunde gekommen.« Schwester Mathilda an der Pforte weiß, dass die Klöppelspitzen in den Großstädten zu Phantasiepreisen verkauft werden, »aber hier«, so sagt sie, »ist das Klöppeln doch mehr oder weniger eine Freizeitbeschäftigung für die Ausgestaltung des eigenen Heims«, im Übrigen sei es eine willkommene Einnahmequelle fürs Kloster.

Auch Resi H. aus Neukirchen bei Heilig Blut im Bayerischen Wald schlägt sich mit Arbeit für die Frommen durchs Leben: Am Küchentisch fabriziert sie Rosenkränze. Bei der Sorte »Arme Seelen« muss sie mit einer kleinen Zange die Verbindungsglieder von 44 Perlen und einem Zwischenstück schließen. Ein Dutzend fertiger »Arme Seelen« bringt der Häuslerin 1,91 Mark. Umgerechnet je Stunde: 1,50 Mark.

Die »bindende Festsetzung für die Herstellung von Rosenkränzen in Heimarbeit« zählt zwölf verschiedene Sorten auf – je nach der Zahl und Anordnung der Perlen tragen sie die Bezeichnung »Sieben Schmerzen«, »Herz Jesu«, »Unbefleckte Empfängnis« oder auch ganz nüchtern »Zehner« (mit elf Perlen). Überdies werden für acht spezielle Tätigkeiten Zulagen gewährt. So kassiert die »Kettlerin« bei »Rosenkränzen mit Medaillen mit oder ohne Ring« einen Aufschlag von fünf Pfennig je Dutzend.

Frau D. in Weißenburg hat Heimarbeit angenommen, weil ihr Mann nicht genug verdient, Frau E., weil zurzeit eine Pfändung von 60 Mark ansteht, Frau A., weil ihr Mann säuft, und Frau T., weil sie acht Kinder hat und der Mann nicht genug verdient. [...]

»In geradezu erschreckendem Umfange machten sich die fortgesetzten Wühlarbeiten gewerkschaftlich orientierter

Kreise bemerkbar, die zu einem völligen Ruin der Branche führen müssen. Die Sozialausschüsse werden von gewissen Gruppen dahingehend bewegt, ständig neue und erheblich hohe Heimarbeitslöhne gesetzlich festzulegen. Die bindenden Festsetzungen, die dann im *Bundesanzeiger* veröffentlicht werden, führen zu ständig steigenden Heimarbeitslöhnen, die bereits ins Uferlose gegangen sind. (1,20 DM Stundenlohn, statt Tariflohn 1,54 DM. G. W.)

Wir Hersteller von Topfreinigern appellieren heute an die verantwortlichen Stellen, dem skrupellosen Treiben gewisser Kreise bezgl. fortlaufender gesetzlicher Erhöhungen von Heimarbeitsentgelten Einhalt zu bieten. Die Auswirkungen dieser einseitigen und unberechtigten Lohnfestsetzungen sind bereits katastrophal. Viele Herstellerfirmen kalkulieren gezwungen bereits so, daß ihnen nur das ›nackte Leben‹ bleibt, in dem Mann und Frau von früh bis spät abends dazu verdammt sind, selbst die Arbeit zu verrichten.

Durch die uferlosen Entgelterhöhungen in Heimarbeit liegt unsere Industrie z. B. gegenüber der niederländischen Konkurrenz p. Gros um 1,80 DM höher und ist dadurch im ganzen Ausland erledigt [...]. Welch eine beschämende Entwicklung, da doch diese Branche ihren Ausgang und ›Siegeszug‹ um die Welt in Deutschland nahm.

Eine Branche ist in Gefahr!

Jeder Unternehmer *muß* im Rahmen seiner eigenen Kalkulation und der individuellen Wettbewerbsfähigkeit mit dem Ausland seine *Unternehmerfreiheit* wiedererlangen, Wunschträume von Gewerkschaftsleuten lassen sich nicht verwirklichen [...]. Unser Export in Topfreinigern ist bereits ruiniert, wir kämpfen bereits alle jeder gegen jeden (innerdeutsch gesehen) [...].

Wir Unternehmer müssen in einem Rechtsstaate mit einem verankerten Grundgesetz die Unternehmerfreiheit zurückbekommen [...]. Gewerkschaftliche Aufklärung der Rechtlosen ist bereits ein grober Verstoß gegen die ›Unternehmerfreiheit‹«.

Schreiben der Fa. Raab und Co., Fabrik für Uniformeffekten und Posamenten, an den Gewerkschaftsvertreter:

»Durch unsere Heimarbeiterinnen in Eichstätt werden wir unterrichtet, daß Sie unsere festangestellten Mitarbeiterinnen besuchen und über Lohnverhandlungen und Preisfestsetzungen diskutieren, mit dem Grundtenor, sie müßten zur Gewerkschaft gehen, um eine Neufestsetzung von Heimarbeiterlöhnen bzw. eine Kürzung zu verhindern. Wir machen Sie darauf aufmerksam, daß Sie keineswegs berechtigt sind, Besuche vorzunehmen [...].

Wir machen Sie heute darauf aufmerksam, daß wir für den Fall, daß Sie dieses Verhalten nicht sofort einstellen, geeignete Schritte unternehmen werden.«

Und deutlicher noch ein Schreiben der Fa. Siebauer:

»[...] wenn nun ein ehemaliger Gewerkschaftsleiter und heutiger Gewerkschaftler meine Leute besucht, Gift in das Betriebsklima streut, bei den Heimarbeitskräften Hetze betreibt und meine Firma schlecht macht, so daß sich die Heimarbeiter spontan gegen solche unlauteren Methoden wenden, so stellt dies meines Erachtens ein Vergehen gegen die Unternehmerfreiheit, einen Verstoß gegen Verfassung und strafbare Handlungen durch Zersetzung der Arbeitsmoral dar.«

Die Firma Gebrüder Auernhammer, Weißenburg, seit 1774 in Familienbesitz und größte Firma der Branche in Deutschland, hat als erstes Unternehmen neue Wege beschritten, um wieder in den Vollbesitz seiner Unternehmerfreiheit zu gelangen.

Das angesehene Unternehmen verlagerte einen Teil seiner Produktion in ein fernes Land. Generalsspiegelkragen in Gold, Offiziersschirmmützenkokarden, Fangschnüre, Schulterklappen, »Schwingen, von Hand gestickt, Bouillon, abgestochen«, Tätigkeitsabzeichen für Fallschirmspringer und Bundesadler en masse für die deutsche Bundeswehr werden jetzt in Pakistan von Kinderhand gestickt. So ein Generalskragenspiegel gold 300 Minuten Arbeit das Paar, und »Einfachstreifen für Gefreite« zehn Stück in zwölf Minuten. Im 1. Fernsehprogramm wurde in einer Sendung über Pakistan die Produktionsvergabe als »Entwicklungshilfe« gepriesen. Dort war zu sehen, wie emsige Kinderhände aus Gold- und Silbermetallfäden Bundeswehr-Embleme wirkten. Zehn Stunden sei die Arbeitszeit, wurde hervorgehoben, und der Stundenlohn: 10 Pf. Trotz hoher Zollgebühren ist diese »Entwicklungshilfe« noch gewinnbringender als die Löhne der deutschen Heimarbeiter.

Herr Auernhammer selbst will das gar nicht unbedingt als Entwicklungshilfe gewürdigt sehen: »Ich schicke einfach meine Werkmeister rüber, die geben die Sachen da in Auftrag.«

Brauner Sud im Filterwerk

Melitta-Report

»Hygienische und saubere Fabrikations- und Verwaltungstrakte rufen immer wieder bei den Besuchern aus dem In- und Ausland Erstaunen hervor. ›Das hätten wir hinter dem Namen Melitta nicht erwartet!‹ hören wir immer wieder. Der Satz ›außen hui, innen pfui‹ trifft bestimmt nicht zu.« (Aus der Melitta-Werkzeitschrift *Rund um Melitta*, Dezember 1969.)

Davon wollte ich mich überzeugen, jedoch nicht als »Besucher«. Ich borgte mir von einem Arbeiter die Arbeitspapiere und fuhr nach Minden.

Der Melitta-Konzern zählt mit seinen insgesamt 8500 Beschäftigten zu den hundert größten Firmengiganten der Bundesrepublik, mit Filialen in Schweden, Dänemark, Holland, Belgien, Frankreich, Schweiz, Österreich, Großbritannien, Kanada, USA, Brasilien, Kolumbien, Mexiko. In über neunzig Länder wird exportiert. Der Jahresumsatz der Melitta-Gruppe liegt bei 650 Millionen DM. Das Firmengebäude macht von außen nicht den Eindruck einer düsteren Industrielandschaft, der übermannshohe Drahtzaun führt nur um die Produktionsstätte herum, den Angestelltentrakt umfriedet eine gepflegte Hecke. Von außen entsteht auf den ersten Blick nicht unbedingt der Eindruck einer Fabrik, eine Altenheimstätte einer Großstadt oder der neugebaute Teil des »Heims zum guten Hirten« in Aachen etwa (ein Heim für sogenannte schwererziehbare Mädchen) könnte es ebenfalls sein. [...]

Wer bei Melitta arbeitet, unterwirft sich einem Gesetz, das mit »Block und Blei« überschrieben ist. Der Verfasser dieses Gesetzes verkündet darin vorweg, dass es »nach eigenen, besonderen Grundsätzen aufgebaut« sei, um alles »noch straffer zu gestalten«. Er »verlangt«, dass »alle« jenes Gesetz »restlos beherrschen und immer danach handeln«. »Ordnung und Disziplin« schreibt dieses Gesetz in der Einleitung vor, und später in den Ausführungsbestimmungen ist von »Erziehung« und »gründlichem Generalräumen« die Rede, von »Anmarsch« und »Anmarschwegen« und von einem »besonderen Appell«, den man den Neueinrückenden angedeihen lässt.

Von Tätigkeitsworten kommt »zwingen« besonders häufig vor, ebenso wie »kontrollieren«, jedoch auch die Kombination »zwingende Kontrolle« wird einige Male verwandt. »Melden« kommt in vielen Variationen vor; wie z. B. »sich melden müssen«, »Meldung erstatten«, bis hin zur Forderung: »Nichts selbst einführen, sondern melden.«

Weiter im Sprachgebrauch dieses Gesetzes sind: »scharf prüfen«, »Ruhe gebieten«, »ohne Rücksicht«, »kein Kompromiß«, »kameradschaftlich«, »tadellos«, »unantastbar«, »sauber«, »gründlich«, »ordentlich«. »streng«, »Arbeitseinsatz«, »Abkommandierung«, »überwachen« (auch gebräuchlich mit der Verstärkung: »laufend überwachen«), »bestraft werden«.

Verlangt wird: »Alles strikt befolgen, bis anders angewiesen«, und noch unmissverständlicher: »Jede Anweisung ist strikt zu befolgen! Niemand darf von sich aus Anweisungen ändern, selbst wenn sie ihm völlig sinnlos erscheinen.«

Das Gesetz gebietet: »Jeder soll immer auf seinem Platz sein«, und wenn das einmal nicht der Fall ist, fragt der Vorgesetzte Untergebene, »die er unterwegs, d. h. nicht an ihrem Platz antrifft, nach ihrem Weg und Auftrag«.

Ansonsten »sorgen Lautsprecher dafür, dass jeder jederzeit überall auffindbar« ist: »Wir legen Lautsprecher in alle Arbeitsräume, in Gemeinschaftsräume, auf die Grünplätze, auf die Höfe«, um so alles »innen und außen besprechen zu können«.

Die »Führung« des Territoriums macht die ihr Unterstellten ausdrücklich darauf aufmerksam: »Wie alles überwachen wir auch das Telefonieren. Es geschieht durch Mithörer, die an einigen Plätzen angebracht sind. Vorurteile hiergegen sind vollkommen unberechtigt.« Mehrmals weist die »Leitung« die Untergebenen darauf hin, dass die Anordnungen des Gesetzes dazu da seien, die »Schlagfertigkeit« der Organisation zu »erhöhen«.

»Ein Passierschein kontrolliert, so daß keinerlei Lücken in der Kontrolle aller Beschäftigten entstehen können.«

Darüber hinaus »muß der Pförtner mit aufpassen«, wenn wir »unabgemeldet zu ›türmen‹ versuchen«.

Die Betriebsordnung, Ausgabe Mai 1970, ist gültig für die 8500 Beschäftigten des Melitta-Konzerns, Minden. Verantwortlich: Konzernherr Horst Bentz, 66, Alleinherrscher der Unternehmensgruppe. [...]

Die Arbeit ist körperlich ziemlich anstrengend. Es kommt vor, dass bei allzu heftigem Ziehen ein Podest mit Filtern oder Filterpapier umkippt; da ist ein Spanier, mit dem ich zusammenarbeite, der sagt, »ist mir am Anfang auch schon passiert«, und mir beim Aufstapeln hilft. Er macht mich auch auf die Unfallgefahren, die die Karren mit den Eisenrädern mit sich bringen, aufmerksam.

Ich hole mir einige Prellungen an den Füßen; und die meisten hier haben schon Fußverletzungen gehabt, wenn ihnen ein schwer beladener Hubwagen über den Fuß gerollt ist. Sicherheitsschuhe mit Eisenkappen, die das verhindern würden, werden vom Werk nicht gestellt. Dafür hängt jedoch ein Aushang aus, in dem die Firma die steigende Unfallquote beklagt:

»Bei Verstößen gegen die allgemeinen Unfallverhütungsvorschriften durch Unternehmer oder Versicherte werden die Strafbestimmungen des § 710 RVO angewendet. Die

Ordnungsstrafen können bis 10 000 DM betragen [...]. Die Berufsgenossenschaft Druck und Papier hat in zwei Schreiben auf das Tragen von Sicherheitsschuhen hingewiesen. Es darf zumindest erwartet werden, daß festes Schuhwerk grundsätzlich bei der Arbeit getragen wird.«

Die Praxis beweist, dass »festes Schuhwerk« kein Ersatz für Sicherheitsschuhe ist.

Der Spanier, von einigen »Amigo«, von anderen »Ganove« genannt, ist sieben Jahre bei Melitta. Seine Frau auch. Sie bewohnen zwar dieselbe Wohnung, sind aber nur sonntags wirklich zusammen. Wenn er Frühschicht hat, ist seine Frau zur Spätschicht abkommandiert. Wenn er nachts um halb zwölf von der Spätschicht kommt, muss er leise sein, um seine Frau nicht zu wecken. Sie muss vor fünf Uhr aufstehen, um pünktlich zur Frühschicht zu erscheinen. Ihr Problem: sie finden für ihr Kleinkind keinen Kindergarten und müssen darum in Wechselschicht selber darauf aufpassen. [...]

Mehreren SS-Rängen, die der ehemalige SS-Obersturmbannführer Bentz nach Kriegsende in Sold nahm, fühlt er sich durch gemeinsame Vergangenheit verbunden. Wenn die teilweise angeschlagenen Kriegsveteranen intelligenz- und leistungsmäßig auch nicht mehr so auf der Höhe sind und teilweise aus ihren Spitzenpositionen von jüngeren Kräften verdrängt wurden, garantieren sie durch ihr militärisch straffes Auftreten Zucht und Ordnung bei Melitta. Der ehemalige Obersturmbannführer Tarneden z. B., jetzt Hauswachtleiter, hat von seinem militärischen Schliff nichts eingebüßt. Wenn er strammen Schritts durch die Werkshallen patrouilliert, kann es vorkommen, dass er Nachwuchs-Melittaner zusammenstaucht: »Stellen Sie sich erst mal grade hin.«

Ein anderer, ein ehemaliger Obertruppführer der Waffen-

SS, zeigt den »Arbeitskameraden« (Anrede von Bentz) in sentimentalen Minuten hin und wieder ein liebgewonnenes Kleinod vor: ein ihm von Heinrich Himmler verehrter Totenkopfring mit der Widmung »Für besondere Verdienste«.

Bentz selbst, wegen seiner militärischen Hausordnung »Block und Blei« öffentlicher Kritik ausgesetzt, beruft sich in dieser Situation vorzugsweise auf die »Kapazität« Professor Reinhard Höhn, Leiter der »Akademie für Führungskräfte der deutschen Wirtschaft« in Bad Harzburg, der Deutschlands Manager nach den gleichen Prinzipien ausrichte und auch auf Lehrgängen seinen Spitzenkräften den letzten Schliff verleihe. Bentz: »Den kenne ich gut, der ist oft hier, der ist ganz begeistert von ›Block und Blei‹«. Als Professor Höhn einmal den »Musterbetrieb« von Bentz inspizierte, meinte er, dass sich hier innerhalb von anderthalb Jahren nach seinen Wirtschaftsführungsprinzipien das Werk zur Höchstproduktivität organisieren lasse.

Bentz verblüffte den Wirtschaftsspezialisten mit der Feststellung, das Plansoll nicht erst in anderthalb Jahren, vielmehr »in bewährtem Melitta-Tempo bereits in einem halben Jahr« erfüllt zu haben.

Aus dem Schulungsprogramm von Professor Höhn, einst Berater von Heinrich Himmler, als Generalleutnant der Waffen-SS mit dem Ehrendegen des Reichsführers-SS ausgezeichnet:

> »Großunternehmen lassen sich durchaus mit Armeekorps, mittlere Unternehmen mit Bataillonen vergleichen. Da sowohl der militärische wie auch der wirtschaftliche Führer mit einem Gegner zu tun hat, dort der Feind, hier die Konkurrenz, treten stets Umstände und Gegenzüge des Gegners auf, die nicht vorauszuberechnen sind.«

Bentz eigene Vergangenheit wurzelt gleichfalls in der NS-Zeit: Er war Obersturmbannführer der SS, sein Betrieb wurde als besonders stramm und vorbildlich mit der »Goldenen Fahne« ausgezeichnet. Er führte Rüstungsaufträge aus, unter anderem Teile von Gasmaskenfiltern, Teile von Patronenkästen und Maschinengewehrgurte, und er beschäftigte Polen und Russen als Zwangsarbeiter. Nach zweieinhalb Jahren aus dem Internierungslager der Engländer entlassen, konnte er 1958 wieder seine Firma übernehmen.

Wie Professor Höhn legte auch Bentz sich in jener Zeit mit Treueschwüren auf das faschistische System fest: »Führer, wir gehören Dir!« (*Melitta-Echo*, 1941)

Am 1. Mai 1941 wurde ihm von den Parteispitzen die damals begehrte Auszeichnung »Nationalsozialistischer Musterbetrieb« verliehen, die zuvor im »Gau Westfalen-Nord« nur die Oetker-Werke »für sich buchen« konnten. Mit dem »Melitta-Lied« auf den Lippen: »Gleicher Sinn bringt Gewinn, überwindet auch den schlimmsten Berg, Einigkeit alle Zeit, Heil Melitta-Werk« wurde die mit diesem Prädikat verbundene »Goldene Fahne« im Triumphzug von Augsburg ins Mindener Werk heimgeführt.

> »Sauber ausgerichtet, stand die Gefolgschaft am Bahnhof, um die Goldene Fahne zu empfangen. Einige zackige Kommandos unseres Betriebsführers (Horst Bentz), die jedem alten Soldaten alle Ehre gemacht hätten, und mit Schingbumm ging's durch die Stadt.« (*Melitta-Echo*, 1941)

Mit nazistischen Hass- und Hetzparolen sollte die damalige Melitta-Werkzeitung die Gefolgschaft auf Vordermann bringen. Das Betriebskampfblatt von Bentz beschränkte sich keineswegs auf die betrieblichen Belange. Da war der Aufmacher auf Seite 1 den »armen Juden« gewidmet: »[...] in der Judenfrage hat das Herz zu schweigen! Auch das zieht nicht, wenn man uns sagt: denkt an die armen Kinder. Jeder Judenlümmel wird einmal ein ausgewachsener Jude [...].« (*Melitta-Echo*«, 1938). Da ist von »Judengesocks« und »Bestien« die Rede, und auf dem Betriebsappell am 5. Juli 1938 lässt es sich Horst Bentz nicht nehmen, noch vor der Reichspogromnacht zum Boykott jüdischer Geschäfte aufzurufen:

> »Über die Judenfrage heute noch sprechen zu müssen, erscheint überflüssig und ist es doch nicht. Wir haben neulich eine Arbeitskameradin erwischt, als sie ein jüdisches Geschäft betrat. Sie erzählte uns nachher, daß sie lediglich eine dort beschäftigte Verkäuferin besucht habe. Ob das stimmt, ist leider nicht nachprüfbar. In Werkzeitung Nr. 5 dieses Jahres haben wir bekanntgemacht, daß jeder, der beim Juden kauft, fristlos entlassen wird. Der vorerwähnte Fall macht es erforderlich, die Grenzen enger zu ziehen. Wer künftig überhaupt noch in jüdischen Geschäften gesehen wird, einerlei ob er kauft oder nicht, gehört nicht zu uns und muß fristlos entlassen werden.«

In der Melitta-Werkzeitung Nr. 5: »Damit keiner kommen kann, er habe nicht gewußt usw., führen wir nachstehend alle Juden in Minden, die ein Geschäft ausüben, auf.« Es folgen dreißig Namen, mit Berufsangabe und genauer Anschrift. – Von den dreißig Genannten hat keiner die Zeit des Nationalsozialismus überlebt. [...]

Nach zweimonatiger Zugehörigkeit zur Melitta-Belegschaft wird mein Name plötzlich über Lautsprecher ausgerufen: »Herr G. zur Sozialabteilung.«

In der Sozialabteilung erwartet mich eine Art Firmengericht. Die Cousine von Horst Bentz, Frau Melitta Feistkorn, Leiterin der Sozialabteilung, blickt missbilligend zu mir herüber. Herr Ostermeyer, der mich einstellte, sitzt mit in der Runde, ein noch Jüngerer im grauen Kittel blättert gelangweilt in einem Büchlein, das die Aufschrift »Betriebsverfassungsgesetz« hat. Ein graues, gewitztes Männlein mit scharfer, befehlsgewohnter Stimme fordert mich mit einer Handbewegung auf, mich auf den noch freien, von den anderen etwas entfernt stehenden Stuhl zu setzen. Dann wendet er sich an die versammelte Runde. »Jetzt werde ich Ihnen das mal vorführen.« Und er beginnt eine Art Verhör. Keiner hat sich mir vorgestellt, das scheint hier so üblich zu sein, Standgericht.

Der kleine Graue, Betriebsleiter Runte, wie ich später erfahre, leitet die Vernehmung. Er wirft mir Disziplinlosigkeit und fehlende Arbeitsmoral vor. Ich hatte gewagt, mir einige Tage unbezahlten Urlaub zu nehmen. Zwei Tage war ich krank und lag mit Fieber im Bett, ließ mich jedoch nicht krankschreiben, sondern zog es vor, den das Werk nicht belastenden unbezahlten Urlaub zu nehmen. Kollegen hatten mir dazu geraten, da »Krankfeiern« auch mit ärztlichem Attest in der Probezeit Entlassung bedeuten würde. Einige Tage hatte ich mir freigenommen, indem ich einen Umzug von Köln nach Minden vorschob, verbunden mit Wohnungsrenovierung. Die direkten Vorgesetzten, zwei Schichtführer, hatten Verständnis und bewilligten das Fehlen unter Verzicht auf Bezahlung. Betriebsleiter Runte, dessen Aufgabe es ist, alle Belange des Betriebs pedantisch wahrzunehmen, schien den entgangenen Mehrwert meiner dem Werk vorenthaltenen Arbeitsleistung als eine Art Diebstahl zu empfinden. Er sagte, schon aus Abschreckungsgründen den anderen Kollegen gegenüber sei ich für das Werk ab sofort untragbar. Ich sei ein Bummelant, wer schon so anfange, was sei dann erst später von dem zu erwarten. Als ich mich zu rechtfertigen versuche, gerade der Anfang, die Umstellung, verbunden mit dem Umzug, und Wohnungswechsel, müsse in einem Betrieb, der sich »sozial« nenne, doch Verständnis hervorrufen, werde ich ausgelacht. Herr Runte ist nicht umzustimmen; er nimmt meine Argumente lediglich als Bestätigung seines einmal gefassten Entschlusses auf.

Routinemäßig stellt er an den Mann mit dem kleinen Büchlein, der während des ganzen Verhörs nicht ein Wort gesagt hat – und der der Betriebsratsvorsitzende ist, wie ich nach meinem Rausschmiss erfahre –, die Frage: »Von hier noch Einwände?« Wie abwesend antwortete der Betriebsratsvorsitzende mit einer verneinenden Kopfbewegung. [...]

»Natürlich kann die Stadt stolz darauf sein, daß die ›Melitta‹-Erzeugnisse den Namen Mindens in alle Welt hinausgetragen haben und täglich hinaustragen. Sicher ist es ein wesentlicher Faktor für die Volkstümlichkeit von Melitta, daß heute 3600 Menschen der über 8000 Belegschaftsmitglieder in Stadt und Land Minden zu Hause sind! Rechnet man die Familienangehörigen dazu, dann ergibt sich, daß rund ein Viertel der Bevölkerung Mindens in direktem Kontakt zu dem Melitta-Werk steht.« (Aus der Melitta-Werbeschrift: »Minden und die Melitta-Werke«.)

»Sagen Sie um Gottes willen keinem, dass ich Ihnen Auskünfte über Herrn Bentz gegeben habe, ich wäre hier für immer erledigt.« (Ein führendes Mindener SPD-Mitglied, Mitglied im Stadtrat. Die SPD ist die stärkste Partei Mindens.)

1956 – der vormalige Besitzer war gerade in Konkurs gegangen, die Belegschaft führte die Hütte im Kollektiv weiter – erkannte Wokan als durchreisender Vertreter, »hier fehlt der starke Mann an der Spitze«, und nahm sich des Projekts an. Und es gedieh. Heute, kann Wokan mit Stolz von sich sagen, stehe er beinah konkurrenzlos da in der Branche.

500 Arbeiter – 80 Prozent Ausländer –, in Gang gehalten von Kurt Wokan und seiner zehnköpfigen Führungsspitze. Er, der Schwiegersohn des ehemaligen Gauleiters und Reichsstatthalters im Sudetenland, Konrad Henlein, zusammen mit dem Sohn von Karl Hermann Frank, dem Stellvertreter Henleins, beide hingerichtet 1946 in Prag. Hieraus schließen zu wollen, Wokan sei Neonazi, wäre bösartig und töricht zugleich. Er, Wokan, findet seine Interessen weitaus eher von der CDU als von der NPD vertreten, und nicht allein seine Freundschaft mit Erhard bezeugt das. Bereits von Thaddens Ausländerfeindlichkeit, die so weit gehe, dass er die Bundesrepublik von ausländischen Arbeitskräften freihalten wolle, mache ihm diese Partei suspekt. Außerdem: »Die NPD ist mir zu lasch.«

Er, Wokan, ist gut auf die Ausländer zu sprechen. Er holt sie scharenweise zu sich. Vornehmlich aus ländlichen Gebieten, vor allem Frauen, viele Analphabeten darunter. Er zahlt ihnen bis zu »2,30 DM Spitzenlohn« brutto, »eine geradezu fürstliche Entlohnung« für sie, meint Wokan. Im Übrigen: »Die meisten Gastarbeiter leisten von sich aus beträchtlich mehr Überstunden, um einen noch höheren Verdienst zu erzielen.« Folglich: »Damit können sie nicht nur auskommen, sondern auch noch Ersparnisse erzielen. Denn die Gastarbeiter wirtschaften in den Wohnheimen regelmäßig mit Gruppen zusammen, so dass die Gruppenverpflegung sie relativ wenig kostet.« Freiwillig zahlt Wokan noch Weihnachtsgeld an seine Türkinnen: 5 DM.

Auserwählte innerhalb der einzelnen Produktionsgruppen macht er zu seinen Vertrauten. Er zahlt ihnen bis zu 6 DM pro Stunde für die gleiche Arbeit, gewährt ihnen auch sonst Vergünstigungen, damit sie bei ihren Landsleuten für die erforderliche Arbeitsdisziplin sorgen und ihn über alles informieren.

Eine Türkin (Frau L. M.) berichtet: »Ich war 23 Tage krank. Für diese 23 Tage habe ich nur 56 DM Krankengeld bekommen. Es war ein Unfall, demnach hätte mir der volle Lohn zugestanden. Wir arbeiten morgens ab 5.30 Uhr bis abends 19 oder 20 Uhr. Überstundenzuschlag ist hier nur 10 bis 20 Pfennig. Obwohl wir wie im Akkord schuften müssen, bekommen wir nur Stundenlohn. Wenn wir mal etwas falsch machen, werden die Meister böse, und einer hat mir ein zerbrochenes Glas an den Hals geworfen.«

Das Verhältnis der deutschen Arbeiter zu den Ausländern ist nicht das beste. Dafür sorgt unter anderem das besondere System der Entlohnung. Bei den Glasbläsern, die selber unter enormem Akkord- und Leistungsdruck stehen, kommt es schnell zu unkontrollierten Hassausbrüchen; wenn auf den weiteren Arbeitswegen – beim Abklopfen, Durchlaufen des Kühlbandes, beim Schleifen oder Verschmelzen oder bei der Verpackung – bei den Ausländern Glas zu Bruch geht. Dann wird es den Glasbläsern vom Akkordlohn abgezogen. Nicht die Firma haftet, wie es sein müsste, sondern der Glasmacher. Es kam vor, dass Glasmacher in solchen Situationen mit ihrem Werkzeug, der glühenden Pfeife, Ausländerinnen die Hand brandmarkten.

Ein von Wokan ausgeklügeltes Prämienlohnsystem sorgt dafür, dass Produktionsverluste durch Krankheitsausfälle ebenfalls extrem niedrig gehalten werden. Der Akkordlohn eines Monats wird um 20 Prozent gekürzt, wenn der Arbeiter auch nur einen Tag durch Krankheit fehlt. Das bedeutet, ein einziger Krankheitstag kann ihm 300 DM Lohneinbuße bringen. Das hat zur Folge, dass sich mancher Arbeiter trotz Krankheit an seinen Arbeitsplatz schleppt und durchhält. Kurt Wokan sieht es so: »Auch der Bundesligaspieler, der aus welchen Gründen auch immer am Bundesligaspiel nicht teilnehmen kann, verliert eben die Spielerprämie.«

Aushänge am Schwarzen Brett appellieren an den Durchhaltewillen der Betriebsgefolgschaft:

> »[...] bitte ich alle in der Hütte, besonders am Ofen arbeitenden Mitarbeiter, sich zu überlegen, welcher Schaden der *Ingridhütte* durch das Fehlen seiner geplanten Arbeitskraft entsteht. Ich bitte Sie daher, besonders darauf zu achten, sich auch außerhalb des Betriebs so zu verhalten, daß die häufigsten Krankheiten wie Übelkeit, Schwäche und Erkältungen durch eine entsprechende vernünftige und bedachte Lebensführung vermieden werden. Sie können dann gewiß sein, daß dies allen nur zum Vorteil gereichen wird.
>
> gez. Kurt Wokan.« [...]

Wokans Gewinnstreben kennt keine Grenzen. So forderte er einen seines Führungsstabes auf, die Toilettengänge seiner ausländischen Arbeitskräfte statistisch zu erfassen. Jedem, der unter dem Durchschnittswert blieb, wollte er pro unterdrücktem Stuhl- oder Uringang einen Groschen Prämie gewähren.

Wokan ist sich nicht zu schade, auch selbst mit einzugreifen, wenn es ihm erforderlich scheint. Wenn er beobachtet, dass in seiner Firma jemand nicht schnell genug geht, ermahnt er ihn – selbst die Hände an die Hosenträger geklemmt –, sich künftig schneller fortzubewegen, Zeit sei schließlich Geld. Im Allgemeinen macht sich Wokan selbst die Hände nicht schmutzig, dafür hat er seine Spitzenkräfte. Einem ungeschickten jüngeren Arbeiter verbrannte einer seiner Leute mit der glühenden Pfeife den Nacken. Die Eltern hatten den Mut, ein Strafverfahren anzustrengen, er wurde verurteilt zu nur 180 DM Geldstrafe, was ihn nicht traf. Er verkündete im Werk: »Ich zahl's schließlich nicht, bezahlt die Firma!« In einem Arbeitsgerichtsprozess einer Türkin, die ihren Einjahresvertrag vorzeitig kündigte, weil sie geschlagen worden war, schaltete sich sein Prokurist Bälder, pleitegegangener Bauunternehmer und ehemaliger Boxer, ein. Einem ehemaligen Mitarbeiter, der als Zeuge für die Türkin vor Gericht aussagen sollte, gab er zu verstehen: »Pass nur ja auf, was du sagst, sonst sehen wir uns wieder!«

Der Zeuge fühlt sich seitdem nicht mehr so wohl in seiner Haut. Er weiß, wie die örtliche Polizei in derartigen Fällen ermittelt. Er weiß, wie bei schweren Unfällen, verursacht durch Angehörige von Wokans Führungsstab, die örtliche Polizei es versäumte, eine Blutprobe zu entnehmen, in einem Fall erst zwei Tage nach dem Unfall, in einem anderen Fall die stadtbekannten Gebrüder Wichtel, Wokans enge Vertraute, vor Gericht nicht identifizieren konnte, da sie angeblich sich zum Verwechseln ähnlich sähen. Dadurch konnte der Fahrer beim Gerichtstermin nicht ausfindig gemacht werden, die beiden belasteten sich gegenseitig, gefahren zu haben, das Verfahren wurde eingestellt.

Wen es wundert, dass das örtliche Arbeitsamt an Wokan nach wie vor ausländische Arbeitskräfte zu Hungerlöhnen vermittelt, braucht sich nicht mehr zu wundern, wenn er weiß, dass zu Wokans Freundeskreis ein maßgeblicher Mann des Arbeitsamtes Brühl gehört, der an seinen Festessen teilnimmt und mit ihm in seinem Ferienhaus an der Nordsee Urlaub machte.

Wer sich wundert, dass sich bei Wokan kein starker Betriebsrat bildet, der die gröbsten Missstände verhindern könnte, wundert sich nicht mehr, wenn er erfährt, dass vor Jahren einer bestand und, als er es wagte, Wokans Vorstellungen eigene entgegenzusetzen, aus dessen Büro rausflog. Einige der Betriebsratsmitglieder mussten den Betrieb verlassen. Einige ältere waren froh, unbehelligt im Betrieb bleiben zu können, sie hätten aufgrund ihres Alters woanders so leicht keine Arbeit mehr bekommen. Ein Glasbläser: »Nach diesen Erfahrungen hat keiner mehr den Mut, sich für die Einrichtung eines Betriebsrates zu engagieren. Gebrannte Kinder scheuen bekanntlich das Feuer.«

Wie Wokan es sieht, kann man es auch sehen: »Mein Partner ist unbedingt direkt der Arbeiter ... Bei unserer Größenordnung ist es immer besser, wenn man den Kontakt zu den einzelnen Arbeitern haben kann und hat.« Wer in Wokan nur den eiskalten Geschäftsmann, Emporkömmling und Erfolgsmenschen sieht, macht es sich zu einfach. Privat leistet sich Kurt Wokan durchaus – wie viele Erfolgreiche seines Standes – ein ausgeprägtes Gefühlsleben, ja man kann sagen, er hat Kultur. So kaufte er kürzlich von der Stadt das Gelände rings um den Friedhof, um dort für seine verstorbene Frau Ingrid (seine Glashütte hat er nach ihr benannt) ein kolossales Mausoleum zu errichten. Die Pläne ließ er vom Hitler-Bildhauer Arno Breker (einem Liebling der Industrieprominenz von Rhein und Ruhr, siehe Gerling-Konzern, Verwaltungsgebäude Köln) anfertigen. Bisher hat ihm die Stadt die Baugenehmigung noch nicht erteilt, aber Wokan kann warten. Wenn die Stadt neuen Raum für ihre Toten braucht, hofft er ins Geschäft zu kommen. Einmal im Jahr findet eine Totenfeier am Grabe seiner Frau statt, mit Totenreden und Kranzniederlegungen seiner Betriebsangehörigen. [...]

Wokan, der seine Erziehung auf einer Hitler-Ordensburg genossen hat, behauptet heute, dass er »jüdisch erzogen« worden sei, seine Schwiegermutter, Henleins Frau, nennt er im Beisein von Fremden Sarah. Das hält ihn jedoch nicht davon ab, anlässlich einer Fernsehdokumentation über die Zeit des Nationalsozialismus, in der unter anderem zu sehen ist, wie der NS-Verbrecher Frank gehenkt wird, zusammen mit seinem Führungsstab Trinksprüche auf ihn auszusprechen, auf den »geradlinigen, aufrechten Deutschen«.

Jüngst machte Wokan von sich reden, als er in Schneegattern (Oberösterreich) eine Glashütte für 3,5 Millionen Schillinge aufkaufte, die ihm von der österreichischen Länderbank als Kredit zur Verfügung gestellt wurden.

Erst einmal machte er aus dem einen Betrieb zwei, um das österreichische Gesetz zu umgehen, wonach auf 200 Arbeiter ein freigestellter Betriebsrat kommen muss. Wokan: »Ich kann es nicht zulassen, dass so ein Freigestellter mir zwischen den Beinen herumläuft.«

Als er sich weigerte, bestehende Tarifverträge einzuhalten, kam es im Werk zu einem 20-minütigen Warnstreik. Für Wokan so ungewohnt, dass er prompt 220 Arbeiter, die sich daran beteiligt hatten, feuerte. Darunter auch Schwangere, die ohnehin unkündbar sind. Wokan: »Auch in Deutschland gibt es ein so deppertes Gesetz, dass man Frauen fragen muss, ob sie schwanger sind, wenn man ihnen kündigen will.«

Wokan, siegesgewohnt, kann nicht verstehen, dass ihm ein österreichisches Arbeitsgericht in 1. Instanz unrecht gab und die fristlosen Entlassungen aufhob, ihm ebenfalls sein Vorhaben untersagte, sozusagen als »Streikbrecher« Türken zu importieren.

Er ist nicht bereit, nachzugeben. Das Gesetz ist er, so ist er es gewohnt. »Dann machen wir halt aus der Glasfabrik eine Hühnerfarm«, so Wokan auf einer Pressekonferenz in Wien.

»Gastarbeiter« oder der gewöhnliche Kapitalismus

Nach einer WDR-Umfrage sind etwa 75 Prozent der bundesdeutschen Bevölkerung gegen eine Beschäftigung der etwa zwei Millionen ausländischen Gäste. Man sieht in ihnen Konkurrenz: »in schlechten Zeiten kriegen wir sie nicht mehr los, nehmen sie uns die Stellen weg«. Es geschieht nicht von ungefähr, dass ausländische Arbeiter gegen deutsche – und umgekehrt – ausgespielt werden.

Im März 1965 veröffentlichte Springers *Bild* ganz in der Nachfolge von Streichers *Stürmer* (Parole: »Juden raus!«) unter der Balkenüberschrift »Wir wollen keine Italiener mehr!« einen Artikel, der mit dem fettgedruckten Satz beginnt: »Sie arbeiten schlecht, fehlen zu oft und verlangen zu viel Lohn.« – Genau ein Jahr später hetzte *Bild* mit anderer Zielrichtung. Aus Anlass des Kongresses »Arbeitsplatz Deutschland«, den die Bundesvereinigung der deutschen Arbeitgeberverbände in Bad Godesberg veranstaltete. Dr. Schleyer, Vizepräsident der Bundesvereinigung und Direktor der Daimler-Benz AG, hatte in einer Rede hervorgehoben, dass die ausländischen Arbeiter für die deutsche Wirtschaft unentbehrlich geworden seien und nicht öfter wegen Krankheit ausfielen als ihre deutschen Kollegen; was *Bild* zu der 14 Zentimeter hohen Schlagzeile veranlasste: »Gastarbeiter fleißiger als deutsche Arbeiter?« Auf die Wirkung brauchte *Bild* nicht lange zu warten: Morgens riefen *Bild*-Zeitungsverkäufer die Schlagzeilen vor den Werkstoren der Daimler-Benz-Werke in Stuttgart aus; mittags traten bereits 3000 Mercedes-Arbeiter für einige Stunden in den Streik; und vereinzelt wurden ausländische Arbeiter von ihren deutschen Kollegen verprügelt. Schlagzeile der *Bild*-Zeitung am nächsten Tag: »Ohne die deutschen Arbeiter wäre unsere Wirtschaft im Eimer.«

»Erfahrungsgemäß sind die meisten ›Täter‹ Männer zwischen 20 und 50 Jahren [...]. Der Anteil der Männer zwischen 20 und 50 Jahren an der Gesamtbevölkerung Deutschlands beträgt rund 20 Prozent. Die ausländischen Arbeitnehmer jedoch sind mit 70–80 Prozent in dieser Altersstufe vertreten, die allgemein – auch unter den Deutschen – die Mehrzahl der Kriminellen stellt.« (Manuel J. Delgado: »Die Gastarbeiter in der Presse«, 1971)

Obwohl die Statistik zeigt, dass die Kriminalität unter ausländischen Arbeitern nicht höher ist als unter deutschen, lauten die Schlagzeilen meist: »Gastarbeiter zog das Messer« oder »Gastarbeiter schlug Deutschen nieder«, egal, ob der Ausländer der Angreifer oder Angegriffene war. Zum Beispiel: »Nehmt doch den Gastarbeitern endlich die Mordwaffen ab. Viele schießen ohne Rücksicht auf die Folgen« (*Mittag* vom 14. Juli 1967)«. Auch die Art der Schilderung des Sachverhalts macht einen deutlichen Unterschied zwischen den »ausländischen« und den »deutschen« Tätern. [...] Diese (die Gastarbeiter) »warnen nicht« sie »drohen«, sie »gefährden die Sicherheit des Volkes«, »handeln aus niedrigen Instinkten« usw. Der Gastarbeiter »ermordet« einen Deutschen. Ein Gastarbeiter wird jedoch von einem Deutschen nicht »ermordet«, sondern »getötet«. Auf dem Zeugenstand ist ein Gastarbeiter »störrisch und widerspenstig«, er »bestreitet einfach alles« . [...] Ein Gerichtsvorsitzender schildert die anscheinend »unbestreitbare« Unglaubwürdigkeit der Gastarbeiter bei der Zeugenaussage mit folgenden Worten: »Das klingt wie ein Märchen aus 1001 Nacht. Wir haben vor Gericht die Erfahrung gemacht, daß Türken und Griechen grundsätzlich alles ableugnen.« (*Express* vom 1. März 1968.) [...]

Ein Vorurteil, dass Gastarbeiter, wenn sie schwer erkranken, dem deutschen Steuerzahler auf der Tasche lägen, wird durch die Wirklichkeit auf drastische Weise widerlegt. Erkrankt ein Ausländer – womöglich durch schwere und ungesunde Arbeit hier im Gastland, zum Beispiel an Tuberkulose, oder ist bei ihm durch Anpassungsschwierigkeiten und durch sein Gettodasein eine Gemüts- oder Geisteskrankheit zum Durchbruch gekommen, die eine Unterbringung in einer Heil- oder Pflegeanstalt erforderlich macht, wird er kurzerhand ausgewiesen. Durch das zuständige Ordnungsamt erhält er in einem solchen Fall die lakonische Mitteilung, dass er »nach § 10 des Ausländergesetzes unverzüglich die Bundesrepublik zu verlassen« habe, da »sonst Gefahr für die öffentliche Gesundheit bestehe«, oder, wie der Kommentator des Ausländergesetzes, Weißmann, es ausdrückt: »Bei längerer Krankheit kann die Aufenthaltserlaubnis versagt werden, weil der Zweck des Aufenthaltes, nämlich Arbeitnehmertätigkeit und damit Hilfe für die deutsche Wirtschaft und Industrie, nicht mehr vorliegt.« Die Kosten für den Rücktransport muss der ausländische Arbeiter in solchen Fällen auch noch selbst tragen, um in seinem Heimatland dann womöglich als Bettler den Rest seines Lebens zu fristen.

Etwa 70 Prozent der ausländischen Arbeitskräfte werden in Barackenlagern oder werkseigenen Unterkünften untergebracht. Dort umzieht meist ein hoher engmaschiger Zaun das Lager. So sind die Arbeitskräfte jederzeit verfügbar und kontrollierbar. Im eingezäunten Ausländerlager der Fa. Freudenberg, Weinheim/Bergstraße, zum Beispiel, hängt ein Schild an der Pforte in deutscher und spanischer Sprache: »Ausweis vorzeigen! Das Betreten des Heimes ist ab sofort Fremden nicht gestattet!« Vor einem Jahr wurde der Bruder eines erkrankten spanischen Arbeiters zurückgewiesen, der von Frankfurt angereist war, um seinen Bruder zu besuchen. Auf 600 spanische Arbeiter kommen dort acht Duschen, zwei sind zurzeit defekt. Die äußere Umzäunung scheint dem Werk nicht zu genügen.

Jedes Fenster der Baracken ist noch gesondert mit Maschendraht abgesichert. Auch die sexuellen Bedürfnisse werden lagermäßig geregelt. Einmal in der Woche erscheint ein deutscher Zuhälter mit einer italienischen Prostituierten in einem Opel-Kombi-Wagen mit Liegesitzen. Die Zeit für jeden ist knapp bemessen, fünf Minuten in der Regel, wer es in der Zeit nicht schafft, kann für zehn Mark ein paar Minuten dazukaufen. Der Andrang ist groß, am Zaun stehen die anderen Schlange. [...]

Es gibt zurzeit in der Bundesrepublik etwa 300 bis 350 Firmen, deren Geschäftsusancen darin bestehen, ausländische Arbeiter unter Vertrag zu nehmen und gegen entsprechende Prämien weiterzuverleihen. Diese »Subunternehmen« sind meist Einmannbetriebe, große Kapitalien sind dafür nicht erforderlich, lediglich genaue Markt-Beobachtung, gute Einfuhrwege aus dem Ausland und Kontakte zur Großindustrie. Diese modernen Sklavenmärkte sorgen in konjunkturstarken Zeiten für schnellen Nachschub des Arbeitskräftebedarfs, seit 4. April 1967 durch Bundesverfassungsgerichtsurteil legalisiert. (Bis dahin hatte die Bundesanstalt für Arbeitsvermittlung und Arbeitslosenversicherung in Nürnberg offiziell noch das Arbeitsvermittlungsmonopol bei derartigen »Arbeitnehmer-Überlassungsverträgen«.)

Man rechnet auf hundert legale Arbeiter fünfzehn illegale. Die Verleiherfirmen: (›Anbei erhalten Sie zwei Stück Maurerhelfer‹). Was die menschliche Arbeitskraft für die Industrie wert ist, zeigen solche Arbeitsverträge. 9 bis 11 DM Stundenlohn zahlen die Firmen für die Leiharbeiter an die Subunternehmen. Die zahlen 3,50 DM bis 4,50 DM an ihre gepachteten Arbeiter aus – abzüglich 25 Prozent Sozialabgaben –, den Rest behalten sie für ihre »Arbeit« ein. November 1968 setzte sich der Subunternehmer Pavlovic – ein Exiljugoslawe – mit einigen Millionen DM an die Riviera ab. Pavlovic hatte im In- und Ausland 15 Werbestellen eingerichtet, in jugoslawischen Zeitungen warb er mit Inseraten. Von den Bewerbern verlangte er lediglich ein Besuchs- oder Durchreisevisum. Wenn sie sich bei ihm meldeten, zog er die Pässe ein und versprach, die erforderlichen Papiere, Arbeits- und Aufenthaltserlaubnis, zu beschaffen, was nie geschah. Zur Zeit seines Aussteigens aus dem Unternehmen hatte Pavlovic 450 ausländische Arbeiter unter Vertrag, die er alle an deutsche Baufirmen verschachert hatte – 287 ohne Arbeits- und Aufenthaltserlaubnis. Diese Arbeiter waren völlig rechtlos: ohne Kündigungsschutz, ohne Anspruch auf tarifliche Vergütung, Urlaub und sonstige arbeitsrechtliche Ansprüche konnten ihnen ohne weiteres vorenthalten werden, durch Vereinbarung hoher Vertragsstrafen bei Kündigung ihrerseits waren sie an einer freien Verwertung ihrer Arbeitskraft gehindert.

Pro Arbeiter und Stunde »verdiente« der Arbeitskräfteverleiher durchschnittlich zwischen 5 und 6 DM und vereinnahmte pro Arbeitswoche 72 000 DM.

Als die Sache herauskam, kamen die Baufirmen, die die Ausländer unter derartigen Bedingungen ausbeuteten, nicht vor Gericht. Die Jugoslawen wurden wegen illegalen Aufenthalts aus der Bundesrepublik ausgewiesen. Pavlovic könnte heute noch seinen schwungvollen Menschenhandel betreiben, wenn er, so der leitende Direktor des Nürnberger Arbeitsamtes, Klammroth, »nicht die Sozialabgaben unterschlagen und seinen Arbeitern tatsächlich die Arbeits- und Aufenthaltserlaubnis beschafft hätte«. […]

Oft kommen Ausländer mit falschen Erwartungen ins »gelobte Land«. So engagierte vor einigen Jahren das »Hüttenwerk Oberhausen« 131 spanische Arbeiter. Sie wurden in ein Lager einquartiert, in dem sie zu je sechs einen Schlaf- und Aufenthaltsraum teilten. Bei ihrer Anwerbung waren ihnen Wohnungen versprochen worden, bei ihrer Ankunft war noch nicht einmal die Finanzierung des angeblich geplanten Wohnblocks geklärt.

Die Baumschule Gustav Lüdemann in Halstenbek/Schleswig-Holstein stellt »ihren Gastarbeitern« eine ehemalige Kaserne zur Verfügung: eiserne Feldbetten-Gestelle, schmutzige Wände, nackter Dielenfußboden. Vermieter Klaus Lüdemann: »In dieser Kaserne haben früher schon die polnischen Fremdarbeiter gewohnt.«

Die Firma MAN hat ihre Gastarbeiter in München-Gerberau untergebracht. In baufälligen Baracken aus der Zeit des Nationalsozialismus, damals dienten die gleichen Baracken zur Unterbringung von Zwangsarbeitern. Es hat sich kaum etwas geändert: die Pappverkleidung ist dieselbe, im Waschraum gibt es immer noch keine Heizung und die Abflussrohre sind seitdem immer noch nicht gereinigt worden, so dass es in den Zimmern nach Urin stinkt.

Die MAN nimmt pro Bett 40 Mark, pro qm verdient sie 22 Mark. Eine Münchener Zeitung wollte über das Lager berichten. Die MAN drohte daraufhin mit Anzeigenboykott, die Zeitung schwieg.

In der ersten Phase der Ausländerbeschäftigung vor 1960 wurden im bayerischen Dachau italienische, spanische und griechische Arbeiter zusammen mit ihren Familien in den halbverfaulten Baracken des ehemaligen Konzentrationslagers einquartiert.

Wer als Ausländer gegen die angetroffenen Verhältnisse zu opponieren wagt, kann ohne weiteres wieder ausgewiesen werden. Eine Gruppe spanischer Arbeiter wurde vor einigen Jahren von der Leitung der Gelsenkirchener Zeche »Graf Bismarck« in ihr faschistisches Heimatland zurückgeschickt, weil sie ihrer Forderung nach dem tariflichen Hauerlohn durch

Streik Nachdruck verliehen hatte. Genauso erging es einem spanischen Arbeiter in den Hamburger Howaldt-Werken, der sich gegenüber Journalisten über schlechte Wohnverhältnisse geäußert hatte.

In der gleichen Zeit unterstützte die Bundesregierung finanziell durch ihr Presse- und Informationsamt eine offizielle falange-faschistische Gastarbeiterzeitung in Deutschland: *Die 7 Fächer*, ein antigewerkschaftliches Hetzblatt.

Bei der ARWA-Strumpffabrik in Berlin werden fast nur Griechen beschäftigt, die wenigen Deutschen in der Firma sind Vorarbeiter oder haben andere privilegierte Stellungen. Warum das so ist, erzählen griechische Arbeiter:

> »Wir haben in Griechenland einen Vertrag unterschrieben, in dem steht, dass wir mit den Tarifgesetzen der Textilindustrie einverstanden sind. Kein Arbeiter, der das unterschreibt, weiß, was das bedeutet. Das sieht dann so aus: wir unterschreiben alle, einen Vertrag als Strumpfformer, die im Akkord arbeiten. Aber von etwa 200 Arbeitern arbeiten nur 60 als Strumpfformer, die anderen bekommen einen niedrigeren Stundenlohn. Die griechischen Arbeiter produzieren heute 5000 Paar Strümpfe am Tag, die Firma zahlt für 1000 Paar Strümpfe, die vier Arbeiter an einer Maschine produzieren, 29 DM. Vor drei Jahren produzierten vier deutsche Arbeiter nur 2800 Paar Strümpfe an denselben Maschinen, die Firma zahlte noch vor zwei Jahren für 1000 Paar Strümpfe an die deutschen Arbeiter 32 DM. Wenn wir 5000 Paar Strümpfe abgeben, kann die Firma nach eigenem Ermessen 2000 pauschal als kaputt abziehen, auch wenn der Ausschuss nicht durch unsere Schuld, sondern durch Versagen der Maschinen zustande kommt.
>
> Wenn einen Tag lang wegen Stromausfall nicht gearbeitet werden konnte, wurde dieser Tag uns vom Urlaub abgezo-

gen. Pause, wie sie gesetzlich vorgeschrieben ist, nämlich fünf Minuten in der Stunde, können wir nicht machen, weil keiner da ist, der dann an die Maschinen geht, und die Maschine produziert nur beschädigte Strümpfe, wenn der Arbeiter nicht am Platz ist.«

Die Arbeiter forderten bei der Firmenleitung:

> »Offenlegung der Lohnberechnung und der Akkordkalkulation. Gleichen Lohn für alle Arbeiter. Gleiche Behandlung von deutschen und griechischen Arbeitern, Entlassung der Unternehmer-Dolmetscher und Wahl von Dolmetschern, die das Vertrauen der Arbeiter genießen. Einsetzung eines Ersatzmannes für je vier Leute an einer Maschine, um den Arbeitern Kurzpausen während der Arbeit zu ermöglichen, vertretbare Wohnverhältnisse.«

Die Firma ging auf keine Forderung der Arbeiter ein, im Gegenteil, die Arbeit, die bisher von vier Ausländern zu machen war, sollte nun von dreien geschafft werden. Als am nächsten Tag, nach dem vergeblichen Versuch, das Arbeitstempo mitzuhalten, 42 Strumpfformer einer Abteilung streikten, reagierte die Firma mit fristloser Entlassung und Ausweisung aus dem Wohnheim. Weder die Gewerkschaft Textil und Bekleidung noch das Arbeitsamt deckten die Entlassenen. So mussten schließlich einige gezwungenermaßen zur ARWA zurückkehren, da sie sonst ihre Arbeits- und damit Aufenthaltserlaubnis verloren hätten.

Den Entlassenen wurde klar, dass ihr Kampf gegen unsoziale Zustände und Ausbeutung zugleich ein Kampf gegen das Ausländergesetz – das lediglich ein Gnadenrecht ist – sein muss. In einer Erklärung der Arbeiter heißt es:

»Die ausländischen Arbeiter, deren Arbeitserlaubnis an ihre Aufenthaltsgenehmigung gekoppelt ist, können keine Arbeitskämpfe führen, ohne gleichzeitig den ganzen Überbau, der ihre Ausplünderung durch die deutschen Unternehmer deckt, anzugreifen. Dieser Notwendigkeit, den ökonomischen Kampf politisch zu führen, steht allerdings die völlige politische Rechtlosigkeit und Vogelfreiheit der ausländischen Arbeiter entgegen.« [...]

Eins bringen die ausländischen Arbeiter aus der Bundesrepublik oft mit nach Hause: politisches Bewusstsein. In einigen Gebieten Italiens mit hoher Auswanderer- und Rückwandererquote steigt der Stimmenanteil der KPI. Nicht etwa, weil die Arbeiter in der BRD kommunistisch »infiltriert« worden wären, sondern weil sie Ausbeutung und Klassengegensätze am eigenen Leib erfahren haben.

Gerling-Konzern

Als Portier und Bote

Am Telefon macht mich der Mann vom Personalbüro darauf aufmerksam, dass man eigentlich im Augenblick nicht unbedingt einen Portier oder Boten sucht, ich könne jedoch trotzdem einmal vorsprechen; falls ich die geeigneten Voraussetzungen mitbrächte, ließe sich darüber reden.

Mit entsprechenden Papieren und einem dazugehörenden Lebenslauf ausgestattet, mache ich im achten Stockwerk des Gerling-Hochhauses meine Aufwartung. Alles an mir wirkt vertrauenseinflößend, die Akzente des Lebenslaufs sind so gesetzt, dass ich für so einen Posten geradezu prädestiniert erscheine.

In der ersten Zeit werde ich an die Pforte des »GFK« (Gerling-Konzern-Friedrich-Wilhelm-Magdeburger) gesetzt. Zusammen mit zwei Kollegen sitze ich in einer »Loge«, wie die Pforte hier genannt wird. Wir haben den Kunden den Weg zu weisen, zu spät Kommende zu registrieren und interne Hauspost weiterzuleiten. Als Portier oder Bote ist man ein Stück lebendes Inventar des Konzerns. Betritt man ein Büro, um Hauspost zu überbringen, ist man angehalten, nicht anzuklopfen, um Arbeits- und Gedankengänge nicht zu unterbrechen. In der internen »Dienstanweisung für Pförtner, Boten und Notdienst« ist unter dem Punkt »Allgemeines Verhalten während des Dienstes« vermerkt: »Es ist Aufgabe des Pförtners, alles zu sehen, zu hören und zu wissen, was in seinem Dienstbereich vorgeht. Er ist korrekt, höflich und aufmerksam.«

Unsere Portiersloge in »GFK« ist in der Weite des Entrees so platziert, dass der Kunde, der vom Eingang her kommt, in der Vehemenz seiner möglichen Beschwerdegründe erst mal gedämpft und durch die weihevolle Umgebung vom Beschwerdeführer womöglich zum Bittsteller umgestimmt wird. Der Baustil hat eindeutig sakralen Charakter. Erbaut wurde das Hochhaus – in der Nachkriegszeit – von den Angestellten »Neue Reichskanzlei« oder auch »Palazzo prozo« genannt – von Gerlings (und auch Hitlers) Lieblingsbildhauer, Arno Breker.

Der mit schwarzem Marmor verkleidete lange Korridor, der zu Gerlings Residenz führt, ist rechts und links mit Messingschalen bestückt, aus denen wie aus Opferschalen mattes elektrisches Licht sickert. Neben dem Eingang zu seinem Allerheiligsten ist ein holzgeschnitzter lebensgroßer Löwe postiert, der in »Metro-Goldwyn-Meyer«-Manier furchteinflößend sein Maul aufreißt. [...]

Nach einigen Wochen werde ich zur Poststelle versetzt; ich erhalte eine braune Uniform; nach und nach soll ich durch alle Abteilungen durch. Dreimal täglich ziehe ich mit einem Wägelchen los, teile Post aus und kassiere welche ein, dazwischen noch kleinere Touren nach Bedarf. Zur »Tour 2«, die ich mache, gehören auch einige Vorstandsdirektoren und Gerling selbst. Viele an ihn gerichtete Briefe sind mit »vertraulich« oder »streng vertraulich« adressiert.

Je dicker die Teppiche werden, je größer die Empfangszimmer, je unübersehbarer die Statussymbole, um so schemenhafter, fader und ihrer Umgebung angepasster werden in der Regel die Sekretärinnen. Einige sind bereits so von der Vornehmheit ihrer Umgebung durchtränkt, dass sie kaum aufblicken, wenn ich ihnen die Post überbringe, überhaupt nicht oder nur widerwillig den Gruß eines Boten erwidern. – Ein Kollege stellt einmal fest:

> »Wenn sie als Sekretärinnen in die Chefetage neu hinkommen, benehmen sie sich meist noch unbefangen und normal und sind sich auch nicht zu schade, einen zu grüßen oder

sich sogar mit einem zu unterhalten. Sehr bald aber färbt das Klima hier auf sie ab, und sie dünken sich etwas Besseres.« [...]

Ein Ausdruck für die Klassenstruktur im Gerling-Konzern ist das nach Rang und Stellung gestaffelte Kantinenessen. Dem »gemeinen Volk« ist »der »Jahrhundertsaal« vorbehalten, ein eindrucksvoll und pompös gestalteter Esssaal, in dem, durch die Expansion des Konzerns bedingt, die Tische immer enger gerückt wurden. Wenn man sich im Gedränge einen freien Platz sucht, muss man schon darauf achten, dass man seine Suppe nicht einem Kollegen in den Nacken schüttet. Hier muss man sich selbst bedienen, bis zu zehn Minuten in der Schlange stehen, bis einem das Essen zugeteilt wird.

Bevollmächtigte und Prokuristen haben ihre eigenen Speiseräume im Souterrain, ein Gartenkasino ist für sie reserviert. Die Vorstandsdirektoren wiederum haben ihren gesonderten exklusiv-feudalen Speisetrakt. Sie dinieren an festlich gedeckten Tischen, lassen sich erlesene Gerichte servieren.

Zu ihnen geselle ich mich unvermittelt während der Mittagspause in meiner Botenuniform, um es mir einmal richtig schmecken zu lassen. Ich trete ins Kasino ein, ein gutes Dutzend Gerling-Bosse sitzt an mehreren Tischen verteilt. Es ist reichlich Platz hier, meine Kollegen von der Poststelle würden es sich hier auch noch bequem machen können, ohne dass die Herren zusammenrücken müssten. Ich steuere auf den Tisch am Kopfende des Saales zu. Ich habe etwas Herzklopfen, denn einige der Herren blicken schon auf; es muss schon etwas Außerordentliches geschehen sein, wenn ein Bote sie hier in ihrem intimen Speisebereich aufsucht. Jedoch kein Telegramm oder eiliges Fernschreiben, mit dem ich dienen könnte. Stattdessen setze ich mich zu drei Direktoren an den Tisch. »Mahlzeit«, sage ich. Der jüngere von ihnen, in Gedanken versunken, erwidert meinen Tischgruß noch, erschrickt jedoch, als er die beunruhigt bis entsetzt dreinschauenden Gesichter seiner Tischnachbarn entdeckt.

Die Gespräche an den umliegenden Tischen geraten ins Stocken, zuvor schwirrten noch Zahlen im Raum, angeregtes bis hektisches Plaudern; jetzt heißt's für die Herren »Haltung bewahren«, nur ja nicht ihr Gesicht verlieren, sich auch außergewöhnlichen Situationen gewachsen zeigen. Einige nehmen das Gespräch, leise und dezent, wieder auf, nicht ohne mir dabei verstohlen lauernde Blicke zuzuwerfen. Ich nehme an, auf die abgeklärteren und würdigeren unter ihnen wirkt mein Eindringen so, als ob die neue Zeit angebrochen sei, jetzt ist es so weit, jetzt brechen die Dämme auf, jetzt strömt das Volk an unsere Tische und Tröge.

Keiner wagt aufzustehen, um mich des Saales zu verweisen, dafür hat man seine Leute. Ein befrackter jüngerer Kellner, von ihnen herbeizitiert, ist dazu ausersehen, die alte Ordnung wiederherzustellen. Auch er diskret, nur ja jedes Aufsehen vermeiden. Außerdem: Man kann ja nie wissen! Handelt es sich hier um einen harmlosen naiven Deppen, der das in letzter Zeit zunehmende Gerede über »Demokratie«, »Qualität des Lebens« und so weiter allzu wörtlich genommen hat und auf seine Art in die Tat umsetzen möchte, oder hat man es hier am Ende mit einem gemeingefährlichen Irren zu tun, den ein unbedachtes Wort oder allzu abruptes Vorgehen zum Amoklauf reizen könnte!? Jedenfalls, man lässt mich jetzt nicht mehr aus den Augen, gebannt starrt jetzt alles auf mich.

Der jüngere Kellner beugt sich an mein Ohr, und bevor er mir etwas zuflüstert, sage ich laut und vernehmbar, auf den Teller meines neben mir sitzenden Direktors zeigend: »Das sieht aber lecker aus. Bringen Sie mir das auch, und ebenso Champagner bitte.« – Der junge Kellner, mit gedämpfter Stimme und fast flehend: »Sie sind falsch hier, hier ist nur für Direktoren gedeckt …« – »Ich bin genau richtig hier«, unterbreche ich ihn, »bringen Sie mir jetzt das Menü, so lange Pause hab ich nicht.« – Der junge Kellner scheint immer noch zu glauben, ich hätte mich am Ende nur in der Tür vertan. »Bestimmt, glauben Sie mir, Sie sind falsch hier, bitte kommen Sie mit, ich zeige Ihnen ...« Als ich ihn nur verständnislos ansehe: »Kommen Sie mit mir in die Küche ...« – Jetzt halte ich es doch für erforderlich, deutlicher zu werden, um nicht zu Missverständnissen Anlass zu geben. Auf die Direktoren zeigend sage ich: »Was soll das dann. Die werden doch auch bedient. Sind die denn was Besseres!« – Der Kellner gibt auf, mit einer Geste wie »Ich habe meine Pflicht getan, ich bin mit meinem Latein am Ende« wendet er sich an die Direktoren und entfernt sich.

Nun gut, man weigert sich, mich zu bedienen. Ich habe vorgesorgt. Aus einem Butterbrotpaket, das ich neben meinen Stuhl gelegt habe, packe ich meine Ration aus. Knäckebrot, mit Schinken belegt, einen Apfel. Als ich ein mitgebrachtes Messer in die Hand nehme, um den Apfel zu schälen, gespannte, beunruhigte Wachsamkeit bei den Direktoren. Aber ich fange mit dem Messer wirklich an, meinen Apfel zu schälen. Ich stelle ein mitgebrachtes Schnapsglas auf den Tisch. Inzwischen sind einige Minuten vergangen. Die Direktoren, darum bemüht, ihr Gesicht zu wahren, halten die Stellung. Am Anfang war ich ziemlich aufgeregt und nervös. In Anbetracht der ablehnenden Haltung einer Gruppe, die einen als einzelnen ungebetenen Gast so feindselig empfängt, ist es gar nicht so einfach, cool und unbefangen zu bleiben. Jedoch, je irritierter und nervöser die Herren des Vorstandes werden, um so gelassener und ruhiger werde ich.

Außer Atem spurtet Herr Klein ins Kasino. Mit federnden Schritten, den anwesenden Direktoren mit leichter Verbeugung zugrüßend, nähert er sich meinem Platz. Herr Klein, ein ehemaliger Kriminalbeamter, ist mein Vorgesetzter. Er ist für die Portiers und Boten zuständig und für die Werksicherheit.

Klein ist mit einem Miniatursprechgerät ausgestattet, das fortwährend aufgeregt piepst und über das er Anweisungen empfängt, während er auf mich einredet.

Ich habe ihm den freien Stuhl neben mir angeboten, auf dessen vorderer Kante er Balance haltend Platz genommen hat. Er scheint den Anwesenden gegenüber dokumentieren zu wollen, dass es ihm nicht ansteht, es sich hier in einem Sessel der Konzernspitze bequem zu machen, und dass er sich rein aus dienstlichen Gründen zu ihnen auf die gleiche Sitzhöhe begibt, um mich besser ins Auge fassen und umso zwingender hinauskomplimentieren zu können.

Klein versucht's zuerst mit pragmatischen Argumenten, mich zum Aufgeben zu bringen: »Herr Gies, es ist hier das Vorstandskasino, Sie können sich das Essen hier nicht leisten.« – Ich zücke mein Portemonnaie und antworte: »Ich will es nicht geschenkt haben, ich kann's ja auch bezahlen.« – Klein (besänftigend): »Hier wird auch nichts verkauft, Herr Gies … Wer hat Sie überhaupt auf die Idee gebracht …?«

Ich antworte: »Da brauchte mich keiner draufzubringen, da bin ich ganz von selbst draufgekommen, das ist doch was ganz Selbstverständliches, längst überfällig …« – Klein: »Also, Herr Gies, ich bin jetzt dreizehn Jahre im Konzern, und das habe ich wirklich noch nie …« – Ich: »Aber einer muss ja schließlich mal den Anfang machen.«

Klein wird zusehends nervöser. Mich sanft am Arm fassend und hilfesuchend zu den Direktoren blickend: »Kommen Sie mit, Herr Gies, dann unterhalten wir uns draußen weiter.« Ich (mich nicht vom Platz rührend): »Ja, aber erst, wenn ich mein Essen bekommen habe. Ich kann ja nicht mit leerem Magen wieder an die Arbeit zurück.«

Klein (ratlos): »Herr Gies, sind Sie jetzt mal ehrlich, haben Sie heute Morgen Alkohol zu sich genommen?«

Ich: »Nein, wieso? Ich bin stocknüchtern.« Ich schütte das

mitgebrachte Gläschen voll Korn und schiebe es Herrn Klein hin. »... Trinken Sie erst mal, Sie können einen Schluck gut vertragen. Kommen Sie, das tut gut, da beruhigen Sie sich.« Klein wehrt erschrocken ab. Darauf nehme ich das Glas und kippe es, ihm zuprostend, runter. Klein verliert die Fassung: »Das ist ein Entlassungsgrund, Herr Gies, Sie wissen, dass es für uns verboten ist, im Dienst Alkohol zu trinken.« Jetzt halte ich den Zeitpunkt für gekommen, auf die Direktoren zeigend, auf Widersprüche hinzuweisen: »Was soll das denn?«, sage ich. »Die trinken doch alle hier ihren Champagner und scheinen nicht befürchten zu müssen, deshalb ihren Job zu verlieren.« Ein Direktor, der soeben sein Glas zum Trinken anhebt, lässt es erschrocken wieder sinken, wohl um mich nicht weiter herauszufordern. Er wirft einem jüngeren Kollegen einen strafenden Blick zu, der sich ein Grinsen nicht verkneifen kann.

Der Kasinochef, Herr Rüssel, erscheint. Klein springt auf; und um mich erst mal von meinem Sessel, auf dem ich wie angewachsen sitze, hochzubringen, sagt er: »Herr Gies, darf ich Ihnen den Kasinochef vorstellen, Herrn Rüssel.« – Ich erhebe mich, wie es die Höflichkeit verlangt, reiche ihm die Hand, sage »angenehm« und setze mich wieder auf meinen Platz. »Können Sie nicht dafür sorgen, dass ich endlich zu meinem Essen komme«, komme ich dem Kasinochef zuvor, »ich hab nämlich nur dreißig Minuten Pause und muss gleich wieder die Post austragen, sonst kommt der gesamte Arbeitsablauf im Konzern noch durcheinander, da greift schließlich eins ins andere.« Der Kasinochef steht verdattert da. Ein Vorstandsdirektor gibt ihm und Klein mit einem Wink zu verstehen, dass sie sich entfernen sollen. Man hat wohl begriffen, dass mich ihre Argumente nicht überzeugen, im Gegenteil, zu umso beharrlicherem und hartnäckigerem Verbleiben bewegen; jetzt scheint man's mit der »Leerlaufen-lassen«-Taktik zu versuchen. Die Direktoren an meinem Tisch erheben sich, und grußlos verlassen sie den Raum.

In die Runde der Direktoren fragend: »Können Sie das verstehen, dass man mich hier einfach nicht bedient? Sie haben doch auch Ihr Essen anstandslos bekommen.« Auf die Speisekarte schauend: »Menu, Hühnerkraftbrühe mit Einlage, Orangensaft, Chateaubriand, Kopf- und Selleriesalat, Herrencreme, Kaffee, Cognac«, sage ich: »Sind Sie im Allgemeinen zufrieden mit dem Essen hier?« – Der Jüngere am Tisch will zu einer Erklärung ansetzen, jedoch die beiden anderen geben ihm ein Zeichen, sich zu erheben, und wortlos räumen die drei das Feld. Sie haben ihre vollen Champagnergläser zurückgelassen, und freundlich der Runde der noch Verbliebenen zuprostend, genehmige ich mir den edlen Tropfen.

Nun sitze ich wieder allein am Tisch. Nur noch sechs Direktoren sind, der Dinge harrend, die noch kommen mögen, auf ihren Plätzen verblieben. Ihretwegen bleibe ich auch. – Ein Herr kommt zielstrebig auf meinen Tisch zu. Ein tatendurstig dreinschauender und forsch auftretender Jüngerer, der sich als Personalchef vorstellt.

Personalchef: »Ich weiß nicht, was Sie veranlasst hat, sich hier zu platzieren?!«

Ich: »Och, dafür gibt es viele Gründe. Dass ich es nicht tun sollte, dafür gibt's eigentlich keinen. Ein Grund ist, dass mein Arzt mir empfohlen hat, diese Dampfkost im Jahrhundertsaal zu meiden und dieses als Schonkost viel besser geeignete Essen hier zu mir zu nehmen, ich hab nämlich einen nervösen Magen.«

Personalchef: »Sehen Sie mal, hier hat jeder seinen eigenen Bereich, seinen bestimmten Arbeitsplatz in seinem jeweiligen Büro, Sie können sich ja auch nicht einfach auf einen anderen Arbeitsplatz setzen und sagen, ›die Arbeit hier gefällt mir besser, die mach ich jetzt. Ich will hier sitzen und nicht da‹.«

Ich: »Aber das ist doch was ganz anderes. Das hat mit Einarbeitung, einer gewissen Qualifikation und so zu tun. Aber essen, das kann doch wohl jeder. Um ein Glas Champagner zu trinken, brauch ich doch keine besondere Ausbildung.«

Personalchef: »Von einem Vorstand kann man eben erwarten, wenn er mittags seinen Sekt trinkt, dass ihm das nichts ausmacht ... In jedem Unternehmen gibt es Ordnungsvorstellungen und Unterschiede, die ihren Sinn haben und ihren Zweck erfüllen.

Unterschiede gibt es überall. Das fängt bei der Bezahlung an. Sie leisten Ihre Arbeit, Herr S. leistet seine Arbeit, ich leiste meine Arbeit, warum kriegen wir alle unterschiedliche Bezahlung?«

Ich: »Ja, da fängt die Ungerechtigkeit an. Ich bekomm 746 Mark raus, verheiratet, ein Kind, kämen Sie damit aus?«

Personalchef: »Dann muss man sich eben einen anderen Beruf aussuchen, wo man mehr bekommt, wenn Ihnen das hier nicht passt.

Sehen Sie mal, das sind Ordnungsstrukturen und Prinzipien, die sind Jahrhunderte und Jahrtausende alt, die sind gewachsen, die können Sie doch nicht über den Haufen schmeißen. Diese Rangunterschiede, die findet man, wenn man bis ins Tierreich zurückgeht. Da frisst erst der männliche Löwe, und was der übriglässt, das kriegt die Löwin mit den Jungen und dann kommen die Schakale dran, ich will sagen, das ist gewachsen, das ist Natur ...«

Ich: »Und da sollen wir die Rolle der Schakale übernehmen. Das würde Ihnen so passen. Im Grunde ist's nur konsequent, was Sie da von sich geben. Sie berufen sich auf die Gesetze der freien Wildbahn, nach denen hier ja auch gehandelt wird.«

Personalchef: »Aber Sie können das mit Ihrer wilden Demonstration hier doch nicht aus den Angeln heben. Da brechen Sie sich das Genick bei. Was Sie da wollen, da müssen Sie versuchen, in einer klassenlosen Gesellschaft eine Arbeit zu bekommen, da können Sie lange drauf warten. Da sind Sie bei uns absolut fehl am Platz!«

Fürstmönch Emmeram und sein Knecht Wallraff*

Der Bruder des Regierenden Fürsten von Thurn und Taxis, Seine Durchlaucht Fürst Emanuel, jetzt schlicht Pater Emmeram genannt, ist Schlossherr und Prior zugleich. Seit zwanzig Jahren bewohnt er ein an die hundert Zimmer großes Schloss, eins der mehr als zwanzig Schlösser des fürstlichen Besitzes. Er ist Verwalter des fürstlichen Familienbesitzes und Diener Gottes in einer Person. In einem kirchlichen Klosterführer ist das »Kloster Prüfening« mit aufgeführt, Zahl der Mönche, neben ihm, dem Prior: 1. Aber auch dieser eine Getreue hat sich inzwischen abgesetzt. Pater Emmeram hat das Reich für sich, ein von einer hohen Mauer umschlossenes elf Hektar großes Terrain am westlichen Stadtrand von Regensburg.

Eine hagere schwarze Gestalt steht winzig vor dem Eingang eines gewaltigen Schlosses mit neunzig dunklen Fensteröffnungen an der Vorderfront. Auf der knirschenden Kiesauffahrt nähern wir uns dem Schlossherrn. Als wir nach ein- bis zweiminütigem Auf-ihn-zu-Gehen auf Begrüßungsnähe heran sind, reicht er jedem zwei Finger seiner rechten Hand, und als wir – voreilig – unser Anliegen vorbringen wollen, bringt er uns mit einer kurzen Handbewegung zum Schweigen und weist auf die eben hinter dem Klosterpark versinkende Sonne.

Nach kurzer Andacht fragt er nach unserem Begehren. Ich erkläre, mein Begleiter und ich seien fest entschlossen, der Welt zu entsagen, um in ein Kloster einzutreten. Wir hätten uns be-

* In das Klosterschloss begleitete mich mein Freund, der Pädagoge Wolfgang Erdle, ohne dessen profundes klerikales Wissen ich dieser Rolle nicht gewachsen gewesen wäre. Mit Rat und Tat stand er mir zur Seite.

reits einige angesehen, hofften hier jedoch die günstigsten Bedingungen anzutreffen, da bei ihm, wie wir gehört hätten, ja alles leer stünde. Er scheint unserer »Berufung« nicht so recht zu trauen, bittet uns nicht herein und meint, Übernachtungsquartiere habe er nicht. Es sei ungewöhnlich, da er seit Jahren vergeblich um Nachwuchs bemüht sei, dass da plötzlich gleich zwei Bewerber »hereingeschneit« kämen. Es habe zwar schon einmal jemand auf ungewöhnliche Weise bei ihm um Aufnahme als Mönch nachgesucht, indem er morgens vor seiner Klostertür gelegen habe, der auch später für niedere Arbeiten getaugt habe, aber das sei schon lange her. Mit dem Hinweis, dass er noch seine Komplet zu beten habe, bevor es ganz dunkel sei, schickt er uns wieder fort. Wir sollen kirchliche Führungszeugnisse und sonstige Unterlagen über unsere bisherige Tätigkeit in der Welt beibringen und dann wiederkommen.

Zwei Tage später, sonntags zur Frühmesse, finden wir uns erneut bei ihm ein.

Er führt uns zur näheren Prüfung in die Bibliothek. Die verlangten Papiere sind zwar noch nicht beigebracht, jedoch die Ausforschung des religiösen Lebens tritt in den Hintergrund, als ich durchblicken lasse, dass ich eine 100 000-Mark-Erbschaft gemacht hätte. »Das wären ja denn 600 bis 700 Mark Zinsen im Monat«, beginnt er zu rechnen, »da brauchte man das Vermögen vorerst gar nicht angreifen, da könnte man von den Zinsen ..., bei unserer Sparsamkeit.«

Dann stellt er uns seine Erfolgsbilanz auf: »Wir haben hier schon ganz nett aufgebaut, und es gedeiht mit Hilfe der göttlichen Vorsehung und mit eigenem aktivem persönlichem Mitwirken immer mehr. Mit acht Mark bin ich hierhingekommen, jetzt haben wir schon einen ganz prächtigen Grundbesitz und Gelder, die nett Zinsen werfen. Ich habe geschaut, dass wir Waldgrundstücke erben, und da haben wir jetzt schon fünfzig Hektar zusammen, zum Teil neu aufgeforstet. Dann haben wir noch einige Erbschaften in letzter Zeit bekommen. Häuser, bei denen Mieten rauskommen und Grundstücke dabei sind, die sehr wertvoll jetzt allmählich werden, sie liegen am Randgebiet der Stadt, da kostet der Quadratmeter jetzt schon 40 Mark. Wir wollen zwar nicht wuchern, aber sollen mit den Talenten, die Gott uns geboten hat, schon wuchern, wir wollen das göttlich verwerten. Da ist eine gute Frau, die uns ihr Vermächtnis schon lange vermacht hat.«

Er redet pausenlos, sein blasses Asketengesicht rötet sich, sein meistgebrauchtes Wort ist »aufbauen«. »Ich nehme mir halt die Zeit, die notwendig ist zum Aufbauen, und ich baue da auf, wo es möglich ist, ich kann nicht da aufbauen, wo es momentan nicht möglich ist, aber wir haben schon manches so aufgebaut, mit Gottes Hilfe werde ich schon einiges zusammentragen. Habe z. B. vor acht Jahren ein Haus geerbt von einer Frau, die ich vorher gar nicht gekannt habe, voriges Jahr auch. Dann sag ich dann zu anderen Äbten, die mich fragen, wie machen Sie das, wir kriegen nie was? ›Ja, da sieht man den Willen Gottes sich kundtun, hier soll halt was aufgebaut werden.‹«

Direkt zu mir zugewandt: »Man muss sich halt wie ein Geschäftsmann, der neu anfängt, hineinknien in die Sache«, und dann noch ein Spruch aus seiner Unternehmermoral, aus dem Stammbuch derer von Thurn und Taxis, ein Leitsatz des Kapitalismus: »Es muss vorwärtsgehen, denn wenn es nicht vorwärtsgeht, dann geht es zurück!« – »Wir nehmen nur solche auf, die wirklich Gott dienen wollen und bewegt von einem Ideal sind und Ganzeinsatz leisten. Wir sind keine Versorgungsanstalt für Arbeitslose und für solche, die vielleicht draußen in der Welt nicht zurechtkommen.« [...]

Nach meiner Einkleidung führt mich Emmeram erstmals in seine Privatgemächer. Drei Türen schließt er auf und hinter sich wieder ab. In seinen Räumen sieht es aus wie im Lager eines Antiquitätenhändlers, Bauernschränke, ererbt, Uhrengehäuse und zwei alte bronzene Kirchenglocken. Auf einem Stehpult liegt das »Goldene Buch der Liebe«, eine Buchhaltungskladde, in die er alle Erbschaften und Geschenke eingetragen hat; in seinen Spendenrundbriefen auf folgende Weise hochstilisiert: »... Treulich und dankbar haben wir die Namen und Gaben aller unserer lieben Freunde und Wohltäter in das im Kloster gewissenhaft geführte ›Goldene Buch der Liebe‹ eingetragen, und stets gedenken wir aller im Gebet und beim heiligen Opfer am Altare.«

Statt »Gemeingefährlichkeit« wird ihm hier Nutzen für die Allgemeinheit bescheinigt, obwohl es sich in Wirklichkeit um gemeinen Nutzen für ihn selbst und die fürstliche Familie handelt. Die Klostergründung ist allenfalls ein Traum von Emmeram, für den als 14-Jähriger der Entschluss feststand, »wie sein weiteres Leben verlaufen« sollte; der vielleicht aber auch weniger von Gott als der fürstlichen Familie – traditionsbedingt – als Kontaktmann vom Adel zur Kirche und Repräsentationsfigur auserwählt war. Als jüngstes von sieben Geschwistern kam er als »regierender Fürst« ohnehin nicht in Betracht, jetzt hat er für seine fürstliche Sippe die Funktion eines nützlichen Idioten. Stirbt er, ohne dass es zu einer Klostergründung gekommen ist, was abzusehen ist, fällt der von ihm in Schuss gehaltene und weiter »arrondierte« zusammengehortete Besitz denen von Thurn und Taxis anheim. Prinz Johannes, der Erbprinz, hätte sich schon einige Male mit dem Gedanken getragen, Schloss Prüfening zu einem seiner Domizile zu machen, erzählt uns Emmeram über die Absichten seines Neffen.

Der Akt »christlicher Nächstenliebe« und »Mildtätigkeit« dürfte einzig und allein darin bestehen, dass dem fürstlichen Haus Körperschafts- und Vermögenssteuer und eventuell auch Erbschaftssteuer erspart bleiben und dazu noch das Schloss und weitläufige Parkgelände eine ständige Wertsteigerung erfahren. Aber auch indem z. B. durch staatliche Mittel die Schlosskapelle St. Andreas (weder zum Beten noch zur Besichtigung freigegeben) restauriert wurde.

Mehr und mehr sieht der fürstliche Pater in uns seine Vertrauten. Zunehmend spricht er weniger über Gott und jenseitige Dinge als über alten, neuerworbenen und noch hinzuzuerwerbenden Besitz. Meist jedoch bemüht er Gott oder so etwas noch zur Rechtfertigung herbei. »Mit allen Gegenständen hier im Kloster, und wenn es nur der Fensterhaken ist, habt ihr umzugehen wie mit göttlichem heiligem Altargerät.« – »Nun konnte ich mit Hilfe der göttlichen Vorsehung schon an die 100 Hektar arrondieren.« Eine alte Frau, die ihm täglich kostenlos die Eier bringt, ihn mit »werter Herr« anredet – sie wohnt in einem fürstlichen Haus zur Miete –, bedenkt er gnädiglich mit einem »Ist schon recht« oder, wenn er gut gelaunt ist, mit »Vergelt's Gott«. Einmal empfängt er sie: »Nun, wie viel Eier haben Sie uns denn heute gelegt?« (Er meint nicht etwa das Huhn, sondern er identifiziert die Frau mit dem Huhn.) »Sechs diesmal nur, werter Herr«, antwortet die Frau, die in respektvollem Dreimeter-Abstand vor ihm stehengeblieben ist und darauf wartet, bis er ihr durch Kopfnicken zu verstehen gibt, dass sie ihr Rad wieder besteigen und weiterfahren kann.

Als wir zum Sonnenuntergang außerhalb der Klostermauern über die zu seinem Besitz gehörenden Felder schauen, bemerkt er zwei Frauen, die ihren Abendspaziergang machen. »Die müssten barfuß über die Stoppeln laufen«, sagt er, »da könnten sie was bei abbüßen.«

»Eva, die dumme Gans, die an allem Übel der Menschheit schuld« sei, sieht er zwei Tage später in der Kirche personifiziert. Ein junges Mädchen in Hotpants, die sich die freskenbestückte Klosterkirche anschaut, regt ihn zu inquisitorischen Gelüsten an (zu Bruder Wolfgang, den er wegen heimlichen Rauchens bereits mehrfach zurechtgewiesen hatte): »Da hätten Sie sich mit Ihrer Zigarette einmal nützlich machen können und die Glut auf deren Schenkel ausdrücken sollen.«

Sosehr »Gott« für ihn Chiffre für etwas Nebulöses, Unpersönliches, Jenseitiges ist, so konkret, personifiziert, geradezu leibhaftig diesseitig sieht er dagegen den Teufel.

Er, Emmeram von Thurn und Taxis, glaubt an den Teufel mit mittelalterlicher Inbrunst, er sieht ihn überall da verkörpert, wo er annimmt, dass gegen seine Interessen gehandelt wird, ja, bereits dort, wo er geringste Zeichen von Kritik wittert. »Wo eine gute Sache wächst (er meint die eigene), tut der Teufel alles, benutzt selbst manche, von denen man es am wenigsten glauben möchte, in seiner Schläue und tut dann das Unkraut in den Acker hineinstreuen.«

In den beiden Schwestern des verstorbenen Gemeindepfarrers sieht er den Teufel bereits leibhaftig. Vor ihnen warnt er uns wiederholt und nachdrücklich: »Kein Kontakt zur Bevölkerung und besondere Vorsicht vor diesen alten Dreckschleudern. Früher hätte man sie als Hexen verbrannt. Leider gibt's das ja heute nicht mehr. Ich würde sie ja gerne verbrennen, aber natürlich nur die sterbliche Hülle, die ewigen Teile können dann im Jenseits schmoren. Über so was wollen wir aber eigentlich nicht reden, wir sind ja dazu da, unseren Glauben zu festigen, wir müssen uns um den Aufbau hier kümmern und nicht beirren lassen von dem Viehhändlergeschwätz der Dreckschleudern.« Beim Wegeroden zeigt er auf eine verdorrte Distel: »Rupft die aus; das ist so ein rechter Hexenblumenstrauß, den könnt ihr den Giftspritzen vors Fenster stellen.« [...]

Nach 14 Tagen Prüfening bereite ich ihm zum Abschied noch eine »Gotteserscheinung«. Da wir als normale Sterbliche, zudem unadelig, doch keinerlei Einfluss auf ihn auszuüben in der Lage sind, versuche ich ihm von allerhöchster Stelle aus beizukommen.

Im Flur vorm Refektorium habe ich eine Lautsprecher-Verstärkeranlage mit göttlichem Hall-Flair eingebaut. Die Voraussetzungen sind günstig. Es stürmt draußen, von weitem donnert es, und einige Fenster im Schloss schlagen zu. Die Türen des Esssaals haben wir vorübergehend verschlossen. Auf das Stichwort »Benedicite, benedicite«, wir stehen – er in unserer Mitte – mit dem Rücken zum Kreuz, fängt vom Flur her Gott an zu sprechen:

»Ich bin der Herr, dein Gott, Emmeram mein Knecht, beuge deine Knie!

Du mein abgefallener Sohn, tue Buße! Leg ab deine Habgier. Was du und deine Ahnen dem Volke nahmen, lass nun des Volkes eigen sein.

Mach aus dieser Stätte der Habgier, der Menschenverachtung, des Stolzes, einen Tempel zum Wohlgefallen der Wohnungssuchenden, Kinderreichen, Gastarbeiter und bedürftigen Studenten. Sie alle sollen hier kostenlos wohnen und leben. Übergib ihnen auch dein zusammengerafftes Land. Du selbst tue Buße und verbring den Rest deines Lebens erstmalig den Menschen dienend als Pfleger im Altersheim. Wenn du aber in deiner Hoffart, deiner Besitzgier und deinem Standesdünkel weiter verharrst, wird sich das Volk auch so holen, was ihm zusteht, und dich mit, und dann gnade dir Gott!«

Während der Erscheinung fallen wir mit Emmeram in die Knie. Anschließend ist er sehr verunsichert. Er meint: »Das war nicht Gott, so spricht nicht Gott. Das war ein vom Teufel Besessener oder Satan selber«. Wir erklären ihm, dass nach unserer Vorstellung Gott so sprechen müsse.

In derselben Nacht verlassen wir ihn. Wir hinterlassen ein Schreiben, in dem wir ihm mitteilen, dass uns »besondere Umstände zwingen würden, unseren gemeinsamen Klosteraufbau so plötzlich zu unterbrechen«. Er möge noch etwas Geduld haben, alles Nähere würden wir ihm zu gegebener Zeit mitteilen.

Die Griechenland-Aktion

1967 putschte im NATO-Staat Griechenland das Militär, setzte sich an die Schaltstellen der Macht und die demokratische Ordnung außer Kraft. Am 10. Mai kettete ich mich auf dem Platz der Verfassung (Syntagma-Platz) an einen Lichtmast und verteilte Flugblätter mit der Forderung nach Pressefreiheit, freien Wahlen und der Freilassung der politischen Gefangenen der Militärdiktatur. Sofort tauchten Geheimpolizisten auf, die mich noch an Ort und Stelle zusammenschlugen. Ich wurde verhaftet und nach Folterverhören am 23. Mai vor ein Militärgericht gestellt, das mich zu 14 Monaten Gefängnis verurteilte.

Es ist immer besser, etwas zu tun, als alles hinzunehmen und sich nur auf Lippenbekenntnisse zu beschränken. In diesem Sinne war die Aktion eigentlich eine Fortsetzung meiner bisherigen Arbeit, mit mehr Risiko verbunden, es war auch ein größerer Zeitabschnitt, in dem ich mich total dieser Situation aussetzen wollte. Ich habe nichts weiter gemacht, als mich als anonymer Grieche auszugeben. Als Grieche wollte ich den Faschismus in Griechenland erleben; den bei uns manchmal schon inflationär entwerteten Begriff »Faschismus« ins ganz Konkrete übersetzen. Denn wofür sich ein Einzelner verbürgt, was er selber bezeugt, damit können sich viel mehr identifizieren, und der Wille zur Veränderung wird viel eher angestachelt, als wenn man zum Beispiel nur theoretisch abstrakt mit einer Faschismusanalyse aufwartet.

Meine Absicht war auch, ein Großteil der Presse und damit eine breite uninformierte Öffentlichkeit zu zwingen, sich der griechischen Situation anzunehmen, um sozusagen Argumentationshilfe zu leisten.

Ich habe bei meiner Aktion auf Flugblättern Forderungen aufgestellt, die in allen Demokratien wesentlicher Bestandteil der Verfassung sind. Es waren nicht etwa irgendwelche linke Parolen, sondern Menschenrechte, wie sie in der UN-Charta niedergelegt sind. Ich habe Gewaltlosigkeit mit gewaltlosen Mitteln demonstriert. Ich habe mich eingesetzt für Pressefreiheit, Meinungsfreiheit und Freilassung der politischen Gefangenen.« Eine solche Aktion in einem sozialistischen Land wäre im Übrigen ziemlich risikolos gewesen. Denn da wäre ich sofort abgeschoben worden. Sicher, so eine Aktion auf dem Alexander-, Wenzels- oder Roten Platz, und die gesamte Presse hätte mich gefeiert. Mehr als zwei Drittel der westdeutschen Presse, dies mein Eindruck, nimmt ja überhaupt nur das zur Kenntnis, was an Unrecht, Willkür, politischer Justiz in sozialistischen Ländern passiert. Ich bin nach Athen gefahren, weil die Stadt im Westen liegt. Griechenland ist NATO-Partner. Wie können wir Menschenrechtsverletzungen und Willkürmaßnahmen in sozialistischen Staaten kritisieren und dabei den Faschismus im eigenen Lager übersehen?!

Die Aktion war für Griechenland bestimmt, dort wurde sie verstanden, dort konnte man etwas damit anfangen. Auch die Symbole, die gewählt waren, gingen von griechischen Verhältnissen aus: »Lichtmast«, »Ketten«, »Platz der Verfassung«. Bei Aktionen in der Bundesrepublik würde ich mehr mit Ironie, mit Unterkühlung arbeiten, aber diesem offenen Faschismus gegenüber waren das adäquate Mittel, und sie wurden ja auch von den Erfüllungsgehilfen des Militärregimes richtig verstanden, wie Verhaftung, Folter, Prozess und Inhaftierung zeigen sollten.

Man kann sagen, ein Großteil der Griechen erfuhr nachher von dieser Aktion, sie haben dadurch Mut geschöpft – in einer Situation, in der es nicht danach aussah, dass sich noch mal etwas ändern würde, in der sich viele schon auf jahrzehntelange »spanische« Verhältnisse einzurichten begannen. So eine Solidarität aus dem Ausland wurde als Hoffnungsschimmer angesehen.

Wie ich später erfuhr, sind kurz nach der Aktion im Stadtzentrum etwa ein Dutzend Panzer aufgefahren, wahrscheinlich in der Befürchtung, dass die Aktion – wie in den Flugblättern angekündigt – der Auftakt sein könnte für breiter angelegte Widerstandshandlungen.

Die Aktion löste auch unmittelbare und schockartige Lernprozesse aus bei zufälligen Augenzeugen. Als ich mich auf dem Syntagma-Platz – dort, wo sich der Haupttourismus abspielt – gerade ankettete, sprach mich zum Beispiel ein deutscher Student an: »Sie sind doch der Günter Wallraff.« Ich sagte: »Bitte, das gleich wieder vergessen, ich bin hier ein anonymer Grieche, sonst ist die ganze Aktion gefährdet.« Dieser Mann, Mitglied der Jungen Union, war über das Verhalten der Geheimpolizisten so entsetzt, dass er nachher in Leserbriefen an Kölner Zeitungen zum Touristenboykott aufrief. Als ich nach Hause flog, sagte mir eine Lufthansa-Angestellte, sie sei auch zufällig an dem Tag dagewesen, hätte das miterlebt. Sie hätte einen Schock bekommen, sei heulend nach Hause gegangen, hätte nicht mehr weiterarbeiten können und hätte seitdem erst begriffen, was in Griechenland los war. Sie wusste bis dahin nichts davon und fing an, mit anderen darüber zu sprechen und ihre Einstellung und vielleicht auch ihr Handeln dadurch zu ändern. Es gab Tausende, die sich engagierten. Die sich jetzt für die Freilassung aller politischer Gefangenen in Griechenland einsetzten.

Um die Solidarität mit den griechischen Demokraten herzustellen, war es notwendig, dass ich nicht als Ausländer identifiziert werden konnte, denn dann hätte die Gefahr bestanden, dass man mich sofort zum Flughafen gebracht und abgeschoben hätte. Um das zu umgehen – und das ist ein Prinzip allgemein in meiner Arbeit –, hatte ich mich anonymisiert, hatte alle

Indizien, die mich als Ausländer zu erkennen gegeben hätten, entfernt. Zum Beispiel das Etikett »Made in Germany« in der Jacke hatte ich herausgetrennt, hatte mir griechische Kleidung besorgt.

Mit diesem Verhalten erreichte ich, dass der Machtapparat erst einmal ganz »normal« reagierte. Was mir passiert ist, war dennoch nur ein Bruchteil von dem, was ein Grieche, zumal er Arbeiter ist und eben kein Prominenter, hätte durchmachen müssen. Was ich in 24 Stunden erlebte, musste er über Monate oder Jahre bei der Sicherheitspolizei im Foltergefängnis Bogiati oder auf einer der Gefangeneninseln Jaros oder Leros bei der Militärpolizei erleben.

Ich wurde an Ort und Stelle von zwei Geheimpolizisten und zwei anderen Polizisten zusammengeschlagen, und zwar so brutal, dass ich noch glücklich sein kann, keine bleibenden Kopfverletzungen davongetragen zu haben. Sie schmetterten meinen Kopf immer wieder gegen eine Betonkante, teilten gezielte Schläge in Nieren, Milz, Magen usw. aus. Dann schleppten sie mich samt der Kette in die Asphalia, das Hauptquartier der Sicherheitspolizei. Noch im Treppenhaus schlugen sie mich zweimal zusammen, das machte ihnen Spaß. Aber dann kamen zwei Beamte der ESA, Folterspezialisten der Militärpolizei. Das waren Profis. Folter war für sie tagtäglicher Job, war ihre Arbeit, privat machte es denen – wie man merkte – keinen besonderen Spaß. Sie schlugen mir mit einer Eisenstange auf die Füße, der hier üblichen Falanga. Bearbeitung der Füße ist typisch, da sieht man die Spuren nicht so, wenn sie einen vor Gericht stellen. Dazu immer gezielte Schläge: Magen, Geschlechtsteile, das waren karategeübte Schläger, die machten das mit ganz kurzen Schlägen. Zwischendurch stellte mir ein Dolmetscher Fragen. Sie wollten herausbekommen, in welchem Auftrag ich handelte, da es nicht in ihr Bewusstsein hineinging, dass jemand aus eigenem Antrieb so etwas macht. Sie wollten Organisationen wissen, wollten wissen mit welchen Griechen ich in Kontakt getreten war. Vorsorglich hatte ich ein Testament verfasst, schmerzstillende Medikamente eingenommen und so lange kein Wort geredet, bis ich unter der Folter dann doch meinen Namen herausrücken musste. Ich gebe mich schließlich als »Hans Wallraff« aus, »Fabrikarbeiter bei Ford in Köln« – so lautet auch die erste dpa-Meldung. [...]

Das Ungeziefer im Gefängnis Korydallos war unerträglich. Da gab es Läuse, die über einen herfielen. Da waren Flöhe, es gab Krätze. Der ganze Körper war mit Einstichen übersät. Bei mir kamen dann noch die Folgen der Isolationshaft hinzu. Ich wurde in einer Einzelzelle gehalten. Man versuchte auch in den Freistunden den Kontakt zu anderen Häftlingen zu unterbinden. Ich bekam keine Tageszeitung, hörte keinen Rundfunk. Man steckte mich zu den sogenannten Kriminellen, damit ich als Journalist keine Informationen über die siebzig »Politischen« dort sammeln konnte. Dennoch fand ich einen Weg, auch in die anderen Gefängnisbauten die Parole auszugeben: Die Politischen sollten sich sonntags in der Kirche treffen, um dort Informationen auszutauschen. So kam es, dass die Kirche jeden Sonntag eine Art Informationszentrum war. Das war der Höhepunkt der Woche: Während die pompöse Zeremonie ablief, flüsterte man sich die Geschichten zu, spielte man mir Kassiber zu, Fälle von Inhaftierungen, von Folterungen. Schließlich waren mehr Nichtchristen, Atheisten, Kommunisten in dieser Kapelle versammelt als orthodoxe Christen. Ich sammelte all diese Berichte, denn ich wollte noch im Gefängnis ein Schwarzbuch über die Folter zusammenstellen, wollte die Namen der Folterer nennen. Ich hatte bereits einen Weg gefunden, das Manuskript hinauszuschleusen. Das Schwarzbuch wäre dann in der Bundesrepublik – noch während meiner Inhaftierung – erschienen, was sich dann glücklicherweise erübrigte. [...]

Als wir im Gefängnis wussten, dass das Junta-Regime zusammengebrochen war, dass der Druck von allen Seiten so stark war, dass die Politiker der letzten legalen Regierung zurückgerufen werden mussten, erwarteten wir die Freilassung. Ich hatte schon meine Sachen gepackt. Aber es dauerte dann noch einige Tage. Obwohl man nachher in der Zeitung las, Karamanlis hätte gesagt, bis das Programm abgewickelt sei, sollten sich die politischen Häftlinge als Gäste im Gefängnis fühlen: Wir wurden nicht als Gäste behandelt. Die Isolation ging weiter. Knast ist Knast. Und wenn sich nicht vor dem Gefängnis mehrere tausend Menschen – einfache Leute, zum Teil gar nicht politisch aktive Menschen – versammelt hätten, die seit zwei Tagen in Sprechchören die Freilassung der politischen Gefangenen forderten, dann hätten sich die Entlassungen wahrscheinlich über Wochen hingezogen, um keine spontanen Kundgebungen entstehen zu lassen. Plötzlich war aber der Druck so stark, dass eine sehr große Nervosität bei der Gefängnisleitung entstand. Wir wurden zusammengetrieben und innerhalb weniger Stunden freigelassen. Das, was man dann erlebte, war überwältigend. Menschen, die man nicht kannte, standen da. Wir wurden umarmt, wir wurden geküsst, wir wurden auf die Schultern gehoben. Ich hatte nicht damit gerechnet. Ich bekam zu spüren, welche Solidarität mir entgegengebracht wurde.

Ich erlebte später auch einige Male Missverständnisse. Ich klärte sie nicht auf, um keinen zu enttäuschen. Ein kleiner Kolonialwarenhändler, der mich wiedererkannte, umarmte mich. Er sagte, er hätte bisher einen unversöhnlichen Hass gegen die Deutschen gehabt. Seit Familienangehörige von der deutschen Besatzung auf Kreta umgebracht worden seien, erkenne er in den Deutschen immer wieder Spuren der einstigen Herrenrasse. – Das habe sich seit meiner Aktion geändert. Nun schätze er die Deutschen. –

Nachher war ich noch kurz am Meer, um mich ein bisschen zu erholen. Als ich mir ein Eis kaufte, erkannte mich der Eisverkäufer. Er hatte die Fotos in der Zeitung und im Fernsehen gesehen und sich die Gesichter eingeprägt. Er beglückwünschte mich und weigerte sich Geld zu nehmen. Derartiges erlebte ich häufiger, und es war für mich wichtiger als später offizielle Einladungen und Ehrungen.

Der Aufmacher

Berührt – geführt. »Im Namen des Volkes«

Das bin ich nicht mehr, der mich da aus dem Spiegel anschaut. So eine Visage, auf Karriere getrimmt.

Geschniegelt, gestutzt, von Höhensonne erfolgsgebräunt. Polierte Fresse: Der da die durch Jacketkronen gleichgerichteten Zähne herzeigt, den Krawattenkragen festwürgt, und sich mit einem massivgoldenen Siegelring (geliehen) seiner selbst vergewissern muss und viel zu viel Herrenparfüm auf den 500-Mark-Anzug und unter die Achseln schüttet, damit der Angstschweiß nicht ruchbar wird, möchte aus der Rolle raus, noch bevor sie anfängt.

Weit weg fahren, nach Portugal, auf die Kooperative, wo du dich nicht zu verstellen brauchst, von den Landarbeitern aufgenommen wirst, dazugehörst und dich nützlich machen kannst, selbst mit zwei linken Händen.

Jetzt habe ich Angst, eine Angst, die ich nur einmal hatte: als ich mich im faschistischen Athen ankettete. Auch diesmal trage ich meine Haut zu Markte. Nur dass die Spuren der Verletzungen nicht so sichtbar sein werden. Damals war ich in der Unschuldsrolle des Opfers, diesmal muss ich zum Mittäter werden.

»Du weißt nicht, auf was du dich da einlässt«, hatte B. gesagt. »Die zermanschen und knacken dich, dass dir Hören und Sehen vergeht. Die sind einfach perfekt, die schlucken dich, bevor du überhaupt piep sagen kannst. Du Dilettant, du bist kein guter Schauspieler. Das Beste für dich wäre, dass sie dir früh genug die Maske runterreißen, bevor sie dir anwächst.«

Ein Freund, Gesichtschirurg in der plastischen Chirurgie der Universitätsklinik Köln, riet davon ab, die kennzeichnenden

Falten durch Liften zu entfernen und die Nase korrigieren zu lassen. »Ein zu schwerer operativer Eingriff. Außerdem: Du wirst dir jahrelang fremd sein.« 12 000 Mark dafür, das konnte ich mir auch nicht leisten. Er riet mir, meine Körpersprache zu verändern: »Zackig, knallhart, überrumpelnd.« – »Nicht so abwägend, defensiv und introvertiert.« – »Schau dir den *Bild*-Zeitungsreporter in der ›Katharina Blum‹ genau an. Der hat seine Rolle bei echten *Bild*-Journalisten abgeguckt.« Kehr den Sicheren raus, wo du unsicher bist, zeige dich stark, wenn du Schwäche spürst, hab immer eine vorschnelle Antwort parat, wenn du nach Erklärungen suchst. Denk daran: Sie fühlen sich so unheimlich mächtig und sicher mit ihrer ganzen Konzernmacht im Rücken, dass sie glauben, ihnen kann keiner mehr. Sie sind nicht mehr wachsam, die allzu Sicheren, weil sie sich seit zwanzig Jahren über alles hinwegsetzen, ohne Widerstand zu finden.

Rollenbeschreibung: Ich bin jetzt Hans Esser, 30 Jahre, habe vorher Psychologie studiert, davor Betriebswirtschaft, leistungsorientiert, kapitalbewusst; komme aus der Werbung, sehe hier eine direkte Nahtstelle zu meiner neuen Karriere.

Der mich einführt: Alf Breull (28), früher Redakteur bei der sozialdemokratischen NHP (*Neue Hannoversche Presse*). Die Zeitung wurde von der SPD – da unrentabel – aufgegeben. Alf, verheiratet, Frau noch in der Ausbildung, Schulden am Hals, wurde arbeitslos. Die *Bild*-Zeitung investierte, expandierte; schmiss sich auf den brachliegenden Markt, suchte neue Leute, neue Leser. Alf schwor sich, nur so lange für *Bild* zu arbeiten, bis seine Schulden abgezahlt wären und seine Frau ihre Ausbildung als Sozialarbeiterin beendet hätte. Alf blieb seinem Grundsatz treu. Zwei Jahre machte er sich die Hände schmutzig. Keinen Tag länger. Zuletzt bot man ihm einen hochdotierten Vertrag. Immer wieder. Denn Alf hatte Talent. Er war der

»Dichter«, der beste Schreiber der Redaktion. Alf lehnte ab. »Nicht für 10 000 Mark im Monat. Ich hatte zuletzt jede Selbstachtung verloren.« Alf ist jetzt wieder arbeitslos. Nicht alles und jeder hat seinen Preis!

Alf verschafft mir den Einstieg. »Damit möglichst viele *Bild*-Leser erfahren, wie ihre Zeitung eigentlich entsteht. Denn auch ich habe Nachrichten verfälscht, Berichte frei erfunden oder wichtige Informationen unterdrückt. Es kann nur jemand darüber berichten, der dieser Abhängigkeit nicht unterliegt«, sagt Alf.

Hannover, Bemeroder Straße, Druck- und Redaktionshaus sind durch hohe Zäune wie militärisches Gelände abgesichert. Schilder: »Betreten verboten. Eltern haften für ihre Kinder.« Ein Wachmann patrouilliert mit einem Schäferhund. Pförtnerloge, mit drei Mann besetzt. Schranke und automatische Türsperre. Vorsorgemaßnahmen gegen Studentendemonstrationen und Auslieferungsblockaden in kommenden Zeiten? Neutrale Wagen ohne Aufschrift verlassen im Morgengrauen unidentifizierbar das Druckhaus. (Mülltransportern gleich, die für Industriekonzerne aggressive Schad- und Giftstoffe klammheimlich auf wilden Deponien kostensparend ablagern.)

Der Pförtner notiert die Namen auf einem Passierschein und stempelt die Uhrzeit darauf. Einen Durchschlag behält er zur hauseigenen Kontrolle. Im Fahrstuhl ein Knopfdruck »5. Stock«, ein dezentes Surren, und wir stehen in der *Bild*-Etage. Mein Puls jagt, und im Hals würgt es. Alf zeigt mir die Toilette. Ein letzter prüfender Blick in den Spiegel. »Nein, ganz unbesorgt, das bin ich nicht, der mir da entgegenstarrt.« Im folgenden Einstellungsgespräch höre ich mich reden, als stünde ich neben mir; verwundert, erschrocken und in ständiger Furcht, erkannt zu werden. Wirklich, ich bin ein schlechter Schauspieler, so viel falsche Töne, so aufgesetzt, das kann doch nicht gutgehen. Aber auf den Redaktionsleiter scheint es Eindruck zu machen, er scheint kein besserer Schauspieler zu sein als ich. Diese gestelzten Floskeln und übertriebenen Redewendungen sind hier Umgangston. Die neuen Kontaktlinsen brennen in den Augen. Sie sind noch Fremdkörper. In der Nacht davor habe ich nur dreieinhalb Stunden geschlafen. Die verfluchten Dinger wollten nicht raus. Ich beherrsche die Technik des Herausnehmens noch nicht, quetschte am Augapfel, bis die Äderchen platzten. Jetzt tränen die Augen.

Ich weiche dem intensiv prüfenden Blick des Redaktionsleiters aus. Er lässt einen kommen. Oder hat er einen Verdacht? Ich versuche, mich mit einer Episode vom Vortag zu beruhigen: Da trieb ich mit einem Bekannten, einem Landwirt, der mich vor zwei Monaten zuletzt gesehen hat, ein grausames Spielchen als Training, um sicher zu werden. Ich sagte ihm, ich käme von der Kripo, Rauschgiftdezernat, und ginge einer Anzeige gegen ihn nach. Mitten in seinen Feldern würde er Cannabis zur eigenen Haschischherstellung anbauen. Jetzt würden wir ihm das Handwerk legen. Er hatte mir vor einigen Monaten von derartigen, allerdings misslungenen Versuchen erzählt. Er erkannte mich nicht, nahm mir den Kripobeamten ab.

»Mein Name ist Schwindmann, bitte, behalten Sie Platz.« Der Redaktionsleiter hat uns von seinem Schreibtisch und Aufsichtsplatz im Großraumbüro in sein angrenzendes Chefdomizil geleitet. Es verrät keine persönliche Note, hat keine besonderen Kennzeichen. Unpersönlich, wie eine Schaufenstergarnitur. Eine Flasche Rémy Martin steht auf seinem klotzigen Schreibtisch. Daneben ein Fernseher.

Schwindmann stürzt sich zunächst auf Alf: »Nun, wie ist's? Willst du nicht wieder bei uns *einsteigen*? Das Angebot auf Festeinstellung gilt noch.« – Alf (bestimmt): »Nein, vielen Dank, Herr Schwindmann, ich möchte lieber mein Studium zu. Ende bringen.« Er lügt, um Schwindmann nicht zu brüskieren. Alf sieht sich nach zwei Jahren *Bild*-Arbeit außerstande, weiterzustudieren. »Ich brauche ein, zwei Jahre, um wieder zu mir zu kommen«, hatte er mir gesagt. Alf bringt mich ins Gespräch: »Dafür möchte ich Ihnen Hans Esser, einen früheren Studienkollegen, als meinen Nachfolger vorschlagen.«

Schwindmann: »Dann schießen Sie mal los und erzählen etwas über Ihren Werdegang.«

Hans Esser: »Von Herrn Breull erfuhr ich von der Möglichkeit, unter Umständen hier in seinen Fußstapfen anfangen zu können. Ich will mich verändern, bisher habe ich in der Werbung gearbeitet.«

Schwindmann: »Und wieso gerade Journalismus?«

Hans Esser: »Ich glaube, dass ich aufgrund meiner ganz speziellen Fähigkeiten – ich habe vor allem als Texter kurze, prägnante Werbesprüche entworfen – hier einen nahtlosen Übergang zum Journalismus herstellen kann. Ich sehe bei *Bild* das gleiche Prinzip wie in der Werbung: verkürzte Aussage, durch Weglassen das Beabsichtigte herausmeißeln, in einer Kürzestfassung das Einprägsamste sagen. In der Werbung arbeiten wir mit vorher genau ausgetüftelten Kampagnen, um neue Produkte auf den Markt zu werfen. Nach dem Muster: a) Verwirrung stiften, b) Probleme herausarbeiten, c) Lösung der Probleme anbieten. Ich habe *Bild* immer schon mit einiger Bewunderung gelesen.«

Schwindmann scheint angetan: »Interessant, wie Sie das sehen. Haben Sie denn auch schon direkt im Journalismus gearbeitet?«

Hans Esser: »Ja, hier und da schon, aber mehr als Zulieferant mit Halbfertigprodukten. Andere haben den Stoff dann im Fernsehen ausgebaut und mit ihrem Namen versehen. Mich gibt's von daher gesehen im Journalismus gar nicht.«

Schwindmann: »Das ist natürlich eine unangenehme Situation.

Sie haben bei uns die besten Voraussetzungen, wenn Sie wirklich voll bei uns *einsteigen* und sich ganz unserer Sache verschreiben.«

Hans Esser: »Wichtig für mich ist, dass ich's nicht nur vom Schreibtisch aus mache. Ich bin eigentlich kein Schreibtischmensch. Ich habe Ambitionen, rauszugehen, ins Geschehen reinzugehen, Reportagen vor Ort zu machen und mich der Wirklichkeit auszusetzen, auch ruhig mal im Dreck zu wühlen, wenn's sein muss und anders nichts herauszuholen ist. Ich glaube, man kriegt dann auch viel mehr mit. Ich schreibe am liebsten über Dinge, die ich kenne, und über Menschen, die ich gesehen habe.«

Schwindmann: »Es ist ja schon sehr viel wert, wenn jemand das Material, was er so auf den Tisch kriegt, schreiben kann. Und da das ja alles keine Geheimnisse sind, die wir hier *verbraten*, müsste sich das ja lernen lassen.«

Hans Esser: »Ja, auch wenn es erst mal eine Durststrecke ist. Ich rechne auch nicht damit, dass ich mich von heute auf morgen so grundsätzlich umstellen kann.«

Schwindmann: »Das haben Sie in ein paar Monaten spätestens drauf. Das geht Ihnen so in Fleisch und Blut über, unser *Bild*-Stil, dass Sie gar nicht mehr anders können. Alf Breull ist das beste Beispiel dafür. Es hat sich anfangs einiges bei ihm dagegen gesträubt. Und nach vier Monaten war's, glaub ich, bei dir, ist der Groschen gefallen, und seine Geschichten standen wie eine Eins. Waren ganz große Spitze!«

(Alf gelingt es nicht, auf das »Kompliment« etwa freudestrahlend zu reagieren.)

Schwindmann (aufmunternd zu mir): »Prima, jetzt erzählen Sie mir ein bisschen was über Ihr Privatleben. Sind Sie verheiratet?«

Er notiert: verheiratet, zwei Kinder. Name: »Hans Esser.« Alter: »Ich werde 30.«

Reaktion: »Das ist ja ein gesegnetes Alter. Das ist ja phantastisch.« Er notiert meine Hannover-Adresse (ein gemietetes Zimmer) und Telefon.

Schwindmann: »Wir suchen in der Tat – der Alf Breull hat das richtig gesehen – einen Mann, der schreiben kann. Natürlich auch einen, der recherchieren kann. Und von daher würde ich sagen, das ist für Sie eine Chance, hier groß bei uns einzusteigen. Am besten gleich mitkriegen, wie der Hase läuft.«

Hans Esser: »Ja, prima. Wann kann's losgehen?«

Schwindmann: »Am geschicktesten wäre es, wenn wir uns ein Thema überlegen, wo Sie gleich loslaufen könnten. Da wird uns schon irgendwas einfallen. Ja, das klingt alles recht vielversprechend, was Sie uns da erzählen.«

Hans Esser: »Gibt es Möglichkeiten, nach einer gewissen Zeit, auf eine Festanstellung?«

Schwindmann: »Die Möglichkeit ist durchaus drin.«

Hans Esser: »Ist es nicht so, dass Sie die Planstellen alle langfristig besetzt haben?«

Schwindmann: »Die Dinge sind im Fluss, und ganz abgesehen davon, dass immer mal wieder einer ausscheidet und dadurch eine Planstelle frei wird, ist es einfach so, dass wir uns erweitern müssen.«

Hans Esser: »Wie sind die Chancen, 50:50?«

Schwindmann: »Da würd ich mich nicht festlegen wollen. Das kann mal von heute auf morgen sein. Herrn Breull wollten wir immer *einkaufen*, aber der wollte ja nicht. Die Chance ist ihm ja lange genug offengehalten worden. Das kann genauso gut bei Ihnen sein.«

Hans Esser: »Es muss ja nicht gleich sein, ich habe eine gewisse Rücklage und will das wirklich hier systematisch aufbauen.«

Schwindmann: »Wenn Sie hier wirklich gut einsteigen, dann ist es sowieso für Sie keine Durststrecke. Da hat ja auch der

Breull bei uns ganz gut verdient. Da liegt man als Fester unter Umständen noch drunter. Allerdings, Sie müssen sich schon ranhalten und wissen, dass wir hier sechs Tage in der Woche arbeiten und manchmal, wenn Sie Notdienst machen, sieben Tage. Nur die Festangestellten kriegen ihre freien Tage. Das müssen Sie alles in Rechnung stellen. Obwohl die Hälfte der Mannschaft hier in der Redaktion im Status der Freien ist. Was glauben Sie denn, welche Themen Ihnen liegen?«

Hans Esser: »Erst mal gehe ich von der Voraussetzung aus, alles ist ein Thema und überall steckt eine Geschichte drin. Fragt sich nur welche! Das herauszufinden ist, glaube ich, die Kunst. Und das will ich hier ja gerade lernen. Ich würde mich also gar nicht so unbedingt von vornherein festlegen wollen.«

Schwindmann: »Und wo würden Sie sich am stärksten hingezogen fühlen?«

Hans Esser: »Geschichten aus dem menschlichen Bereich. Auch ganz kleine, scheinbar nebensächliche Dinge, die auf der Straße liegen, haben oft eine große Bedeutung, je nachdem, wie man sie herausstellt. Und gerade *Bild* lebt ja von solch scheinbaren Nebensächlichkeiten, die dann groß aufgemacht werden. Ich würde es als meine Aufgabe ansehen, sehr ins Detail zu gehen und auch viel mit Menschen zusammen zu sein, über die man nachher schreibt.«

(Während dieser Ausführungen wohlwollendes Kopfnicken und allgemeine Zustimmung von Schwindmann.)

Hans Esser: »Ich hab Psychologie studiert, bin ein guter Menschenkenner.«

Schwindmann: »Erzählen Sie mal ein bisschen Ihren Werdegang. Sie haben also Abitur gemacht?«

Hans Esser: »Ja, ich war danach dann freiwillig bei der Bundeswehr, ich war bei der psychologischen Kriegsführung.«

Schwindmann: »Psychologische Kriegsführung, das ist stark. Das ist ja spitze.«

Hans Esser: »Und ich hab darauf mein Studium aufgebaut. Psychologie und dann etwas Betriebswirtschaft. Und auch im Betrieb des Vaters eine Zeitlang gearbeitet, und nach dessen Tod hat mein Bruder den Betrieb übernommen, und ich hab mich auszahlen lassen. Und hab dann für eine Werbeagentur gearbeitet. Gleichzeitig aber auch schon mal Dialoge fürs Fernsehen gemacht. Nur, es hat mich immer mehr unbefriedigt gelassen; die Ideen haben gezündet, hatten Erfolg, nur, ich war als Schreiber gar nicht existent. Ich muss zugeben, ich hab da auch einen gewissen Ehrgeiz.«

Schwindmann: »Aha, aha, aha, es ist ja seltsam, dass das Fernsehen so den Deckel draufhält auf Talenten. Was für uns ja überhaupt nicht zutrifft, denn wer bei uns arbeitet und schreibt, der unterzeichnet auch mit seinem vollen Namen dafür. Hans Esser, klingt doch gut. Kurz und prägnant. Wenn auch die Artikel so sind, dann sind Sie unser Mann.«

Hans Esser: »Ja. Esser, wie Messer!«

Schwindmann stimmt ein herzhaftes verstehendes Lachen an, das von einem Telefonat unterbrochen wird:

Schwindmann (am Telefon): »Ja, ja, ja, oh, ja, ja, ja, irre. Mmh, okay, wunderbar, klasse, prima, danke, tschüss.«

Schwindmann: »Warum kommen Sie auf die *Bild*-Zeitung? Weil Sie Alf Breull gut kennen?«

Hans Esser: »Nicht nur deswegen. Das wäre zu einfach. Ich glaube, dass *Bild* die perfekteste Zeitung ist, da sehe ich auch den nahtlosen Übergang von meinen bisherigen Erfahrungen bei der Werbung. In dieser äußerst knappen und verkürzten Darstellung steckt doch bei *Bild* in fast jeder Aussage eine Werbeidee. Auch bei uns in der Werbung verschwenden wir ja kein unnützes Wort und nutzen den knappen und teuren Platz, um mit möglichst wenig Worten den Konsumenten am effektivsten zu motivieren.«

Schwindmann: »Ja, prima, Herr Esser. Ich sehe, Sie gehen den

Dingen auf den Grund. Wenn Sie dann auch noch flott und locker die Sachen runterschreiben, und wenn's drauf ankommt knallhart, alles andere muss sich dann aus dem Zusammenarbeiten hier in der Redaktion ergeben. Ich glaube eigentlich, dann sollten wir schon mal richtig einsteigen.«

Hans Esser (kleinlaut): »Wenigstens mal versuchen.«

Schwindmann: »Ich hoffe, dass mir auf die Schnelle irgendein Thema für Sie einfällt, da können Sie dann gleich rangehen. Okay, das wär's dann.«

Ich soll also »einsteigen«, um »knallhart« zu »verbraten«. Wenn ich »knallhart« genug »eingestiegen« bin, soll ich später die Chance erhalten, selber »eingekauft« zu werden. Der Jargon erinnert an die Ganovensprache: Drehn wir zusammen 'n Ding! Steigste mit ein? Und wenn das Ding gedreht ist, kaufen wir dich zur Belohnung samt Beute mit ein. Überhaupt, wie formlos das ganze Einstellungsgespräch abläuft. Ich wundere mich. Weder Unterlagen noch Papiere werden zur Vorlage verlangt. Aber auch hierin scheint eine höhere Logik zu liegen. [...]

Konrad-Adenauer-Preis

> »Auf die *Bild*-Zeitung kann man sich verlassen.«
> Hessens CDU-Vorsitzender Alfred Dregger in *Bild*

Am 4. Juni 1977 verleiht die stockreaktionäre »Deutschland-Stiftung« ihre »Konrad-Adenauer-Preise« im ehemaligen Welfen-Schloss Herrenhausen. Ich werde für *Bild*-Hannover hingeschickt. Der Festakt ist nur für geladene Gäste, alle im dunklen Anzug, vorneweg Ernst Albrecht, Alfred Dregger, Franz Josef Strauß, CSU-Minister Maier, Helmut Lemke, Gerhard Löwenthal; Otto von Habsburg, Kurt Ziesel; Helmut Kohl hatte sich angesagt, musste aber wegen einer schweren Angina zu Hause bleiben.

Ich fühle mich in eine längst vergangene feudalistische Zeit versetzt. Die meisten Redner beginnen ihre gestelzten Grußworte oder papierenen Reden mit: »Kaiserliche und königliche Hoheiten!«*

Albrecht nimmt die Gelegenheit wahr, richtig in die Vollen zu gehen, und gibt seiner Sorge um den freiheitlichen Rechtsstaat in Italien, Portugal und Frankreich Ausdruck, wo man bereits Gefahr laufe, den Kommunismus per Stimmzettel einzuführen. »Denn selbstverständlich ist der Eurokommunismus genauso gefährlich wie jeder andere Kommunismus.«

Einen besonders erpresserischen Appell richtete Albrecht an die »schweigende Mehrheit« der Studenten, an diejenigen, die sich nicht aktiv politisch betätigen, gleichwohl aber politische Betätigung dulden, wie bei dem damals aktuellen Uni-Streik. Diese neutralen unpolitischen Studenten bedroht und schüchtert Albrecht ein: Falls sie sich in Zukunft nicht aktiv gegen die streikenden Studenten stellen würden, werde er, der Ministerpräsident und Landesvater, nicht nur den politisch aktiven, sondern auch den Ruhe bewahrenden Studenten das BAföG streichen, das studierte Semester nicht anerkennen und schließlich auch den Allgemeinen Studentenausschüssen das Geld entziehen.

Albrechts Drohung läuft als Meldung über dpa, allerdings ohne Hinweis auf das Publikum, vor dem er sie ausgesprochen hatte. Wer das Klima erlebt hat, in dem Albrechts Worte gefallen waren, dem musste die nüchterne dpa-Nachricht wie eine Beschönigung erscheinen, auch wenn sie den Wortlaut korrekt wiedergab.

* Obwohl, so entschied das Landgericht Würzburg 1958, die Habsburger auch in Deutschland ihre Titel nicht mehr führen dürfen.

Schloss Herrenhausen ist von Polizeieinheiten abgeriegelt, doch nirgends ist ein Demonstrant zu sehen. Man ist unter sich. Und plötzlich sind all die schönen Differenzierungen, auf die diese Herren und ihre Presse so besonderen Wert legen – zwischen dem »modernen, aufgeschlossenen« Albrecht und dem Draufschläger Dregger, zwischen dem Abendländler Otto von Habsburg und dem Uralt-Nazi Ziesel –, völlig verschwunden. Die Reihen sind fest geschlossen. Noch vor fünf Jahren wäre eine solche Demonstration rechten Machtbewusstseins nicht möglich gewesen. Hier wurde nicht mehr hinter den Kulissen abgesprochen, wie die Rechte ihre Rollen nach außen verteilen soll. Auf taktische Kinkerlitzchen konnte verzichtet werden. Der Strahlemann Albrecht konnte Hand in Hand mit dem Geschäftsführer der Deutschland-Stiftung Ziesel auftreten, der einst in Österreich seine Köchin durch Denunziation zur »Aburteilung« vor das »Sondergericht« bringen wollte, weil sie als seine Gutsbedienstete mehrfach gewagt hatte, unter anderem Dinge zu sagen wie: »Ihr Deutschen, schaut's, dass hinauskommt's! Wir haben euch nicht gebraucht. Es kommt auch noch mal ein anderer Tag.« Ziesel: »Es ist notwendig, dass die Heimat rücksichtslos gegen solche gesinnungslosen Elemente einschreitet ... sie hat eine Gesinnung verraten, die reif fürs KZ ist.«*

* Das Oberlandesgericht München bestätigt in einem Urteil vom 28. 4. 1975 diese Tatsachenbehauptung über Ziesel mit »dem klarstellenden Zusatz«, dass er den »Antrag auf Aburteilung durch das Sondergericht nicht allein auf eine Äußerung dieses oder ähnlichen Inhalts gestützt habe, sondern daß er die erwähnte Äußerung im Zusammenhang mit angeblichen weiteren ähnlichen deutschfeindlichen Äußerungen und Verhaltensweisen der Köchin, durch die er sich angeblich in seinem Haus- und Hoffrieden beeinträchtigt gesehen habe, zum Gegenstand seines Antrages auf Verurteilung durch das Sondergericht gemacht habe«.

Dregger überbringt die Grüße der hessischen CDU, die sich eben darauf vorbereitet, »Ende nächsten Jahres auch die Verantwortung im Lande (Hessen) zu übernehmen«. Die reaktionäre hessische CDU nennt er die »Avantgarde der Unionsparteien«.

Strauß versucht sich in ähnlicher Akrobatik: »Konservativ sein heißt, an der Spitze des Fortschritts zu marschieren.«

»Marschieren, marschieren«, hallt es mir im Ohr. Die Avantgarde marschiert, in ruhig festem Tritt.

Dregger (weiter): »Die hessische CDU dankt den Preisträgern, dass sie das geistige Fundament festigen, auf dem wir den politischen Kampf zu führen haben.

Dieser politische Kampf gilt der Erhaltung und der Ausdehnung des Systems der Freiheit, des Systems, ohne das es freie Wissenschaft, freie Literatur, Freiheit der Publizistik ebenso wenig geben kann wie freie Gewerkschaften und freie Unternehmer, wie freie Bürger und freie Parteien. Alle diese Freiheiten sind eine Einheit. Keine kann ohne die andere leben, und keine dieser Freiheiten ist im System des Sozialismus möglich, das wir zu bekämpfen haben, um die Freiheit in Deutschland zu verfestigen. Entschieden wird dieser Kampf vor allem an den Schulen und Hochschulen. Hier hat das System der Freiheit in den letzten Jahren die größten Niederlagen erlitten. Hier haben Vertreter des Staats und der Universität am meisten Anpassung gezeigt. Hier ist es marxistischer Bildungspolitik gelungen, in jungen Menschen Systemverachtung zu erzeugen. Diese Systemverachtung, meine Damen und Herren, hat sich entwickelt zum Willen zur Systemveränderung. Diese Systemverachtung ist doch Ursache des Terrorismus geworden.«

Der Einzige, der eine gewisse Distanz erkennen lässt, ist Strauß. Nicht, dass ihm die Richtung nicht passt, aber es ist ihm wohl unangenehm, möglicherweise vor den Augen einiger intelligenterer Rechter dem reichlich fossilen Preisträger Habsburg, dessen Lob er zu reden hat, aufzusitzen. Er nennt den Otto einen jener fähigen Leute, für die er stellvertretend den Preis bekomme. Hoheit seien ihm erstmals aufgefallen, als er in mehreren Strauß-Veranstaltungen als dankbarer Zuhörer aufgetaucht sei.

Freiherr von Sass alias Matthias Walden, ständiger Kommentarschreiber in *Bild*, hält die Laudatio auf den Preisträger Hans Habe, »Millionen« würden ihn »begleiten«. Er meint aber wohl kaum die Millionen des gemeinsamen Verlegers Springer. Habe wiederum wettert gegen die »linke Mafia« von Beckett bis Ionesco, wobei ihm offensichtlich nicht bewusst ist, dass Ionesco Reaktionär ist. Er nennt die moderne Kunst nicht geradeheraus entartet, aber dekadent. Musik, Beat- und Pop-Szene seien Vorläufer des Marxismus, selbst die Kultur-Szene in den USA sei marxistisch unterwandert.

Schwindmann legt mir den Habe, Springers Haus- und Hofdichter, ständiger Sonntagskolumnist des Konzerns, besonders ans Herz: »Auf keinen Fall Hänschen vergessen!« Ich soll ihn interviewen. Nun konnte ich Habe bei einigen Streitgesprächen im Fernsehen und Rundfunk aus nächster Nähe erleben und fürchte, er wird mich erkennen. Ich bitte also eine Kollegin, Habe meine Fragen am Telefon zu stellen. Habe geht es freilich an erster Stelle gar nicht um ein Interview mit einem Organ der öffentlichen Meinung, sondern er will seinen Freunden von *Bild* bloß mal was melden: »Eins muss ich Ihnen sofort erzählen: Also da muss ich erst nach Hannover kommen, um euch (*Bild*) darauf aufmerksam zu machen, was hier in der Bahnhofsbuchhandlung mit der *Bild*-Zeitung geschieht. Als ich gestern mit dem ›Roland‹ aus Ascona ankomme, will ich mich ja gleich über euch hier informieren lassen. Ich fragte den Verkäufer nach *Bild*, da keine auslag. Da holt dieser Typ sie doch tatsächlich unter dem Ladentisch hervor. Ich frage ihn:

›Verstecken Sie die, oder warum liegt sie nicht öffentlich aus?‹ Daraufhin sagte der junge Mann dreist: ›Die habe ich immer unter dem Ladentisch liegen!‹ Wissen Sie, einer, der so aussah, als ob man ihn vom Fleck weg verhaften müsse, mit Bart, langen Haaren und so. Sie kennen schon diese Typen.«

Man kennt Habe ja – und man erschrickt doch, wenn einer sich als so mies erweist, wie man ihn sich vorgestellt hat.

Während der Festreden, aus denen die Aggression auf Typen wie mich sprüht, fällt es mir schwer, der *Bild*-Reporter Hans Esser zu bleiben. Manchmal ist mir danach, laut dazwischenzurufen, und ich ertappe mich bei dem Wunsch, Stinkbomben in der Tasche zu haben. Ich beschränke mich schließlich darauf, nach den jeweiligen Kernsprüchen weiterzuklatschen, wenn keiner mehr klatscht. Es ist eine hilflose Geste, die aber immerhin etwas Peinlichkeit aufkommen lässt.

Auf einmal sehe ich einen Mann, der völlig aus dem Rahmen fällt, der – ohne durch Äußerlichkeiten aufzufallen – sofort erkennen lässt, dass er nicht dazugehört. Es ist ein holländischer Fotograf, der vor vier Monaten erst einen ganzen Tag bei mir in Köln gewesen ist, als er eine Ausstellung über Rechtsradikalismus in der BRD vorbereitete. Ich gebe mich ihm zu erkennen, erinnere ihn an Köln, wo er mich fotografiert hat. Es dauert eine Weile, bis er begreift, wer ich bin. Diese Veranstaltung ist so meilenweit weg von jedem Zusammenhang mit normalen, freundschaftlich-menschlichen Beziehungen, ist so sehr andere Welt, dass man sich kaum vorstellen kann, dort einen Freund zu sehen.

Später, nach dem Festakt, wird in dem Festsaal der Brauereigaststätten des Herrenhausen-Schlosses »diskutiert«, unter der Leitung von Gerhard Löwenthal, dem Vorstandsvorsitzenden der Deutschland-Stiftung. Dieser Extremist im öffentlichrechtlichen Dienst kündigt die Gründung einer Sammlungsbewegung an, weil man die Bürgerinitiativen nicht den Linken überlassen dürfe, und beschwert sich, dass die Presse die Preisverleihung nicht genügend würdigt. Sogar die *Hannoversche Allgemeine Zeitung* (Anmerkung G. W.: ein eher konservatives Blatt) habe die Veranstaltung nicht angekündigt. Man müsse wohl annehmen, dass die HAZ die *Frankfurter Rundschau* links überholen wolle. Er jedenfalls könne nur empfehlen, diese Zeitung abzubestellen, selbst wenn er wegen dieses Boykottaufrufs vor Gericht gestellt werde. Man könne ja dann sammeln, um die Kosten aufzutreiben. Schließlich lobt Löwenthal die *Bild*-Zeitung als die einzige, die dieses wichtige Ereignis würdigt. Er zeigt wohlwollend auf mich. Ich nicke freundlich zurück.

Man fühlt sich ungestört. Ein CSU-Mann bleibt unwidersprochen, als er sagt: »Hätte de Gaulle Elsass-Lothringen an Deutschland abtreten wollen, dann hätte man ihn an der Grenze gleich mit einem Kopfschuss empfangen. Wenn aber Willy Brandt einen Teil Deutschlands verkauft, stellt ihn niemand vor ein ordentliches Gericht.«

Es herrscht dicke Stammtisch-Luft. Ein Diskussionsredner berichtet, seine Frau, eine Italienerin, wisse nicht, ob sie die Christdemokraten wählen könne, die seien doch so korrupt. Wie, will er wissen, solle er da als Deutschnationaler argumentieren? Es antwortet Otto von Habsburg, seine Maxime sei »Nicht geschossen ist auch verfehlt!«

Zum Schluss stehen alle auf und singen das Deutschlandlied. Der Einzige, der nicht mitsingt, ist Strauß. Das fällt auf, weil die Prominenz mit dem Gesicht zum Publikum steht. Ich baue das in meinen Bericht ein – samt Erklärung eines seiner Sicherheitsmänner, er sei nach langen Reden zu heiser und außerdem unmusikalisch. Dieser kleine Schlenker wird natürlich sofort weggestrichen. Schwindmann: »Was soll der Krempel?« Ich gebe die Pointe an unsere Klatschtante für ihre Rubrik »Stadtgespräch« weiter. Die freut sich und will es in ihre Kolumne aufnehmen. Mit absolut sicherem Instinkt wird es auch dort von Schwindmann abgelehnt. Man stelle sich vor, Peter von Oertzen hätte gewagt, beim Deutschlandlied zu schweigen ...! Aufmacher, Seite 1, vielleicht: »SPD – Linksaußen verhöhnt Nationalhymne«?

Auch heißt es in meiner Geschichte: »Hans Habe erhielt den Preis für seinen Einsatz gegen Diktatur und Menschlichkeit.« Ein absichtsvoller Schreibfehler. Er wird »korrigiert«.

Obwohl *Bild* die Preisverleihung so gut wie exklusiv hat, wird sie sowohl in der Bundesausgabe als auch in Hannover nur kurz abgefeiert. Das scheint verwunderlich, wenn man bedenkt, dass es kaum eine Veranstaltung gibt, auf der Ideologie, Sprache und Politik des Hauses Springer so lupenrein dargeboten werden. Aber *Bild* ist eben, anders als die Herren im Herrenhäuser Schloss, vor seinen Millionen Lesern nicht »unter sich«. Das Blatt muss rechte Politik auch an den SPD-Wähler, an Arbeiter und Angestellte bringen, und der direkte Weg, über Strauß und Dregger, ist beschwerlich. Politik muss indirekter gemacht werden, über Emotionen und Vorurteile: Aufputschen gegen Minderheiten, Schüren von Hass und Angst – am besten anhand unpolitisch scheinender Objekte (Triebtäter, Gastarbeiter): Das erzeugt die Stimmung, die sich zum kollektiven Schrei nach Todesstrafe, Rübe ab, Draufschlagen verdichtet. Strauß und Dregger sind bloß die Fettaugen auf der Suppe des gesunden Volksempfindens. Die Küche, in der sie angerührt wird, ist die *Bild*-Zeitung.

Bild hat ein feines Sensorium dafür, was diesem Volksempfinden bekommt und was nicht. Nicht bekommt ihm beispielsweise die Darstellung und Selbstdarstellung reaktionärer Politik in ihrem eigenen Milieu: hier beispielsweise die Versammlung von CDU/CSU-Führern, Springer-Autoren, eines Stücks Kaiserlicher Hoheit und eines Schocks Welfen-Prinzen, allesamt im Feine-Leute-Anzug unter dem Dach des Welfen-

Schlosses. Szenen wie diese reizen auf zum Klassenhass, geben dem kleinbürgerlichen oder unbewusst-proletarischen *Bild*-Leser die Chance, Interessen zu entdecken, über Zusammenhänge zwischen den herrschaftlichen Äußerungen und den »volksempfindenden« Inhalten nachzudenken oder wenigstens Diskrepanzen zu fühlen. Auch darum fällt die Berichterstattung über den Mummenschanz von Herrenhausen so knapp aus. Wie bewusst *Bild*-Macher da verfahren, durfte ich anlässlich einer Heirat in besserem Milieu miterleben.

Raubfische

Bild manipuliert. Aber dabei bleibt es nicht. Denn das Bewusstsein, dass *Bild* manipuliert, verdreht und verfälscht, veranlasst viele *Bild*-Informanten, sich darauf einzustellen. So wird der beschriebenen Eskalation – Reporter verdreht zum Monströsen, Redaktionsleiter verschärft die verdrehte Richtung, Zentrale legt noch einen Zahn zu – am unteren Ende noch eine Stufe angesetzt: Der Informant, der ins Blatt will, dreht seine Wahrheit auch schon nach *Bild*-Bedürfnissen zurecht. So entstehen die oft atemberaubend platten und dummen und überdurchschnittlich reaktionären Äußerungen auch führender SPD-Politiker in der *Bild*-Zeitung. Und wie im Sturm der großen Politik, so auch im Hannoveraner Wasserglas.

Schwindmann drückt mir eine Einladung der Linné-Gesellschaft in die Hand: »Aquarien- und Terrarien-Ausstellung. 80 Jahre biologische Gesellschaft Linné im Freizeitheim Vahrenwald.« Unter der anreißerischen Überschrift »Piranhas in Vahrenwald« beginnt ein sachlicher Text:

»Am 26. März 1977 wird Herr Bürgermeister Dr. Scheel im Freizeitheim Vahrenwald, Hannover, um elf Uhr die

> 10. Aquarienausstellung der Biologischen Gesellschaft ›Linné‹ anläßlich ihres 80-jährigen Bestehens eröffnen. Die Mitglieder und ihre große Jugendgruppe haben keine Mühe gescheut, die von ihnen gepflegten etwa 130 Arten von Fischen, erdteilmäßig gegliedert, in etwa sechzig Becken den interessierten Besuchern darzubieten. Die heutige Umweltverschmutzung, die vor keinem Bach oder Teich haltmacht, hat dazu beigetragen, daß man die Natur in Form eines Aquariums in die Wohnung holt. Der Beweis sind über eine Million Aquarien, die zur Besinnlichkeit im Wohnzimmer der Bundesbürger stehen.«

Dann folgt noch eine weitere Seite Beschreibung über die ausgestellten Fischarten, wobei nur der letzte Satz den Piranhas gewidmet ist:

> »[...] Der aus vielen Erzählungen und Reiseberichten bekannte und gefürchtete *Piranha oder Pirya* ist selbstverständlich auch zu sehen.«

»Uns interessieren ausschließlich die Piranhas«, sagt Schwindmann zu mir, »den anderen Fischkram kannst du vergessen. Ich will eine richtig schön gruselige Geschichte. Nimm einen Fotografen mit.«

Der Vorsitzende der Linné-Gesellschaft Peter Wilhelm ist hocherfreut, als wir anrücken. Er schleppt mich zu den verschiedensten Bassins, um mir Purpurbarsche, Schokoladenguramis, die ihre Brut im Maul tragen, und lebendgebärende Halbschnabelhechte vorzuführen, ihre Eigenheiten und Haltung zu erklären.

Am Anfang gehe ich höflichkeitshalber noch darauf ein, bis ich ihm offen sage: »Sosehr mich privat die gesamte Ausstellung auch interessiert, *Bild* hat mich einzig und allein der

Piranhas wegen hierhingeschickt. Wo stecken denn die Tierchen?« Er führt mich zu einem kleinen Aquarium, worin ein paar unscheinbare mickrige Fischlein schwimmen.

Frage: »Im Amazonasgebiet werden doch häufig Menschen von diesen Fischen angegriffen, liest man doch hin und wieder in der Zeitung.«

Antwort: »Das war dann aber sicher die *Bild*-Zeitung.« Dann versucht er wieder, meine Aufmerksamkeit auf die anderen zahlreichen Zierfische zu lenken.

Ich schaue auf meine Uhr. In einer viertel Stunde läuft die Zeit ab, die mir Schwindmann gesetzt hat. »Ich will nicht unhöflich sein«, entschuldige ich mich beim Aquarien-Vereinsvorsitzenden, »aber ich kann auch nichts dafür, wenn *Bild* es ausschließlich auf diese Viecher abgesehen hat. Es ist zwecklos. Auf die anderen Fische kann ich höchstens in einem Nebensatz eingehen. Ich verabscheue meinen Job ja auch«, erkläre ich ihm weiter, und: »ich mache das nur vorübergehend.«

Da geht auch der Aquarienfreund aus sich heraus: »Wenn Sie schon so ehrlich zu mir sind, kann ich Ihnen ja auch die Wahrheit verraten. Die Piranhas haben wir ausschließlich als Köder für die *Bild*-Zeitung hier angeschafft. Auf diese blutrünstigen Raubfische stürzt sich doch die *Bild*-Zeitung, hab ich mir gedacht. Sonst würden wir doch mit keiner Zeile erwähnt.«

Da kann ich ihm recht geben, und wir freuen uns beide, dass über diesen Umweg seine Ausstellung überlaufen sein wird. »Aber die Tatsache allein genügt noch nicht«, mache ich dem Vorsitzenden klar, *Bild* braucht noch was Gruseliges.«

Da holt er den Halter des Piranha-Aquariums, einen unbekümmerten, jungen Mann, der zu den Tierchen ein geradezu freundschaftliches Verhältnis hat, jedenfalls nicht die Spur von Angst. Er erzählt, dass Piranhas erst ab einem bestimmten Alter und in riesigen Schwärmen gefährlich werden. Damit wäre die Geschichte natürlich gestorben. Also bohre ich nach: »Gab's hier in Hannover nicht mal einen Unglücksfall?« Er kapiert gleich, worum es *Bild* geht. »Ja, vor acht Jahren ist mal was passiert. Der Leiter des Aquariums im Landesmuseum, der sich diese Tierchen hielt, ist von einem Fisch gezwickt worden, nachdem er alles nur Denkbare falsch gemacht hat. Aus einem fast leeren Aquarium heraus wollte er die Fische umsetzen. Da hat sich in Todesangst ein Fisch an seiner Fingerkuppe verbissen. Es war ein ganz kleines Stück angeritzt, das mit einem Pflaster wieder verklebt wurde.« Ich notiere den Namen des »Opfers«.

Anschließend lasse ich mich über die besonderen Eigenschaften der Piranhas aufklären.

Der Aquarienfreund zitiert aus einem Lexikon der Aquaristik:

> »Die größten Schwierigkeiten bei der Haltung bereitet ihre Angriffslust. Jeder nur etwas angeschlagene, kranke oder Schwäche zeigende Artgenosse wird überfallen und totgebissen ... Auch scheint ihre Angriffslust gegenüber anderen Tieren von der Größe ihres eigenen Schwarmes abzuhängen ... Als Einzelexemplare in der Regel friedliche Tiere, entwickeln sie ihre äußerste Aggressivität erst im Großschwarm ... Das kritische Moment liegt beim Einsetzen neuer Fische in das Piranha-Becken. Der Augenblick der Benommenheit wird dann meist als Signal zum Angriff angesehen. Im Allgemeinen sind die Piranhas sehr nervös ... Versuche mit Gupies, die man zu den Piranhas einsetzte, haben gezeigt, dass die Piranhas über alle Tiere, die Anzeichen von Benommenheit oder Schock zeigten, herfielen und sie totbissen. Nur Gupies, die sich augenblicklich anpassten und im Schwarm mitschwammen, überlebten ...

In freier Wildbahn – im Dschungelgebiet des Amazonas z. B. – wittern Sie das Blut verwundeter Warmblüter kilometerweit, fallen in Schwärmen über das verwundete Tier oder auch Menschen her und reißen das Fleisch stückchenweise herunter, bis oft nur das Skelett übrig bleibt.«

Einige ihrer Eigenschaften kommen mir sehr bekannt vor: Sie sind äußerst aggressiv, fallen in Schwärmen über Artfremde und Verwundete her, fressen alles auf, was Schwäche zeigt, Ausfallerscheinungen hat …

In der Geschichte erwähne ich dann zum Schluss in einem Nebensatz den sogenannten »Unglücksfall«. Der Redaktionsleiter, der mich schon während des Schreibens genervt hat mit Fragen wie: »Ist der Sicherheitsabstand auch ausreichend? Besteht keine unmittelbare Gefahr für die Besucher?«, macht aus diesem Nebensatz die Schlagzeile: »Piranhas rissen Museumsdirektor ein Stück aus der Hand. Ärzte nähten es wieder an«. Fett gedruckt ist das auch sein Einstieg in die Geschichte. (Er nahm mir das Manuskript aus der Hand und dichtete selbständig:)

»Es war reines Versehen. Günter Kluge, Leiter des Landesmuseums Hannover, griff beim Reinigen in das Aquarium, das in seinem Büro steht. Sofort gruben sich 147 rasiermesserscharfe Zähne in seine Hand und rissen ihm ein Stück Fleisch heraus. Blutdurst der Piranhas, der gefährlichsten Süßwasserfische der Welt. Sieben dieser Amazonas-Fische können Sie von morgen an ab elf Uhr im Freizeitheim Vahrenwald besichtigen. Günter Kluge hatte übrigens Glück. Der in Gefangenschaft gezüchtete Fisch spuckte das Stückchen Hand wieder aus. Im Krankenhaus konnte es dem Museumsdirektor wieder angenäht werden.«

Die Tatsache, dass der Vorgang bereits acht Jahre zurückliegt, fällt unter den Tisch.

»Aktualisieren« heißt das bei *Bild.*

Es folgen dann, viel knapper, Daten zur Ausstellung mit dem Hinweis, dass diese Fische nach Beendigung der Ausstellung versteigert werden. Ich hatte schon vor, sie als mein Geschenk für die *Bild*-Redaktion zu ersteigern – als Wappentiere. Aber dann taten mir die Fische doch leid.

Nach Erscheinen des Artikels bekommt der Museumsleiter, der gerade krank zu Hause liegt, jede Menge Anrufe sensationsgieriger Mitbürger aus aller Welt und Beileidsbesuche von Freunden, die einen Blick auf seine misshandelte Hand werfen wollen. Er selbst rührt sich nicht und verlangt auch keine Gegendarstellung. In jeder Provinz-Zeitung hätte der Chefredakteur einen gepfefferten Brief erhalten. Alles was passierte, ist ein sehr dezentes Interview in der *Neuen Hannoverschen Presse* mit dem Piranha-Opfer, das den »Wahrheitsgehalt dieser und anderer blutrünstiger Geschichten« beschreibt. Es ist von »einer Boulevardzeitung« die Rede. *Bild* wird nicht genannt.

Auch vom Vorsitzenden der Aquarienfreunde kommt kein Protest. Der ist zufrieden, weil so viele Besucher kommen (6000 in einer Woche), die dann bedauernd feststellen müssen, dass die harmlosen Piranha-Babys sie nicht das Gruseln lehren können.

Ein zweiter Fall: Es erscheint ein Buch von amerikanischen Psycho-Forschern zum Thema: Jeder kann hellsehen. Schwindmann hat das aufgeschnappt und ruft mich an: »Wir wollen da eine *Bild*-Aktion daraus machen: ›Auch Sie können hellsehen!‹ Finden Sie jemanden, der ein bisschen prominent ist, der auch so Phänomene hat.« Ich habe wenig Hoffnung, aber was bleibt mir übrig. Ich rufe also meinen Heilpraktiker Trinklech an, bei dem ich ein gewisses Gespür für Publicity festgestellt habe. Den hat *Bild* zum halbwegs Prominenten gemacht, warum also nicht auch zum »Hellseher«?

Ich erzähle Trinklech, was *Bild* plant. Die Überschrift steht schon: »Ob Sie es glauben oder nicht – auch Sie können hellsehen!« Ich sage: »Das haben Sie doch sicherlich, wie wir alle, auch schon einmal erlebt, dass sie schon beim Klingeln des Telefons genau wissen, wer da anruft, auch wenn Sie lange nichts mehr von ihm gehört haben ...« Wir vereinbaren einen Termin, und dann legt Trinklech los: »Ich habe immer wieder diese Fähigkeit in mir entdeckt ...« Inzwischen glaubt Trinklech vermutlich selbst, dass er hellsehen kann.

Als die Geschichte erschienen war, und zwar noch um einiges platter, als er sie erzählt hatte, kam ich doch mit etwas Bammel in seine Praxis. Aber was ist: Der Hellseh-Artikel hängt neben dem anderen zur Werbung an der Wand. Opfer dieses Prozesses der Manipulation sind erstens das Publikum, der *Bild*-Leser, dem ein Piranha aufgebunden wird, und zweitens der *Bild*-Knecht, der einfache Reporter oder Redakteur, dem die Schuld zugeschoben wird. Denn wenn der leitende Redakteur auch weiß, dass eine Geschichte vorne und hinten nicht stimmt, so achten sie doch penibel darauf, dass der kleine *Bild*-Mann die Verantwortung übernimmt. Schwindmann kommt stets mit der umgelogenen Geschichte zum ursprünglichen Verfasser, hält ihm das Manuskript unter die Nase und fragt: »Ist doch richtig so, oder?« Wer nicht, wie üblich, durch Kopfnicken zustimmt, gilt als »schwierig«, fällt im Kurs. Zur Strafe darf er dann die Geschichte bis zu sechsmal neu schreiben. Wer für Zeilenhonorar schreibt, leistet sich das nicht oft.

Vampirismus

»Eidesstattliche Versicherung
Hiermit erkläre ich, Lothar Schindlbeck, über die Strafbarkeit einer falschen eidesstattlichen Versicherung belehrt und in Kenntnis dessen, daß diese eidesstattliche Versicherung bei Gericht vorgelegt werden soll, folgendes:

[...] Geschichten wurden von mir in meiner Eigenschaft als Redaktionsleiter nicht umgelogen! [...]

Gerade mir zu unterstellen, daß ich besonders darauf aus war, Gewalt- und Kapitalverbrechen in der Bild-Zeitung zu veröffentlichen, ist schon ein starkes Stück. Wenn wirklich Kapitalverbrechen vorlagen, die auch sonst durch die gesamte Presse gehen, wurden diese selbstverständlich schon zur Unterrichtung der Bevölkerung gebracht. Sonst habe ich mich immer bemüht, Berichte über Verbrechen nicht in auffälliger Form ins Blatt zu bringen. [...]«

Die Eide meines »Thomas Schwindmann« alias Lothar Schindlbeck und seiner Helfershelfer füllen inzwischen Aktenbände. Für den Vorsitzenden Richter der 24. Kammer des Hamburger Landgerichts, Engelschall, waren sie neben dem »Tatbestand des Einschleichens« die Rechtsgrundlage, den »Aufmacher« nun endgültig zu verbieten. Nachdem der Hamburger Presserichter seine Pflicht getan hatte, wurde sein Töchterlein als Volontärin in die Hamburger *Bild*-Redaktion aufgenommen. Im wirklichen Leben geht es anscheinend oft so platt und übertrieben zu wie in schlechten Romanen.

Aber wer konnte ahnen, dass die Dramaturgie in der Realität so weit ginge: Als Mitglieder der Frankfurter *Bild*-Redaktion überführt wurden, in eine Wohnung eingebrochen zu sein und Fotografien gestohlen zu haben, um einen jungen Mann in Schlagzeilen und Bildern als »Vampir« zu verleumden, stellte sich heraus, dass der dafür verantwortliche neue stellvertretende Redaktionsleiter von *Bild*-Frankfurt ausgerechnet wieder mein »Thomas Schwindmann« aus Hannover war.

Journalisten aus Zeitungen und Rundfunk, die glaubten, mich daraufhin als »Experten« konsultieren zu können, musste ich klarmachen, dass es falsch sei und gleichfalls einer Dämonisierung gleichkomme, wollte man aus Schindlbeck nun einen besonders blutrünstigen »Reporter des Satans« machen. Hiermit erkläre ich, Günter Wallraff, alias Hans Esser, an Eides statt: dass Lothar Schindlbeck, alias Thomas Schwindmann, in der ganzen *Bild*-Mannschaft wirklich keine Ausnahme und Besonderheit darstellt.

Schindlbeck ist in diesem Sumpf mittlerer Durchschnitt, weder durch besondere Phantasie noch durch übermäßige Brutalität aus dem Rahmen fallend. Er ist nur Angestellter, leitender *Blattmacher*, wobei das Blatt mehr ihn, als er das Blatt macht. Das Besondere und bisher Einmalige des Falles liegt lediglich darin, dass ein bundesdeutscher Staatsanwalt gewagt hat, es mit *Bild* aufzunehmen.

In *Bild*-Frankfurt saß eine neu zusammengewürfelte Mannschaft aus Springers Zwinger. Dressiert darauf, die neugegründete Lokalausgabe in kürzester Zeit zur marktbeherrschenden Auflage hochzuputschen. Mit Dregger als Schutzpatron (Wahlspruch: »Auf die *Bild*-Zeitung kann man sich verlassen«) gelingt es tatsächlich nach anderthalb Jahren, die *Bild*-Lokalausgabe an die Spitze der Frankfurter Zeitungen zu drängen. Auflage: 230 000.

Der Fall: Ein junger Mann, der eine Schule für drogengefährdete Jugendliche besuchte, war wegen eines Verstoßes gegen das Betäubungsmittelgesetz in Verdacht geraten und auf Grund eines Haftbefehls inhaftiert worden. Die Tatsache, dass die Polizei bei der Festnahme in seiner Wohnung auch mehrere Ampullen mit Blut und Spritzen gefunden hatte, schlug sich im Polizeibericht unter dem reißerischen Begriff »Gruselkabinett« nieder. Da spürte ein übereifriger Polizeibeamter allem Anschein nach instinktiv, was er der *Bild*-Zeitung schuldig war. Und *Bild* hatte Blut geleckt und übernahm den Fall.

»*Deutscher Schüler trank Mädchenblut*« lautete am 3. Januar in *Bild* der Aufmacher auf Seite 1, daneben bereits ein Foto des zum »Vampir von Sachsenhausen« dämonisierten Abiturienten. In den folgenden Tagen bietet *Bild* seinen Lesern eine wahre Blut-Orgie. Und dazu jeweils Fotos – einmal über eine viertel Seite gezogen – des wehrlosen *Bild*-Opfers Michael K. »Ich habe manchmal auch reines Menschenblut getrunken, weil ich gelesen hatte, daß man dann groß und stark wird«, lässt *Bild* sein Opfer, das noch nie mit einem *Bild*-Zeitungsmenschen gesprochen hat, gleich auf Seite 1 zu Wort kommen. Und um diese Aussage zu stützen, beschreibt ihn *Bild* als »nur 1,60 Meter groß«.

Aber diese Information für sich allein ist für den *Bild*-Durchschnittsleser sicher noch keine befriedigende Erklärung für so einen ungeheuerlichen Vorgang. Also weiter wörtliches Zitat – der Junge ist im Knast, und wie kann sich so einer schon wehren: »›Als ich noch Metzgerlehrling war, habe ich immer Ochsenblut getrunken‹, gestand ›Vampir‹ Michael K., ›seit ich aufs Gymnasium gehe, musste ich mich auf Menschenblut umstellen.‹«

Da ist die dramaturgische Steigerung, die in jeder *Bild*-Story drin sein muss und gleichzeitig die höhere *Bild*-Logik. Die wenigsten *Bild*-Leser haben Abitur, Gymnasiasten werden in *Bild* häufiger als Negativfiguren schmarotzerhaft dargestellt. Das zielt tief ins Unterbewusstsein der Lesergemeinde. Metzger und Ochsenblut, das mag ja noch angehen. Schuster bleib bei deinem Leisten, »Gymnasium und Menschenblut«, da haben wir's.

14 Tage zuvor war »Blutsaufen« in *Bild*-Frankfurt noch als durchaus empfehlenswerte Sache dargestellt worden. »Ich saufe jeden Tag drei Liter Blut«, lässt *Bild* sich einen bekannten Boxer aus dem Zuhältermilieu brüsten. Und im gleichen Artikel, wo die Duldung oder sogar Beteiligung an einem Verbrechen anklingt, bringt's *Bild* voll Kumpanei im wohlwollend verständnisvollen Plauderton: »Wo er auftauchte, war immer was los. Im Januar 1973 war er einer der Augenzeugen, als in der Bar »New Fashioned« der Jugoslawe Tudic von einem angeblich bezahlten Killer auf der Tanzfläche mit zwölf Messerstichen getötet wurde. Er stand daneben, aber im Gerichtssaal ging es ihm wie allen anderen Zeugen – er hatte nichts gesehen.« Aber der schlacksige Michael K. aus dem Drogenmilieu ist schließlich auch kein strahlender Boxchampion, dem »die Gespielinnen zu Füßen liegen«. Wie ein Filmungeheuer lässt ihn *Bild* die »unschuldigen minderjährigen Mädchen« willenlos machen. Immer nach dem Prinzip: *Bild* war dabei, weiß und sieht alles.

Bild lässt ihn Geständnisse machen, »mit einer Spritze minderjährigen Mädchen Blut aus den Adern gesaugt« zu haben. Mit »Drogen« oder »in Cola aufgelösten Beruhigungsmitteln« machte er die Mädchen gefügig, »mit Haschisch willenlos, um sie zu verführen.«

Das Erfolgsrezept von *Bild*: ›dranbleiben, hochkochen und noch eine Zugabe‹ wird immer gnadenloser eskaliert. »Wirklich ein makabrer Fall.« Und fettgedruckt: »Ich würde mich nicht wundern, wenn da noch Schlimmeres herauskommt«, lässt *Bild* »einen Mann von der Kripo« sagen.

Und es kommt noch schlimmer. *Bild* macht einen »Psychologen« zum Rufmordkomplizen (den es im Berliner Telefonbuch nicht gibt.) Seine angebliche Ferndiagnose ernennt den wehrlosen, inhaftierten Michael K. unter Wissenschaftsvorwand zum »Sadisten«: »Der Berliner Psychologe Konrad Spral (54) sieht in dem Bluttrinker Michael K. einen Sadisten.

Er glaubt, daß seine Freundinnen Masochistinnen waren, die Freude an körperlichen Schmerzen haben: ›Es kann sehr gut sein, daß das Lustempfinden bei der Blutentnahme und dem anschließenden Trinken des Blutes alle Hemmungen, wie zum Beispiel Ekel oder Angst, verdrängt hat.‹ Auch dem Tode der Mutter des Michael vor fünf Jahren mißt der Psychologe eine Bedeutung zu: ›Der Tod kann ein Trauma ausgelöst haben, das die sexuellen Abweichungen noch weiter verstärkt hat.‹« Und wenn die »wissenschaftliche Grundlage« einmal da ist, fällt es *Bild* nicht schwer, noch viel weiter zu gehen. Da wird der »Blutsauger« bei »Vollmond und Kerzenlicht« mit dem 1925 hingerichteten Massenmörder Fritz Haarmann aus Hannover verglichen, dem 24 Morde nachgewiesen wurden und der seine Opfer mit Bissen tötete.

»*Er sah aus wie Rasputin*«, lautete eine Überschrift. Eine andere: »*Die Freundin des ›Vampirs‹: statt Blumen schenkte er Blut*«.

Und was bis dahin nur unterschwellig vermittelt wurde, bekommt jetzt Kontur – eigentlich war Michael K. ein linker Terrorist. Unter der Überschrift: »Fotomontagen von Schah und Carter« schreibt *Bild*:

> »Militant war sein Äußeres: der ›Vampir‹ trug häufig Drillich-Kleidung! An seinen Wänden hingen Fotomontagen, auf denen Politiker (Schah, Carter) von Polizisten verprügelt werden und der Spruch: ›Gehirnwäsche tut not‹ über dem Foto des erschossenen Hanns Martin Schleyer.«

Schindlbeck an Eides statt: »Sonst habe ich mich immer bemüht, Berichte über Verbrechen nicht in auffälliger Form ins Blatt zu bringen.« Was – für die Verbrechen des Pinochet oder des Reza Pahlevi – zweifellos stimmt.

Ich treffe Michael K. in Frankfurt, spreche mit Freunden von ihm und laut *Bild* von ihm »willenlos gemachten und verführten« Freundinnen. Auch ich begegne Michael zuerst mit einer gewissen Befangenheit. Man soll doch nicht so tun – wie manche Intellektuelle in ihrem Hochmut –, als ob diese publizistische Großmacht nicht jeweils Spuren hinterließe. Es bleibt immer was hängen. Irgendetwas muss doch dran sein.

Die Fakten: Der Haftbefehl gegen Michael K. wurde aufgehoben. Der Tatverdacht »Rauschgiftmissbrauch« fiel in sich zusammen.

Übrig blieben: fünf schon ziemlich ausgetrocknete (und von daher als Drogen kaum mehr wirksame) Coca-Blätter, ein Gramm Gras, schlechte Qualität, in Frankfurt angebaut – ein paar Tabletten, die nicht unter das Drogengesetz fallen.

Und »Die wahre Hexenküche« mit Kübeln voll Blut? *Bild*: »Einmal schüttete er drei Liter weg, weil sie so schrecklich rochen.« Das war vergammelte rote Lackfarbe.

Übrig blieb: Ein Fläschchen mit 200 Milliliter eigenem Blut, haltbargemacht mit Natriumcitrat. Michael K. interessierte sich für Medizin und Lebensmittelchemie. Er experimentierte zur Bestimmung der Blutgruppe und der Gerinnungsdauer mit kleinen Mengen seines eigenen Blutes.

Er hat nie eine Metzgerlehre gemacht und auch noch nie im Leben Ochsenblut getrunken. Groß und stark werden will er (»nur 1,60 Meter groß«, *Bild*) auch nicht. Ihm reichen seine 1,83 Meter. Michael K. wurde weder wegen »Körperverletzung« (Blutabzapfen bei willenlos gemachten Opfern) noch wegen »Verführung Minderjähriger« angeklagt.

Die beiden von *Bild* zitierten unschuldigen Minderjährigen sind zwei recht aufgeklärte junge Damen, die zwar den Michael kannten, aber bei dem eher schüchternen und sensiblen Jungen es nie über eine normale Schulfreundschaft hinauskommen ließen.

Zu der im *Bild*-Sinne belastenden Verhaltensweise: »*Irrsinnig zärtlich* war er, sagen übereinstimmend mehrere Mädchen über Michael K.«, war es zum Bedauern von Michael nie gekommen.

Und die »belastenden Fotomontagen« in Michael K.s Wohnung! Der in *Bild* zitierte Spruch »Gehirnwäsche tut not« über einem Foto von Schleyer existiert nicht. Die Polizei, die schließlich vor dem Einbruch der *Bild*-Leute die Wohnung inspizierte, hat so einen Spruch nicht gefunden. Festgestellt und aktenkundig gemacht hat die Staatsanwaltschaft etwas ganz anderes, und hier beginnt der Kriminalfall eines publizistischen »Vampirismus«, der im Blatt allerdings nur sehr klein und nebenbei abgehandelt wurde.

Unter der Überschrift: »*Bei Nacht und Nebel: Polizei mit Pistolen gegen Bild*« empörte sich *Bild* über eine Haussuchung in den eigenen Redaktionsräumen. Wenn in Verdacht geratene Linke oder sonstige vermeintliche Staatsfeinde von einer Haussuchung betroffen sind, findet das in Springer-Blättern stets ungeteilten Beifall. Jetzt aber versteht *Bild* die Welt nicht mehr:

> »Was war geschehen? War in unseren Frankfurter Redaktionsräumen der Sturz der Republik vorbereitet worden? Hatten sich Terroristen eingenistet? Lag ein Zentner Heroin rum? Saß ein Massenmörder im Schrank? Der Anlaß war winzig: Es ging um die Beschaffung von Fotos eines Drogentäters.«

Der »winzige Anlaß« ist Einbruch und Hausfriedensbruch, schwerer Diebstahl, Verletzung von Persönlichkeitsrechten, Rufmord, Verleumdung und einiges mehr. Die Verfahren der Staatsanwaltschaft wurden eingeleitet gegen 14 *Bild*-Verantwortliche, gegen leitende wie Schindlbeck und gegen einfache Redakteure und Fotografen.

Verfahren wegen »Beleidigung« sind ebenfalls anhängig, denn *Bild*-Redakteure versuchten während der Redaktionsdurchsuchung den verantwortlichen Staatsanwalt Körner mit Zurufen wie »Goebbels«, »Mann im Gestapomantel«, »wie aus dem Verbrecheralbum« oder – wie gehabt – mit »Vampir« einzuschüchtern.

In der *Bild*-Redaktion wurde ein rein privater Lebenslauf von Michael K. sichergestellt, ebenso wie ein vertraulicher, von ihm ausgefüllter Fragebogen aus dem Besitz der Drogenberatungsstelle Frankfurt, wo er unter anderem folgende Sätze bewertet hatte:

»– Ich habe manchmal das Gefühl, daß andere über mich lachen …
– Ich träume tagsüber oft von Dingen, die doch nicht verwirklicht werden können …
– Ich grüble viel über mein bisheriges Leben nach …
– Ich neige zu großer Gewissenhaftigkeit …
– Meine Gefühle sind leicht verletzt …
– Es gibt Zeiten, in denen ich ganz traurig und niedergedrückt bin …
– Bedenkt man alles Leid dieser Erde, so kann man eigentlich nur wünschen, nicht geboren zu sein …«

Woher diese Unterlagen stammen, ob – wie zu vermuten, ebenfalls gestohlen – oder, was auf das Gleiche hinausläuft – einem bestechlichen Beamten abgekauft –, ist bisher nicht beweiskräftig festzustellen. Jedenfalls wurden diese rein privaten, persönlichen Daten und Unterlagen des Michael K. von der Frankfurter *Bild*-Redaktion zum Hauptquartier »Nachrichtenredaktion« nach Hamburg getickert.

Sichergestellt wurde ebenfalls die Durchschrift eines Gedächtnisprotokolls des Einbruchs, das in kleine Fetzen zerrissen auf mehrere Papierkörbe verteilt worden war. Daraus ließ sich der Tathergang rekonstruieren, ganz nach Wolf Schneiders Devise: »Man darf weder Fotos noch Bildbeschaffung auf eine zahme und appetitliche Weise betreiben«. Zwei *Bild*-Redakteure, Texter Fridolin G. und Fotograf Klaus K., waren für den heißen Auftrag bestimmt worden: »Ihr fährt jetzt mal zur Wohnung des Blutsaugers. Fotobeschaffung!« Eine Kamera brauchte erst gar nicht mitgenommen zu werden, ging es doch darum, einzusteigen und fremde Fotos zu entwenden.

Die beiden drückten die von der Polizei nur notdürftig vernagelte Wohnungstür ein, wurden beim Durchstöbern durch Schritte im Treppenhaus gestört und ließen in aller Hast erst mal nur sechs ihnen geeignet erscheinende Privatfotos des Michael K. mitgehen. Von einem nahe gelegenen Hotel aus telefonische Erfolgsmeldung an Schindlbeck und Peter V. Erste Reaktion: »Wahnsinnig, prima«, und die Order, noch mal zurückzugehen und die Türe wieder sorgfältig zu verschließen und schleunigst in die Redaktion zurückzukommen.

Dort triumphaler Empfang, Gratulation und zur Feier des Tages kleiner Sektumtrunk. Was in der Öffentlichkeit bisher nicht bekannt wurde: es blieb nicht bei diesem einen Einbruch:

Felix D., festangestellter Fotograf bei *Bild* und ein mit allen Wassern gewaschener Experte, war ebenfalls eingestiegen und holte gleich Dutzende von Fotos raus. Ein solches Überangebot, mit dem *Bild* ganze Serien hätte füllen können. Also ging der clevere *Bild*-Beschaffer auch bei anderen Blättern damit hausieren.

Bei dem offensichtlichen Versuch, den ersten Beutezug zu wiederholen, wurden Felix D. und Fridolin G. vor dem Haus ihres »Vampirs« festgenommen. Vorher gelang es ihnen noch, ihren Chef Schindlbeck telefonisch zu warnen. Daraufhin wurden in der Redaktion auch noch bequarzte holländische Spezial-Geräte zum illegalen Abhören spezieller Kripomitteilungen – über den normalen Polizeifunk hinaus – versteckt. Die Nacht über blieb Schindlbeck verschollen, auch noch am folgenden Tag. Er stellte sich erst, als die Staatsanwaltschaft ihn per Haftbefehl, bundesweit suchen lassen wollte.

»Was war schon geschehen?« heuchelte *Bild*, dass die Polizei gleich »in der Art eines Sturmangriffs« losschlagen musste, und in einem »Blitzfernschreiben« an alle Redaktionen ist gar von einem »kriegsmäßigen Polizeiaufmarsch« die Rede, der umso unverständlicher sei, da »die Rechtsabteilung des Springer-Verlages bereits vor der Aktion ihre Bereitschaft erklärt« hätte, »die Polizei bei der Aufklärung des Verdachts zu unterstützen«.

Das ist ungefähr so, als würde der Staatssicherheitsdienst der DDR der Bundesanwaltschaft gegenüber seine »Bereitschaft erklären«, sie bei der Aufklärung von Spionagefällen zu unterstützen, nachdem gerade wieder mal einige Bundestagssekretärinnen wegen Spionageverdachts hochgegangen sind.

Diese »Unterstützung« ging weiter:

Die drei ausführenden Täter Fridolin B., Klaus K. und Felix D. wurden zu ihrer Verwunderung mit 1. Klasse-Flug nach Hamburg zitiert, ins Hotel Plaza einquartiert und noch am selben Abend in die »Höhle des Löwen«, ins Hauptquartier befohlen. Dort Anhörung oder Verhör – je nach Standpunkt – vor der Springer-Rechtsabteilung, die mit großer Besetzung antrat: dem schneidigen, arroganten Anwalt Kühle, dem eher tapsigen Donald Moojer und der kaltschnäuzigen Chefin Renate Damm (»Ich bin ein hartes Mädchen und hier zuständig für Schmutz und Schund.«).

Felix D. schlägt vor, der Polizei zu erzählen, er habe die Fotos für 200 DM von einem Kripomann gekauft, um sich dann auf Informantenschutz zu berufen. Doch das ist den Hausjuristen zu windig.

Dann wird darüber debattiert, wie man die gestohlenen Fotos wieder loswird, Die Idee, sie dem Michael K. in den Briefkasten zu stecken, wird verworfen.

Es geht wohl nicht anders, einer muss den Sündenbock machen – und das soll wohl Klaus K. sein, der Einzige, der vor der Kripo ohne Absicherung und vorbehaltlos ein Geständnis abgelegt hat. Er gewinnt langsam den Eindruck, dass er als »Alleinschuldiger« geopfert und verheizt werden soll. Der Ausspruch seines Chefs und Auftraggebers Schindlbeck klingt ihm im Ohr: Vorfälle wie dieser »Einbruch seien nicht die Praktiken der *Bild*-Zeitung!« Und als er nach Hause zurückkehrt, liest er mit kühlem Kopf das Protokoll, das die Leiterin der Rechtsabteilung, Damm, von seiner Aussage angefertigt hat. Erst jetzt merkt er, dass überall, wo er von wir gesprochen hat, ein *ich* steht. Er begreift, dass *Bild* und der Konzern sich auf seine Kosten reinwaschen wollen.

Denen möchte er nicht weiter ausgeliefert sein und auch nie mehr in die Zwangssituation kommen, sich der Beihilfe für etwas schuldig zu machen, was das Lebenselixier des Blattes ist. Klaus K. steigt aus. Er entzieht dem *Bild*-Anwalt das Mandat und nimmt sich einen Verteidiger, von dem er glaubt, dass er unabhängig ist.

Renate Damm, die harte, fährt Klaus K. am Telefon ganz unbeherrscht an: Er sei »ein ganz mieser Kerl«. Und: »Menschlich sind Sie für uns unten durch!« Doch, sie sagt »menschlich«, Klaus K. kündigt seinen *Bild*-Vertrag, ohne bisher eine neue Stelle in Aussicht zu haben.

Seitdem hat er einige Schwierigkeiten: Zu Tag- und Nachtzeit werden Taxis in seinem Namen zu ihm beordert, die er nicht bestellt hat. – Und als er mit der Taxi-Zentrale Frankfurt ein Codewort vereinbart (»Kamera Nikon«), werden Taxis aus umliegenden Ortschaften zu ihm geschickt. Zweimal werden die Reifen seines Wagens durchstochen. Er erstattet Anzeige gegen *»Unbekannt«* und gibt eingeschüchtert zu Protokoll: »Ich will hier keine Redakteure der *Bild*-Zeitung dieser Handlungen bezichtigen, möchte nur vortragen, daß diese merkwürdigen Ereignisse sich zeitlich an meine Kündigung anschlossen.« –

Ein Besuch an seiner früheren Arbeitsstätte wird vom »Alleinvorstand« der Axel Springer AG, Tamm, zum Anlass genommen, gegen Klaus T. wegen »Hausfriedensbruch« Anzeige zu erstatten, obwohl nie ein Hausverbot gegen ihn ausgesprochen war. Klaus T. hatte die Redaktion besucht, um die Herausgabe eines bis dahin vorenthaltenen Zeugnisses zu verlangen. Da arbeitslos, brauchte er es für eine Stellenbewerbung.

Auch sein Ex-Chef Schindlbeck habe seine Kündigung eingereicht, gibt die *Bild*-Zeitung bekannt. Er habe als stellvertretender Redaktionsleiter die Verantwortung für den Vorfall übernommen und im Übrigen nach fünfjähriger *Bild*-Tätigkeit dort genug gelernt und würde sich gern mal anderen Aufgaben zuwenden. Eine reine Zweckmeldung zur Beschwichtigung der Öffentlichkeit: denn so ein Hauptverantwortlicher und Mitwisser wie Schindlbeck muss von der Zentrale gehalten werden. Er wird weiterhin im Impressum als Chefreporter geführt.

Ansonsten taucht er allerdings nach außen hin kaum noch auf (auch sein Name taucht im Springer-Telefonverzeichnis nicht mehr auf). Da wird er dann wohl im Stubenarrest unter Aufsicht der Rechtsabteilung zehntausendmal schreiben müssen: »Ich darf mich nicht erwischen lassen«. Und der tatsächlich existierende Vampir zapft seinen 4 Millionen willenlos gemachten Opfern tagtäglich weiter Hirn, Verstand und Phantasie ab.

*

Inzwischen haben Anwälte für Michael K. auf Anregung und mit Unterstützung meines Rechtshilfe-Fonds für *Bild*-Geschädigte Schadensersatz-Ansprüche geltend gemacht und 15 000 DM Schmerzensgeld erstritten.

Ganz unten

Die Verwandlung

Zehn Jahre habe ich diese Rolle vor mir hergeschoben. Wohl, weil ich geahnt habe, was mir bevorstehen würde. Ich hatte ganz einfach Angst.

Aus Erzählungen von Freunden, aus vielen Veröffentlichungen konnte ich mir ein Bild machen vom Leben der Ausländer in der Bundesrepublik. Ich wusste, dass fast die Hälfte der ausländischen Jugendlichen psychisch erkrankt ist. Sie können die zahllosen Zumutungen nicht mehr *verdauen*. Sie haben schlechte Chancen auf dem Arbeitsmarkt. Es gibt für sie, hier aufgewachsen, kein wirkliches Zurück in ihr Herkunftsland. Sie sind heimatlos.

Die Verschärfung des Asylrechts, der Fremdenhass, die zunehmende Gettoisierung – ich wusste davon und hatte es doch nie erfahren.

Im März 1983 gab ich folgende Anzeige in verschiedenen Zeitungen auf:

> **Ausländer**, kräftig, sucht Arbeit, egal was,
> auch Schwerst- u. Drecksarb., auch für
> wenig Geld. Angebote unter 358458

Viel war nicht nötig, um mich ins Abseits zu begeben, um zu einer ausgestoßenen Minderheit zu gehören, um *ganz unten* zu sein. Von einem Spezialisten ließ ich mir zwei dünne, sehr dunkel gefärbte Kontaktlinsen anfertigen, die ich Tag und Nacht tragen konnte. »Jetzt haben Sie einen stechenden Blick wie ein Südländer«, wunderte sich der Optiker. Normalerweise verlangen seine Kunden nur blaue Augen.

Ein schwarzes Haarteil verknotete ich mit meinen eigenen, inzwischen spärlich gewordenen Haaren. Ich wirkte dadurch um etliche Jahre jünger. So ging ich als 26- bis 30-Jähriger durch. Ich bekam Arbeiten und Jobs, an die ich nicht herangekommen wäre, wenn ich mein wirkliches Alter – ich bin inzwischen 43 – genannt hätte. So wirkte ich in meiner Rolle zwar jugendlicher, unverbrauchter und leistungsfähiger, aber sie machte mich gleichzeitig zu einem Außenseiter, der im letzten Dreck wie der letzte Dreck behandelt wurde. Das »Ausländerdeutsch«, das ich für die Zeit meiner Verwandlung benutzte, war so ungehobelt und unbeholfen, dass jeder, der sich die Mühe gemacht hat, einem hier lebenden Türken oder Griechen einmal wirklich zuzuhören, eigentlich hätte merken müssen, dass mit mir etwas nicht stimmte. Ich ließ lediglich ein paar Endsilben weg, stellte den Satzbau um oder sprach oft ganz einfach ein leicht gebrochenes »Kölsch«. Umso verblüffender die Wirkung: niemand wurde misstrauisch. Diese paar Kleinigkeiten genügten. Meine Verstellung bewirkte, dass man mir direkt und ehrlich zu verstehen gab, was man von mir hielt. Meine gespielte Torheit machte mich schlauer, eröffnete mir Einblicke in die Borniertheit und Eiseskälte einer Gesellschaft, die sich für so gescheit, souverän, endgültig und gerecht hält. Ich war der Narr, dem man die Wahrheit unverstellt sagt.

Sicher, ich war nicht wirklich ein Türke. Aber man muss sich verkleiden, um die Gesellschaft zu demaskieren, muss notfalls täuschen und sich verstellen, um die Wahrheit herauszufinden.

Ich weiß inzwischen immer noch nicht, *wie* ein Ausländer die täglichen Demütigungen, die Feindseligkeiten und den Hass verarbeitet. Aber ich weiß jetzt, was er zu ertragen hat und wie weit die Menschenverachtung in diesem Land gehen kann. Ein Stück Apartheid findet mitten unter uns statt – in unserer *Demokratie*. Die Erlebnisse haben alle meine Erwartungen übertroffen. In negativer Hinsicht. Ich habe mitten in der Bundesrepublik Zustände erlebt, wie sie eigentlich sonst nur in den Geschichtsbüchern über das 19. Jahrhundert beschrieben werden.

So dreckig, zermürbend und an die letzten Reserven gehend die Arbeit auch war, so sehr ich Menschenverachtung und Demütigungen zu spüren bekam: es hat mich nicht nur beschädigt, es hat mich auf eine andere Weise auch psychisch aufgebaut. In den Fabriken und auf der Baustelle habe ich – anders als während der Arbeit in der Redaktion der *Bild*-Zeitung – Freunde gewonnen und Solidarität erfahren, Freunde, denen ich aus Sicherheitsgründen meine Identität nicht preisgeben durfte. Jetzt, kurz vor Erscheinen des Buches, habe ich einige ins Vertrauen gezogen. Und es gab keinen, der mir wegen meiner Tarnung Vorwürfe gemacht hat. Im Gegenteil. Sie haben mich verstanden und empfanden auch die Provokationen innerhalb meiner Rolle als befreiend. Trotzdem musste ich zum Schutz meiner Kollegen ihre Namen in diesem Buch zum großen Teil verändern.

Köln, 7. Oktober 1985

Im letzten Dreck oder »vogelfrei, ich bin dabei.«

Ich glaube nicht, daß es möglich ist, ernstliche Änderungen zu erreichen, ohne irgendwie mit im Dreck zu stecken. Ich hege ein furchtbares Mißtrauen gegen jede Aktion »außerhalb«, die Gefahr läuft, nichts als leeres Geschwätz zu sein.

aus Odile Simon, Tagebuch einer Fabrikarbeiterin

Ich (Ali) versuche gerade, eine Stelle in den Jurid-Werken in Glinde bei Hamburg zu bekommen, Asbestverarbeitung, Bremsbeläge. Türkische Freunde berichten mir, dass an den gesundheitsschädlichsten Arbeitsplätzen vorwiegend Türken beschäftigt sind. Die strengen Sicherheitsbestimmungen für Asbestverarbeitung seien hier außer Kraft. Mit Luft würde der krebs- und todbringende Faserstaub hochgewirbelt. Feinstaubmasken würden häufig nicht getragen. Ich lerne einige ehemalige Arbeiter kennen, die nach halb- bis zweijähriger Arbeit dort schwere Bronchien- und Lungenschädigungen davongetragen haben und jetzt – bisher erfolglos – um die Anerkennung dieser Gesundheitsschäden als Berufskrankheit kämpfen.

Das Problem ist nur: zurzeit ist Einstellungsstopp. Einzelne haben es zwar immer wieder geschafft, dennoch eingestellt zu werden: über Bestechungsgelder an bestimmte Meister oder über »Geschenke«, echte Teppiche aus der Türkei oder eine wertvolle Goldmünze. Einen entsprechenden Familienschatz in Form einer Goldmünze aus dem alten osmanischen Reich habe ich über eine Münzhandlung bereits aufgetrieben, als ich durch einen Zufall auf das viel Näherliegende gestoßen werde. Ich erfahre, dass die August-Thyssen-Hütte (ATH) in Duisburg schon seit längerer Zeit die Stammbelegschaft abhaut und über Subfirmen billigere, willigere und schneller zu heuernde und auch zu feuernde Leiharbeiter einstellt. Seit 1974 wurden rund 17 000 Stammarbeiter entlassen, viele ihrer früheren Arbeiten machen jetzt Männer von Subunternehmen. Insgesamt hat Thyssen allein in Duisburg 400 solcher Firmen unter Vertrag. Ich lerne einen siebenundzwanzigjährigen türkischen Arbeiter kennen, der über das Arbeitsamt an das Subunternehmen Adler vermittelt wurde. Adler, erfahre ich, verkauft Arbeiter an das Unternehmen Remmert, Remmert wiederum an die ATH. Er erzählt von Arbeitsbedingungen und Ausbeutungsmethoden, die – nur berichtet und nicht erlebt und belegt – niemals geglaubt und allenfalls in die Zeit des finstersten Frühkapitalismus verwiesen würden. Warum also in die Ferne schweifen, liegt das Schlimme doch so nah.

Drei Uhr früh aufstehen, um fünf Uhr auf dem Stellplatz der Firma Remmert, Autobahnabfahrt Oberhausen-Buschhausen, zu sein. Remmert ist ein expandierendes Unternehmen. Auf zeitgemäßem grünem Firmenschild steht »Dienstleistungen«. Remmert beseitigt Schmutz in jedweder Form.

Fein- und Grobstaub, Giftschlamm und -müll, stinkende und faulende Öle, Fette und Filterreinigung bei Thyssen, Mannesmann, MAN und sonst wo immer. Allein der Wagenpark der Firma Remmert ist an die sieben Millionen DM wert. In die Firma Remmert integriert ist wiederum die Firma Adler: wie die Puppe in der Puppe. Adler verkauft uns an Remmert, und Remmert vermietet uns weiter an Thyssen. Den Hauptbatzen, den Thyssen zahlt – je nach Auftrag und Staub-, Schmutz- oder Gefahrenzulage zwischen 35 und 80 DM pro Stunde und Mann –, teilen sich die Geschäftspartner. Ein Almosen von fünf bis zehn DM wird von Adler an den Malocher ausgezahlt.

Die Remmert- beziehungsweise Adler-Arbeiter werden bei Thyssen häufig auch fest in der Produktion eingesetzt. Dann arbeiten – in der Kokerei zum Beispiel – Remmert- oder Adler-Arbeiter zusammen mit oder neben Thyssen-Arbeitern. Außerdem vermietet Remmert noch über 600 Putzfrauen in verschiedenen Städten der Bundesrepublik an die Großindustrie.

Ein Vorarbeiter steht vor einem abfahrbereiten schrottreifen Kleinbus und hakt auf einer Liste Namen ab. »Neu?« fragt er mich (Ali) kurz und knapp.

»Ja«, ist die Antwort.

»Schon hier gearbeitet?«

Mir ist nicht klar, ob die Antwort nützlich oder hinderlich für meine Einstellung sein könnte, darum zucke ich (Ali) vorsichtshalber mit den Schultern. »Du nix verstehn?« geht er auf mich ein.

»Neu«, geb ich das Stichwort zurück.

»Du gehn zu Kollega in Auto«, sagt er und zeigt auf einen klapprigen Mercedes-Kleinbus. Das war alles. So einfach erfolgt eine Einstellung in einem der modernsten Hüttenwerke Europas. Keine Papiere, nicht mal nach meinem Namen wird gefragt, auch meine Staatsbürgerschaft scheint vorerst keinen in diesem internationalen Unternehmen von Weltrang zu interessieren. Mir ist es nur recht so.

In der Karre sitzen neun Ausländer und zwei Deutsche zusammengequetscht. Die beiden Deutschen haben es sich auf dem einzigen festmontierten Sitz bequem gemacht. Die ausländischen Kollegen sitzen auf dem kalten ölverschmierten Metallboden des Wagens. Ich setze mich zu ihnen, sie rücken zusammen. Auf Türkisch spricht mich ein etwa Zwanzigjähriger an, ob ich Landsmann sei. Ich antworte auf Deutsch, »türkische Staatsbürgerschaft«. Ich sei jedoch in Griechenland (Piräus) bei der griechischen Mutter aufgewachsen. »Mein Vater war Türk, ließ mein Mutter mit mir allein, als ich ein Jahr war.«

Deshalb brauche ich auch so gut wie keine Türkisch-Kenntnisse zu haben. Das klingt plausibel, und die Legende hält auch das gesamte kommende halbe Jahr meiner Arbeit auf Thyssen stand. Wenn ich (Ali) nach dem Wohnort meiner Kindheit gefragt werde, kann ich von Piräus einiges erzählen. Immerhin war ich dort während der faschistischen Militärdiktatur 1974 zweieinhalb Monate inhaftiert. Einmal sollte ich in Verlegenheit kommen, als türkische Kollegen unbedingt von mir den Klang der griechischen Sprache hören wollen. Hier half mir die Verirrung meiner Schulzeit, als ich mich statt für Französisch für Altgriechisch entschied. Noch heute kann ich den Anfang der *Odyssee* auswendig: »Ándra moi énepe moúsa ...«*

* »Nenne mir, Muse, den Mann, den listenreichen, der vielfach wurde verschlagen ...«

Es fällt nicht auf, obwohl das Altgriechische vom Neugriechischen weiter entfernt ist als das Althochdeutsche vom Deutsch unserer Zeit.

Vollgepfropft, scheppernd und schlingernd setzt sich der Bus in Bewegung. Eine Bank ist aus der Verankerung gerissen, und in Kurven schleudert sie mehrfach gegen die ausländischen Kollegen am Boden. Dann fallen ein paar übereinander. Die Heizung ist defekt, und die hintere Tür schließt nicht, sie ist mit Draht umwickelt. Wenn einer bei plötzlichem Bremsen dagegen geschmissen wird, kann die Tür nachgeben, und er stürzt auf die Straße. Durchgerüttelt und durchgefroren endet für uns die Geisterfahrt nach fünfzehn Minuten erst einmal hinter Tor 20 bei Thyssen. Ein Kolonnenschieber stellt mir eine Stempelkarte aus, ein Werkschutzmann von Thyssen einen Tagespassierschein. Er nimmt Anstoß an meinem Namen: »Das ist doch kein Name. Das ist eine Krankheit. Das kann doch kein Mensch schreiben.« Ich muss ihn mehrfach buchstabieren: S–i–n–i–r–l–i–o–g–l–u. Er notiert ihn dennoch falsch als »Sinnlokus« und setzt ihn an die Stelle des Vornamens. Aus meinem zweiten Vornamen Levent wird der Nachname gemacht. »Wie kann man nur so einen Namen haben!« beruhigt er sich bis zuletzt nicht, obwohl sein eigener »Symanowski« oder so ähnlich für einen Türken wohl auch seine Schwierigkeiten hätte und auf polnische Vorfahren schließen lässt. Die polnischen Arbeitsemigranten, die im vorigen Jahrhundert ins Ruhrgebiet geholt wurden, waren im Übrigen ähnlich verfemt und erst einmal ghettoisiert wie heutzutage die Türken. Es gab Städte im Ruhrgebiet, in denen zu über 50 Prozent Polen lebten, die lange Zeit ihre Sprache und Kultur beibehielten.

Während ich mich beim Stempeln etwas schwertue, bemerkt ein deutscher Arbeiter, der durch mich einige Sekunden aufgehalten wird: »Bei euch in Afrika stempelt man wohl auf dem Kopf!«

Der türkische Kollege Mehmet hilft mir und zeigt, wie man die Karte richtig herum reinsteckt. Ich spüre, wie die anderen ausländischen Kollegen die Bemerkung des Deutschen auch auf sich beziehen. Ich merke es an ihren beschämt-resignierten Blicken. Keiner wagt etwas zu entgegnen. Ich erlebe immer wieder, wie sie auch schwerste Beleidigungen scheinbar überhören und wegstecken. Es ist wohl auch Angst vor einer provozierten Schlägerei. Die Erfahrung lehrt, dass die Ausländer dann meistens als die Schuldigen hingestellt werden und unter diesem Vorwand ihre Stelle verlieren. Da lassen sie lieber das tägliche Unrecht an sich geschehen, wenden sich ab, um keinen Vorwand zu liefern.

Wir werden weiter durch die Fabrikstadt gerüttelt und kurz darauf auf einem Container-Stellplatz abgeladen. Hier lässt man uns allmorgendlich im Freien bei klirrender Kälte, Regen oder Schnee stehen, bis der »Sheriff« im Mercedes erscheint, ein Oberaufseher, bullig und kräftig, der selbst jedoch keinen Finger rührt, sondern ausschließlich dazu da ist, »seine Leute« einzuteilen, anzutreiben und zu kontrollieren. Zentel, Anfang bis Mitte dreißig, festangestellt bei Remmert, wird hin und wieder auf Adlerfeste eingeladen und gilt als dessen V-Mann und Vertrauter. Es ist jetzt kurz nach sechs Uhr. Neue Kollegen klettern aus weiteren Remmert-Wagen, steifgefroren zittern wir uns in der Dunkelheit einen ab. Der Container ist Aufbewahrungsort für die Werkzeuge, für Schubkarren, Schaufeln, Hacken, Pressluftgeräte und Absaugrohre, für uns bleibt da kein Platz.

Um uns herum ein Fauchen, Stöhnen und Zischen, ein an- und wieder abschwellendes Brüllen aus den umliegenden Fabrikhallen. Hier siehst du keinen richtigen Himmel, nur das rötliche Zucken der Wolken. Aus hohen Schloten fackelt ein bläuliches Licht. Eine Fabrikstadt aus Rauch und Ruß, weit in die umliegenden Wohnviertel übergreifend. In der Längsachse erstreckt sich das Werk über zwanzig Kilometer, in der Breite bis zu acht Kilometer.

Es kommt Bewegung in unseren Haufen. Der Sheriff, in seinem khakifarbenen Dress einem Söldner ähnelnd, hat das Fenster seines Mercedes ein wenig heruntergekurbelt und ruft die Namen zum Zählappell auf. Er teilt die Arbeitskolonnen täglich neu ein. Jedes Mal werden sie anders zusammengewürfelt. Dadurch kann nie eine gewachsene Gruppe auf einer Vertrauensbasis entstehen. Immer wieder ein neues Sich-aufeinander-einstellen-Müssen, auch neue Rang- und Rivalitätskämpfe. Vielleicht ist es Gedankenlosigkeit oder Willkür, vielleicht aber auch beabsichtigtes Kalkül. In einer Gruppe, in der keiner den anderen richtig kennt, ist solidarisches Handeln schwer durchsetzbar, überwiegen Konkurrenz, Misstrauen und Angst voreinander.

Mein Name wird aufgerufen. Von hinten zieht mich jemand heftig am Ohr. Es ist der Kolonnenschieber, der mir auf diese Weise klarmachen will, wo's langgeht, welchem Trupp ich mich anschließen soll. Er grinst mich (Ali) dabei an und meint's wahrscheinlich gar nicht böse, obwohl ich es erstmal so empfinde. Wir werden behandelt wie Haus- oder Arbeitstiere.

Wir werden an einem Förderturm abgesetzt, und im Halbdunkel kraxeln wir mit Schippen, Hacken, Schubkarren und Pressluftbohrer etliche Etagen hoch, um unter Förderbändern übergelaufene und aneinander gepappte Schlacken loszukloppen. Der Wind bläst bei mehr als zehn Grad minus durch und durch, und wir legen von selbst ein Mordstempo vor, um uns von innen etwas aufzuwärmen. Als sich nach einer Stunde unser Kolonnenschieber verdrückt, weil er mehr symbolisch mit anpackt und deshalb schneller durchfriert, versuchen wir ein Feuer zum Aufwärmen zu entfachen. Das ist leichter gesagt als getan. Ringsum lodert das Feuer auf der Hütte, die Glut ergießt sich automatisch in riesige Waggons, die aussehen, als ob sie mächtige Bomben transportierten, oder schießt als glühender Strang in vorgesehene Rinnen.

In Bottichen von der Höhe eines mehrstöckigen Hauses brodelt die gleißende Glut, aber hier auf unserem Förderturm ein kleines Feuerchen zu machen, erfordert Anstrengung und Phantasie. Koksbrocken suchen wir uns zwischen den Förderbändern, einige Holzplanken – sie dienten anderen Kollegen als Sitzgelegenheit in der Pause – zerkleinern wir mit dem Pressluftbohrer. Aber am Papier scheitert's erst einmal. Schließlich finden wir doch ein paar leere Zigarettenschachteln und einige angerotzte Tempotaschentücher, und so ganz allmählich, unter Zuhilfenahme eines Pressluftblasrohrs, entfachen wir die Glut in einer Schubkarre. Bevor das Feuer uns jedoch wärmen kann, werden wir wieder abkommandiert. Der Vorarbeiter erscheint und befiehlt: »Alles runter, Werkzeuge mitnehmen, zack, zack.« Wir versuchen das Feuer noch zu retten, aber es geht nicht, die Schubkarre ist inzwischen glühend heiß. Ich kann mich einfühlen in die Probleme der Steinzeitmenschen, die das Feuer gehütet haben wie das kostbarste, heiligste Gut. Wieder in die alte Karre gekrochen, hocken wir zusammengepfercht und aneinandergekauert, werden wieder durch die Finsternis geschüttelt, die hie und da von fahlen Produktionsblitzen erhellt wird. Immer noch innerhalb des Fabrikgeländes, aber in einem ganz anderen Ortsteil, in Schwelgern, werden wir abgeladen, im Bereich der Koksmühle. Es geht mehrere Treppenabsätze in die Tiefe, das Licht sickert spärlicher, es wird immer düsterer, immer staubiger. Du meinst, es ist bereits jetzt ein wahnsinniger Staub, den man kaum aushalten kann. Aber es geht erst los. Du bekommst ein Pressluftgebläse in die Hand gedrückt und musst damit die fingerdick liegenden Staubschichten auf den Maschinen und in den Ritzen dazwischen aufwirbeln. Im Nu entsteht eine solche Staubkonzentration, dass du die Hand nicht mehr vor den Augen siehst. Du atmest den Staub nicht nur ein, du schluckst und frisst ihn. Es würgt dich. Jeder Atemzug ist eine Qual. Du versuchst zwischendurch die Luft anzuhalten, aber es gibt kein Entfliehen, weil du die Arbeit machen musst. Der Vorarbeiter steht wie der Aufseher eines Sträflingskommandos am Treppenabsatz, wo ein wenig Frischluft reinzieht. Er sagt: »Beeilung! Dann seid ihr in zwei, drei Stunden fertig und dürft wieder an die frische Luft.«

Drei Stunden, das bedeutet über dreitausendmal Luft holen, das bedeutet die Lunge vollpumpen mit dem Koksstaub. Es riecht zudem nach Koksgas, man wird leicht benommen. Als ich nach Atemschutzmasken frage, klärt Mehmet mich auf: »Bekommen wir keine, weil Arbeit dann nicht so schnell und Chef sagt, haben kein Geld für.« Selbst die Kollegen, die schon länger hier sind, zeigen Angst. Helmut, ein knapp dreißigjähriger Deutscher, der aussieht, als sei er bald 50, erinnert sich: »Vor einem Jahr sind durch plötzlich auftretendes Gas im Hochofenbereich sechs Kollegen totgegangen. Statt runterzuklettern sind sie in Todespanik hoch, das Gas steigt mit hoch. Ein guter Kumpel von mir, der in der gleichen Kolonne arbeitete, ist nur dadurch davongekommen, weil er am Abend vorher gesoffen hatte und noch morgens so stramm war, dass er verpennte.«

Während wir, in Staubschwaden stehend, den Staub vom Boden in Plastiksäcke schaufeln, stürzen Thyssenmonteure, die einige Meter unter uns arbeiten, an uns vorbei und laufen die Treppe hoch ins Freie. »Ihr seid bekloppt, in so 'nem Dreck kann man doch nicht arbeiten!« ruft uns einer im Vorbeilaufen zu. Und eine halbe Stunde später beehrt uns ein Sicherheitsbeauftragter der Thyssenhütte mit seinem Besuch. Im Vorbeihasten und während er sich die Nase zuhält, teilt er uns mit: »Die Kollegen haben sich beschwert, dass sie in dem Dreck, den ihr macht, nicht mehr arbeiten können. Macht gefälligst mal schnell, dass ihr damit fertig werdet.« Und schon ist er wieder weg. Die Arbeit dauert bis Schichtschluss. Die letzte Stunde heißt's, die schweren Staubsäcke auf dem Rücken die eiserne Treppe hoch ins Freie zu schleppen und in einen Container zu schmeißen. Trotz der schweren Knochenarbeit empfinde ich es wie eine Erlösung, oben kurz »frische Luft« schnappen zu können.

In einer zwanzigminütigen Pause setzen wir uns auf die Eisentreppe, wo etwas weniger Staub ist. Die türkischen Kollegen bestehen darauf, dass ich von ihren Broten mitesse, als sie sehen, dass ich nichts dabei habe. Nedim, der älteste von ihnen, gießt mir aus seiner Thermoskanne warmen Tee ein. Sie geben untereinander von ihrem Wenigen ab und gehen insgesamt miteinander sanft und freundlich um, wie ich es bei deutschen Arbeitern selten erlebt habe. Es fällt auf, dass sie während der Pause meist getrennt von den deutschen Kollegen sitzen und nur selten Türkisch miteinander reden. Meist verständigen sie sich in sehr schlechtem Deutsch oder sie schweigen, während die deutschen Kollegen das große Wort führen. Nedim klärt mich später einmal über den Grund auf: »Die Deutschen meinen, wir reden schlecht über sie. Und ein paar meinen, wir werden zu stark, wenn wir Türkisch zusammen reden. Sie wollen alles mitkriegen, damit sie uns besser kommandieren können.« Ich erlebe es später selbst, als Alfred, ein Wortführer der Deutschen, einmal wutentbrannt dazwischenfährt, als die türkischen Kollegen in der Pause miteinander Türkisch reden: »Sprecht gefälligst Deutsch, wenn ihr was zu sagen habt. In Deutschland wird immer noch anständiges Deutsch gesprochen. Eure Arschsprache könnt ihr noch lange genug bei euch am Arsch der Welt sprechen, wenn ihr hoffentlich bald wieder zu Hause seid.«

Als ich mit Nedim später darüber rede, bringt er mir ein Papier eines türkischen Arbeitskollegen aus Lünen mit, der es aus dem »Haus der Jugend«, einer kommunalen Einrichtung, mitgenommen hat. In den »Verhaltensrichtlinien für ausländische Besucher« steht:

- »In Anwesenheit von Deutschen (sollte) Deutsch gesprochen werden, zumindest wenn über Deutsche gesprochen wird.«
- »Wir hier in Deutschland (gehen) für zwei Tage nicht in die Gesellschaft von anderen Menschen, wenn wir Knoblauch gegessen haben, und wir erwarten dasselbe von unseren Gästen.«
- Wenn die ausländischen Jugendlichen glauben, sie hätten »ein Nutzungsrecht für das Haus der Jugend, weil sie, ihr Vater oder irgendein Onkel hier in Deutschland Steuern zahlen, stimmt dies auch in etwa, soweit sich diese Jugendlichen in die hiesigen Sitten und Gepflogenheiten integrieren, aber nur dann!«

Solche ausgedruckten Richtlinien gibt es bei Thyssen nicht, jedoch die Erwartungshaltung ist bei vielen Deutschen ähnlich, und die türkischen Kollegen verhalten sich meist entsprechend, nehmen sich zurück, nur um nicht zu »provozieren«.

Am nächsten Tag Arbeit in zehn Meter Höhe im Freien bei siebzehn Grad Kälte. Überall Totenkopfschilder mit der Aufschrift: »*Unbefugten Zutritt nicht gestattet!*«, »*Vorsicht, Gasgefahr!*« Und an einigen Stellen: »*Atemschutzgerät tragen!*«

Keiner hat uns über die Gefahren aufgeklärt, und »Schutzgeräte« gibt's auch nicht. Und ob wir zu den »Befugten« oder »Unbefugten« gehören, wissen wir selber nicht.

Unser Stoßtrupp hat auf Metallbühnen halbgefrorene Matschberge loszuhacken und wegzuschaufeln, die aus mächtigen Rohren herausgequollen sind.

Ein eisiger Wind pfeift hier oben, die Ohren frieren einem fast ab, und die Finger sind taub vor Kälte unter den Arbeitshandschuhen. Kein Thyssen-Arbeiter braucht bei diesen Temperaturen im Freien zu schuften, in der gesamten Bauindustrie gibt's Schlechtwettergeld, wir müssen ran. Mit großen Hacken rücken wir erstmal den äußeren Verkrustungen zu Leibe, es springen einem ständig kleinere Stücke ins Gesicht. Eigentlich bräuchte man eine Schutzbrille, aber da wagt schon keiner mehr nachzufragen. Aus dem Dreck steigen beißende Rauchschwaden, die einem manchmal die Sicht nehmen. Mit Schubkarren befördern wir die Matsche zu Fallrohren. Ständig verbiegen sich unter der Last die Schippen, und selbst die Schubkarren müssen wieder geradegekloppt werden. Ein tosender Lärm dringt aus den umliegenden Maschinenräumen, so dass man sich kaum verständigen kann. Diesmal braucht's den Aufpasser nicht, der sich in irgendeine Kantine verpisst hat. Wir werden von selbst zu Höchstleistungen angetrieben, weil bei der kleinsten Pause die Kälte unerträglich wird. Hin und wieder stiehlt sich schon mal einer weg von uns und stürzt sich in einen kleinen Maschinenraum. Dort tost und donnert es wie im Innern der Niagarafälle, aber die Maschinen sind warm. Da pressen wir uns gegen die Maschine und umarmen sie regelrecht, um etwas Wärme mitzukriegen. Es ist nicht ganz ungefährlich, weil da gleichzeitig eine Pleuelstange rotiert. Man muss schon aufpassen, dass einem nicht ein Finger abgerissen wird. Als ich an das falsche Blech fasse, gibt's ein grauenhaftes Krachen und Kreischen, und Funken stieben, als ob da im nächsten Augenblick alles auseinanderfliegt.

Dann wieder die Fronarbeit draußen, zitternd und blau angelaufen. Jussuf, ein tunesischer Kollege, bringt es nach sechsstündiger Arbeit auf den Punkt. Er sagt: »Kalte Hölle hier.« Und: »Auf Sklaven früher hat man mehr Rücksicht genommen. Sie waren noch was wert, und man wollte ihre Arbeit möglichst lang haben. Bei uns egal, wie schnell kaputt. Genug Neue da und warten, dass Arbeit kriegen.«

Zwischendurch kommt ein Sicherheitsingenieur von Thyssen vorbei und fuchtelt mit einem Kasten an den Rohren herum. Er klopft dran herum, murmelt »kann überhaupt nicht sein« und schaut erschreckt zu uns hin.

Ich (Ali) sprech ihn an: »Was is für komisch Kasten? Was is da drin?« – »Damit mess ich Gas«, erklärt er und: »Habt ihr etwa kein Messgerät hier? Dann dürft ihr eigentlich hier nicht arbeiten.« – Er erklärt, wenn der Zeiger über eine bestimmte Markierung hinausschlägt, sei höchste Gefahr und wir müssten den Bereich sofort verlassen, da man sonst sehr schnell ohnmächtig werden könnte. Der Zeiger weist aber die ganze Zeit knapp über die Markierung hinaus. Als ich (Ali) ihn darauf hinweise, beruhigt er mich: »Das kann überhaupt nicht sein. Das Gerät ist defekt. Ich hol ein neues.« – Er holt ein neues. Es dauert eine halbe Stunde, bis er zurück ist, und der Zeiger auf dem neuen Messgerät schlägt wiederum bis knapp oberhalb der Markierung an. Ungehalten klopft er am Gerät herum und versucht, mich (Ali) zu beruhigen: »Das gibt's doch nicht. Das Scheißding tut's auch wieder nicht.« – Als ich (Ali) ihn zweifelnd anschaue: »Selbst wenn es korrekt anzeigt, wäre bei diesem Wert noch kein Grund zur Panik. Außerdem bläst der Wind das Gas ja weg.« Und er zieht mit seinem Zauberkasten wieder von dannen, und wir trösten uns mit dem eisigen Wind über den eventuellen Gasaustritt hinweg.

Der türkische Kollege Helveli Raci erlebt ein paar Wochen später am gleichen Arbeitsplatz Ähnliches:

»Da gab es so einen Apparat, der gab plötzlich Signale. Ich hab danach gefragt, was das für Signale sind. Und die haben geantwortet, wenn Gas ausströmt, dass die Apparate dann Signale geben. Und dann sagte ich, es gibt ja hier Gas, der Apparat gibt Signale, sollen wir aufhören? Der Meister sagte, auf keinen Fall, macht mal weiter. Wir haben weitergearbeitet, und der hat den Apparat mitgenommen. Und später kam er wieder mit demselben Apparat, hat er wieder angelegt, und der Apparat gab weiter Signale. Ich sag, hier stimmt was nicht. Da sagt er, der Apparat muss kaputt sein. Und deshalb nahm er den Apparat nochmal mit, kam nachher und versuchte, mit dem Apparat was zu machen, dass der nicht läutet. Aber später läutete er nochmal und gab nochmal Signale. Ja, und so verbrachten wir den ganzen Tag da oben.

Es wurde einigen von uns schlecht, aber wir mussten weiterarbeiten. Die geben uns keine Gasmasken. Und wir von den Subunternehmerfirmen, wir dürfen da arbeiten, so frei und so frei da atmen, kannst du von kaputtgehen. Die interessiert das nicht. Die interessiert nur, dass Arbeit fertiggemacht wird und sonst nichts.«

Das Tragen von Sicherheitsschuhen mit Stahlkappe vorne ist Vorschrift bei Thyssen. Ebenso das Tragen von Schutzhelmen. Nach den gesetzlichen Bestimmungen müsste uns Adler diese Sachen stellen, ebenfalls Arbeitshandschuhe. Adler spart jedoch auch hier. Er betrügt im Großen wie im Kleinen. »Viel Kleinvieh gibt auch Mist«, ist eine seiner Devisen. – Wenn »Leute« rar sind, drücken die Vorarbeiter und Thyssenmeister ein Auge zu und lassen Neue von Adler auch schon mal in Turnschuhen arbeiten, obwohl bei unserer Arbeit ständig Gefahren drohen, zum Beispiel durch herunterfallende Teile, umkippende überladene Schubkarren, Hubwagen oder vorbeifahrende Gabelstapler. Ich habe bis zuletzt keine ordnungsgemäßen Arbeitsschuhe mit Stahlkappen getragen, etliche andere Kollegen ebenfalls. Ich habe Glück gehabt, dass nichts passiert ist.

Die Arbeitshandschuhe suchen wir uns in Abfalleimern oder Müllcontainern zusammen. Meist ölverschmierte oder eingerissene von Thyssen-Arbeitern, die sie weggeschmissen haben, nachdem die Hütte ihnen neue gegeben hat.

Die Schutzhelme müssen wir uns kaufen oder man hat das

Glück, mal einen stark ramponierten, weggeworfenen zu finden. Die Köpfe der deutschen Kollegen werden schützenswerter und wertvoller als die der Ausländer eingeschätzt. Zweimal riss mir (Ali) Vorarbeiter Zentel meinen Helm vom Kopf, um ihn deutschen Kollegen zu geben, die ihren vergessen hatten.

Als ich (Ali) beim ersten Mal protestierte: »Moment, hab ich gekauft, gehört mir«, wies mich Zentel in die Schranken: »Dir gehört hier gar nichts, höchstens ein feuchter Dreck. Du kannst ihn dir nach der Schicht wiedergeben lassen.« – Da wirst du ruckzuck enteignet, ohne gefragt zu werden. Beim zweiten Mal wurde ich mit einem neuen Deutschen eingeteilt, der seinen Helm kostenlos von Remmert gestellt bekommt, aber im Augenblick noch ohne Helm arbeitete. Wieder sollte Ali seinen Kopf für ihn hinhalten. Diesmal weigerte er sich: »Is privat, gehört mir. Mach ich nich. Kann entlasse werd, wenn ich ohn Helm arbeit.« Darauf der Vorarbeiter: »Du ihm Helm geben. Sonst ich dich entlassen. Und zwar auf der Stelle!« – Darauf beugte sich Ali der Gewalt und arbeitete die ganze Schicht ohne Helm in einem Abschnitt der Brammenstraße, wo einige Meter von uns entfernt mehrfach noch glühende Erzbrocken niederdonnerten. Wären sie mir auf den Kopf gefallen, hätte ich zumindest Verbrennungen davongetragen.

Der deutsche Kollege Werner nahm es mit der größten Selbstverständlichkeit hin, dass sein Schutz zu meinen Lasten ging. Als ich (Ali) ihn darauf anspreche, meint er nur: »Kann ich auch nichts dran ändern. Ich tu nur, was man mir sagt. Musst du dich woanders beschweren, bin ich die falsche Adresse für.« – Später lässt er Ali auch noch seine Verachtung spüren: »Ihr Adler-Leute seid doch rein gar nichts. Euch kann doch keiner für voll nehmen. Für die paar Mark würde ich keine Schaufel in die Hand nehmen.« Das heißt so viel wie: du hast doch keinerlei Rechte. Dich gibt's doch offiziell gar nicht hier. Du hast weder Papiere noch einen Arbeitsvertrag noch sonst was.

Und deshalb blickt er auf uns herab. Er als Deutscher ist bei Remmert privilegiert. Er erhält Überstunden- und Feiertagszuschläge ausbezahlt und als Stundenlohn 11,28 DM brutto. (Schmutzzulagen allerdings zahlt Remmert nicht, obwohl meist in schmierigem Fett, altem, stinkendem Öl, dickstem Metallstaub gearbeitet wird.)

Wir bei Adler sollen dieselbe Arbeit für noch weniger Lohn machen – wie wenig, soll sich noch herausstellen.

Ich (Ali) miete mir in der Duisburger Dieselstraße eine kleine Anderthalb-Zimmer-Wohnung. Ich will die Annäherung an Ali ein Stück weiter entwickeln, will wirklich leben wie ein türkischer Arbeiter in der Bundesrepublik, nicht nur lange Ausflüge an die Arbeitsplätze machen. Ich identifiziere mich mehr und mehr mit der Rolle: Nachts spreche ich jetzt oft im Schlaf in gebrochenem Deutsch. Ich weiß jetzt, wie viel Kraft es kostet, für einige Zeit zu ertragen, was die ausländischen Kollegen ihr ganzes Leben lang ertragen müssen. Es ist nicht besonders schwer, diese Wohnung zu finden, denn Bruckhausen ist ein sterbender Stadtteil. Jahrelang hatten hier fast nur Türken gelebt, viele von ihnen sind inzwischen in ihre Heimat zurückgekehrt. Zahlreiche Häuser stehen leer oder sind so verslumt, dass sie nicht mehr bewohnbar sind. Die Wohnung hat weder Spüle noch Dusche, Toilette im Flur für mehrere Mietparteien, und kostet 180 Mark Miete. Bei der Renovierung leiste ich mir einen grandiosen Luxus: mitten im Zimmer installiert mir ein Freund eine Badewanne.

Ich versuche, mir mein neues Zuhause etwas schöner zu gestalten. Zwei Müllcontainer Schutt und Dreck räume ich aus dem Vorgarten. Die Nachbarn hatten hier ihren Unrat abgeladen, weil das die »Lebensqualität« der Gegend auch nicht mehr weiter verschlechtern konnte. Dieses Bruckhausen liegt unmittelbar neben der Hütte. Wer hier alt werden will, muss eine ausgesprochen robuste Gesundheit haben. An vielen Stellen gibt es

Aushänge, die dazu auffordern, eine bestimmte Telefonnummer zu wählen, wenn es mal wieder besonders schlimm stinkt. Aber hier stinkt es fast immer besonders schlimm.

Trotzdem will ich mich in Bruckhausen niederlassen. Noch bin ich hier nicht ganz allein. Vielleicht kann man ja auch mal in meinem wiederhergerichteten winzigen Garten ein Sommerfest mit den Nachbarn oder Kollegen feiern …

Es ist Not

Es gibt Kollegen, die arbeiten monatelang durch, ohne einen freien Tag. Sie werden gehalten wie Arbeitstiere. Sie haben kein Privatleben mehr. Sie werden nach Hause gelassen, weil es für die Firma billiger ist, dass sie ihre Schlafstellen selber bezahlen. Sonst wäre es für sie praktischer, gleich auf der Hütte oder bei Remmert zu nächtigen. Es sind in der Regel jüngere. Spätestens nach ein paar Jahren im Thyssendreck sind sie verbraucht und verschlissen, ausgelaugt und krank – oft fürs Leben. Für die Unternehmer sind sie Wegwerfmenschen, Austauscharbeiter, es gibt ja genug davon, die Schlange stehen, um Arbeit zu bekommen und für jede, wirklich jede Arbeit dankbar sind. Dieser Verschleiß erklärt auch, warum selten jemand länger als ein, zwei Jahre diese Arbeit aushält. Oft genügen ein, zwei Monate, um einen Schaden fürs Leben zu bekommen. Besonders, wenn Doppel- und Dreifachschichten angesagt sind. Ein knapp zwanzigjähriger Kollege arbeitet regelmäßig seine 300 bis 350 Stunden monatlich. Die Thyssenmeister wissen es, die Hütte profitiert davon, die Beweise werden auf Thyssen-Stempeluhren gedrückt und aufbewahrt.

Thyssen fordert die Stoßtrupps von Remmert oft sehr plötzlich an. Da kommt es vor, dass Kollegen nach anstrengender Arbeit von Duisburg nach Oberhausen zurückverfrachtet, bereits unter der Dusche stehen und der Sheriff sie dort wegholt und für eine Anschlussschicht wieder in den Dreck zurückschickt. Oder Leute werden über Telefon aus den Betten geklingelt und zur Arbeit kommandiert, wenn sie gerade nach totaler Erschöpfung den ersten Schlaf gefunden haben. Die meisten, auch jüngere und recht kräftige, die man fragt, sagen, länger als 15 oder 16 Schichten in der Woche hält man das nicht aus. Wenn man dann mal ein Wochenende frei hat, schläft man die freie Zeit wie ein Toter durch.

Da gibt's den jungen F., der fast jeden Samstag, Sonntag durcharbeitet, zwei Schichten hintereinander. Er lässt alles mit sich machen, beschwert sich nie. Er kriecht in die dreckigsten Löcher, ohne zu murren, kratzt triefende, stinkende und heiße Fettschichten, den Rotz der Maschinen, weg und ist nachher selbst mit glitschigem Fett überzogen. Er ist immer wie entrückt, hat ein altes, verklärtes Gesicht und redet selten zusammenhängend. Er ist der älteste von zwölf Geschwistern, vier sind außer Haus. Er lebt mit seinen acht Geschwistern bei seinen Eltern in einer 100-Quadratmeter-Wohnung. Er ist immer hungrig; wenn einer seine Brote nicht isst, dann ist F. zur Stelle. Er gibt bis auf 100 Mark monatlich sein ganzes Geld zu Hause ab, damit die Familie über die Runden kommt.

Immer wenn sich welche über die Arbeit beschweren, hält er dagegen: »Wir können froh sein, dass wir überhaupt Arbeit haben« und: »Ich mach alles.« Als wir einmal beim Pausemachen von einem Thyssenkontrolleur entdeckt wurden, war er der Einzige, der malochte. Von dem Aufpasser wurde er deshalb auch lobend erwähnt.

Er berichtet, dass sein Rekordarbeitseinsatz vierzig Stunden beträgt, mit fünf bis sechs Stunden Pause dazwischen. Vor ein paar Wochen noch, erzählt er, arbeitete er 24 Stunden am Stück durch. Er schaut ständig in Papierkörbe und Container rein und sammelt verdreckte Arbeitshandschuhe ein, die Thyssen-Arbeiter da reingeschmissen haben. Auch ein einzelner Handschuh ist für ihn von Interesse. Irgendwann findet er schon ein passendes Gegenstück. Er sammelt und sammelt, hat schon einen ganzen Stoß, an die zwanzig Stück. Ich (Ali) frage ihn: »Was machst du damit? So viel Handschuh kannst du doch gar nicht alle tragen.« Er: »Weiß man nicht. Wir kriegen ja keine Handschuhe. Kannst froh sein, dass sie hier liegen. Mensch, was meinst du, was ich sammle. Brauchst auch immer mehrere Schutzhelme, wenn dir mal was auf den Kopf fällt.« Er tut mir leid. Er strahlt immer.

Einige Wochen später erlebe ich, dass F., der wieder mal zur Doppelschicht am Wochenende eingeteilt werden soll, den Sheriff anfleht: »Ich kann nicht mehr! Ich kann nicht, ich schaff's nicht.« – »Was, du hast hier doch immer durchgehalten!« – »Bitte, heute nicht. Bitte, bitte.« Der Sheriff: »Ich werd's mir merken. Bisher war auf dich immer Verlass.« – Ich (Ali) gratuliere ihm nachher: »Find ich gut, dass du heut ›nein‹ sag has, bis ja auch kaputt.«

Er konnte einfach nicht mehr. Er konnte kaum noch laufen und sich auf den Beinen halten. Er war aschfahl im Gesicht, und seine Hände zitterten.

Ein Kollege erzählt, dass sie im vorigen Jahr über die Osterfeiertage 36 Stunden ohne Schlaf durchgearbeitet haben: »Damals hat der Remmert den Auftrag gehabt, ein Farbband bei Opel in Bochum zu reinigen. Die Arbeit musste unbedingt fertig werden, da am Dienstag nach Ostern um sechs Uhr die neue Schicht weiterarbeiten sollte.« Die Marathonschicht in dem Auto-Werk war aber für den Kollegen noch nicht der stundenmäßige »Höhepunkt«. »Vor zwei Jahren haben wir mal in einem Sport-Hotel in der Nähe von Frankfurt gearbeitet. Mit der Kolonne, mit der wir da runtergefahren sind, haben wir bis zum Umfallen geschuftet – ungefähr fünfzig Stunden lang.«

Der deutsche Kollege Hermann T., etwa 35, ist einer der eifrigsten »Stundenmacher« bei Remmert. Man sieht es ihm an.

Grauweiß im Gesicht. Ganz ausgelaugt und spindeldürr. Er war eine Zeitlang arbeitslos und ist einer der wenigen, die dankbar sind, bis zum Umfallen arbeiten zu dürfen. Seitdem er im Februar 1985 angefangen hat, arbeitet er Monat für Monat wie ein Besessener, im April 1985 erreicht er nach eigenen Angaben erstmals 350 Monatsstunden, Auch im Juni hat er wieder »alle Stunden mitgenommen« – am 25. Juni kommt er bereits auf fast 300 Stunden, »und der Monat ist noch nicht rum«. Hermann T.: »In der letzten Woche habe ich von Freitag auf Samstag vier Schichten hintereinander gemacht. Freitagmorgen bin ich mit euch um sechs Uhr bei Thyssen reingefahren, und am Samstagmittag habe ich dann um 14.15 Uhr am Werkstor gestempelt.« Solche Marathon-Arbeitszeiten sind für Hermann nichts Ungewöhnliches, und damit die drastischen Verstöße gegen die Arbeitszeitverordnung nicht auffallen, wird er auf dem riesigen Thyssen-Gelände von Schicht zu Schicht zu einem anderen Einsatzort kommandiert. »Freitagmorgen war ich auf meiner Baustelle in Ruhrort, so 'ne kleine Halle, wo wir absaugen mussten. Mittags war ich dann im Oxy 1, während der Nachtschicht habe ich im Kraftwerk Voerde gearbeitet und Samstagmorgen war ich dann wieder auf meiner Baustelle in Ruhrort.« Völlig erschöpft und mit weichen Knien sei er schließlich nach Hause gewankt: »Ich hab dann noch was gegessen, so richtig Hunger hatte ich nicht mehr, und bevor ich mich dann hingelegt hab, habe ich noch zu meiner Frau gesagt, weck mich um 20.15 Uhr, ich würde gerne den Spielfilm sehen. Aber das war nichts – ich hab bis Sonntagmittag durchgeschlafen, ohne einmal wach zu werden.«

Er erzählt, wie sie bei Thyssen gearbeitet haben: »Jeden Tag sechzehn Stunden, zwölf Stunden, dreizehn Stunden, jeden Samstag und jeden Sonntag, jeden Feiertag – immer durch. Ostern und Pfingsten waren wir auch noch da, da ging das vielleicht rund. Der ganze Hochofen hat ja stillgelegen, da musste alles sauber gemacht werden, was meinst du, was wir da rummalocht haben, egal ob Wind, ob Schnee, ob Regen, ob kalt. Da waren deine Klamotten ständig feucht und nass und immer zehn bis fünfzehn Leute von Remmert, auch Adler-Leute waren dabei. Insgesamt haben wir da fast fünf Monate gearbeitet.«

Der türkische Kollege Sezer O. (44) beansprucht, den Rekord im Dauerarbeiten zu halten. Beim U-Bahnbau in München mussten sie 72 Stunden im Schacht unter der Erde arbeiten und sackten in ihren kurzen Pausen schon mal eine halbe Stunde weg. Viele verunglückten bei diesen Marathonarbeiten, berichtet er, alles Ausländer.

Ich (Ali) bin dabei, als uns der Sheriff regelrecht zwingt – juristisch erfüllt es den Tatbestand der Nötigung –, eine Doppelschicht zu machen. Wir werden gerade im Bus zum Sammelplatz gefahren. Wir sind fix und fertig. Einige sind im Sitzen schon eingeschlafen, als der Vorarbeiter unseren Bus stoppt und mehr beiläufig sagt: »Es wird weitergearbeitet! Doppelschicht!«

Einige protestieren, müssen, wollen nach Hause, sind total kaputt.

Es wird ihnen klargemacht, Thyssen verlangt das, es wird weitergearbeitet.

Der algerische Kollege T., der unbedingt nach Hause muss, wird auf der Stelle entlassen. Er wird aus dem Bus rausgeholt und auf die Straße gesetzt. Er kann sehen, wo er bleibt.

Der folgende authentische Dialog war vorausgegangen:

Sheriff: »Ihr müsst länger machen heute, bis 22 Uhr.«

Algerischer Kollege: »Arschlecken. Ohne mich, ich bin doch kein Roboter.«

Sheriff: »Ihr müsst *alle* länger machen.«

Algerischer Kollege: »Ich muss nach Haus, dringend.«

Sheriff: »Da brauchst du gar nicht mehr zu kommen. Das ist jetzt Not.«

Algerischer Kollege: »Ich muss aber nach Hause.«

Sheriff: »Da brauchst du morgen auch nicht mehr zu kommen. Dann geh raus. Dann ist hier Ende für dich. Für immer.«

Sheriff (zu den anderen, die ängstlich schweigen): »Ich brauch vierzig Mann, morgen auch! Verlangt Thyssen von uns! Ich möchte auch Feierabend machen, ich muss, mich fragt man auch nicht. Ich hab heute Nachmittag einen Termin für meine Jacket-Kronen. Das geht auch nicht. Ende. Was wollt ihr überhaupt? Im Krieg, da ist alles noch viel schlimmer!«

Der Test

»Stoppt Tierversuche – nehmt Türken!«

Wandspruch auf einer Fassade in Duisburg-Wedau.

Als Versuchsmensch unterwegs

Osman Tokar (22), mein türkischer Arbeitskollege, hat seine Wohnung verloren. Adler hatte ihn mit den Lohnzahlungen immer wieder vertröstet. Sein Vermieter ließ sich aber nicht mehr länger hinhalten. Osman musste ausziehen und auch seine paar armseligen Möbelstücke zurücklassen. Der Vermieter hat sie als Pfand in den Keller eingeschlossen, bis Osman 620 DM an Mietrückständen bezahlt hat. Seitdem ist Osman ohne festen Wohnsitz. Mal schläft er bei einem Vetter auf einer Matratze im Flur, mal lassen ihn Freunde ein paar Tage bei sich übernachten. Längere Zeit kann er nirgendwo bleiben, da sie alle schon für sich selbst viel zu wenig Platz haben.

Einige Male hat Osman, wie er mir verschämt gesteht, auch schon auf Parkbänken im Freien übernachtet. Ihm droht jetzt die Ausweisung, weil er keinen festen Wohnsitz nachweisen kann und auch schon mal Sozialhilfe beantragt hat. Er will nicht in die Türkei zurück. Dort war er nur hin und wieder zu Besuch, und in der kalten Fremde in Deutschland fühlt er sich mehr zu Hause als in dem Heimatland seiner Eltern, wo er nur seine ersten zwei Lebensjahre verbrachte. Er spricht etwas besser Deutsch als Türkisch, beide Sprachen sind für ihn jedoch Fremdsprachen geblieben. Er weiß nicht, wo er wirklich hingehört, und ihm ist, als ob man ihm »die Seele gestohlen« hätte.

Ich biete Osman die Dieselstraße zum Wohnen an, aber er lehnt ab. Er hat sich durch die Arbeit bei Thyssen schon einen chronischen Reizhusten geholt und fürchtet sich, »im Giftbett neben der Kokerei« zu schlafen. Manchmal denkt er daran, sich umzubringen. Nachdem ich mit ihm einmal eine Schicht lang zusammen in einem Staubbunker arbeitete und wir den Dreck literweise einatmeten und erbrechen mussten, bemerkte er, als wir in der kurzen Pause ans Tageslicht zurückgekrochen waren: »Ich träum schon mal davon, mit einem Kopfsprung in das fließende Feuer vom Hochofen rein. Dann macht's einmal Zisch, und du spürst nichts mehr.«

Betreten schweige ich (Ali).

»Wir haben nur Angst, weil neu für uns und noch keiner gemacht«, sagt Osman. »Wie Wurm im Staub zu kriechen und dabei immer getreten zu werden, ist doch viel mehr schlimm.« Er erzählt von einem Arbeiter, der bei einem Unfall in den Hochofen fiel und sofort verglühte. Da nichts von ihm übrigblieb, wurde symbolisch ein Stahlabstich aus der Glut genommen und den Angehörigen zur »Beerdigung« übergeben. In Wirklichkeit wurde sein Körper mit dem Stahl zu Blechen gewalzt – für Autos, Töpfe oder Panzer.

Osman erzählt, dass er einen Onkel in Ulm besuchen will. Dort kann er wohnen und eine Arbeit bekommen, die mindestens genauso ungesund ist wie bei Thyssen, aber wenigstens bezahlt wird. Er will zuerst nicht recht mit der Sprache raus, um was es sich da handelt: »Bei Thyssen müssen wir Staub schlucken und viel schwer arbeiten. Bei ander Arbeit müssen wir nur schlucken und von unser Blut geben.« Osman sagt, dass für diese besondere Arbeit Türken und auch andere Ausländer, wie Indonesier, lateinamerikanische Asylanten und Pakistani zum Beispiel, sehr gefragt seien: als *menschliche Versuchskaninchen* für die Pharmaindustrie. Ich frage ihn, ob ich nicht an seiner Stelle an einem Versuch teilnehmen könne, der in den nächsten Tagen beginnen soll. Als Entschädigung biete ich ihm die Hälfte des ihm dadurch entgangenen Lohnes an: 1000 DM. – Er ist einverstanden. Mir kommt das gelegen, weil ich wegen meiner kaputten Schulter und der Bronchitis, die langsam chronisch wird, die schwere körperliche Arbeit bei Thyssen eigentlich längst hätte aufgeben müssen.

Osman vermittelt mich an das LAB-Institut in Ulm, ein mächtiger düsterer Bau mit dem Jugendherbergsmief der 1950er Jahre. Als »Herbergsvater« sitzt ein fröhlich-aufgekratzter Mittzwanziger am Empfang. Er bemüht sich um eine angstfreie, entspannte Atmosphäre. Im Wartesaal ein paar Irokesenpunker, die schon zu den Stammkunden zählen, einige Ausländer mit sehr südländischem Aussehen, etliche arbeitslose Jugendliche. Und zwei aus dem Bahnhofsberber-Milieu, der eine hat eine leichte Fuselfahne. [...]

Ich (Ali) lege den Zettel vor, den Osman mir gegeben hat, und frage den »Empfangschef«, ob er nicht auch einen weniger gefährlichen Versuch zu vergeben hat. Osman hat mich (Ali) gewarnt, dass der vorgesehene Test recht heftige unangenehme Nebenwirkungen hervorrufen soll. – »Nur keine Angst«, versucht man mich zu beruhigen, »hier sind bisher noch alle wieder lebend rausgekommen.« Und: »Wir machen das hier ganz locker.« – Der Herbergsvater pflegt einen betont familiären Umgangston mit seinen Versuchspersonen, duzt alle und klärt mich (Ali) auf: »Zuerst müssen wir mal sehen, ob du überhaupt zu gebrauchen bist.«

Ich (Ali) werde zum vorgeschriebenen Check geschickt. Etliche Blutproben werden mir abgezapft, Urin wird untersucht, dann kommt noch ein EKG, ich (Ali) werde vermessen und gewogen. Die Endabnahme nimmt ein Arzt vor. Zuerst erschrecke ich, denn ich halte ihn für einen Landsmann. Aber zum Glück ist er kein Türke, sondern Exilbulgare. Aber er kennt »meine Heimat« gut und unterhält sich mit mir ein wenig über die Türkei.

Er berichtet, dass es früher viel mehr türkische Probanden gegeben habe, etliche von ihnen seien aber in der letzten Zeit in die Türkei zurückgekehrt. Er meint, dass sie hier gute Erfahrungen mit meinen türkischen Landsleuten gemacht hätten, sie seien »hart im Nehmen« und würden sich nicht »wegen jedem Wehwehchen gleich beklagen«. – Er leuchtet mir (Ali) noch in die Augen und stellt dabei fest, dass ich Kontaktlinsen trage, sieht aber zum Glück nicht, dass sie tiefdunkel gefärbt sind Ich erkläre, dass ich sie für Spezial-Schweißarbeiten verschrieben bekommen habe, bei denen eine Brille ein Handicap sei.

Ali wird für tauglich befunden, das heißt, er ist soweit verwendungsfähig, sich als Gesunder möglicherweise krankmachende Medikamente in Form von Pillen oder Spritzen verabreichen lassen zu dürfen.

Ali muss eine Einverständniserklärung zu dem Versuch an sich unterschreiben und bekommt eine fünfseitige Informationsschrift auf Deutsch zu sehen, in der es um die Medikamente geht, die diesmal ausprobiert werden sollen: »Probanden-Information über die Studie Vergleichende Bioverfügbarkeit bei vier verschiedenen Kombinationspräparaten mit den Inhaltsstoffen Phenobarbital und Phenytoin«.

Die Namen dieser Medikamente hat er noch nie gehört, und auch der »Herbergsvater« hat Schwierigkeiten, sie flüssig auszusprechen: »Phenobarbital« und »Phenytoin«. »Nichts vergisst du schneller«, sagt er. »Die Medikamente sind auch gar nicht für eine Krankheit, die vielleicht jeder mal hat, sondern laut Informationsblatt gegen ›Epilepsie‹ und ›Fieberkrämpfe‹ bei Kindern.«

Von fast allen industrieunabhängigen Wissenschaftlern wird die Verwendung solcher Kombinationspräparate heftig kritisiert. Durch die starke Kombination zweier Wirkstoffe wird die oft notwendige Anpassung der Dosis an die individuellen Bedürfnisse des Patienten verhindert. Nachlässigen Ärzten kommen Kombinationspräparate aber durchaus entgegen. Sie brauchen sich noch weniger um die Patienten zu kümmern.

Der Inhaltsstoff »Phenobarbital« zählt obendrein zur chemischen Gruppe der Barbiturate, von denen man besonders schnell abhängig werden kann. Wegen der großen Suchtgefahr wurden deshalb in den letzten Jahren Hunderte von Arzneimitteln verboten, denen Barbiturate beigemengt waren.

Ein Medikamentenversuch mit längst bekannten Kombinationspräparaten, die eigentlich aus dem Handel gezogen werden sollten. Niemand erklärt, warum sie dann überhaupt noch getestet werden müssen.

Der Versuch soll sich insgesamt über elf Wochen hinziehen, eingeschlossen viermalige stationäre Kasernierung über je 24 Stunden. Gesamthonorar 2000 DM. Als Nebenwirkungen, die relativ häufig auftreten, werden in der Informationsschrift angegeben: »Müdigkeit, Veränderung der Stimmungslage, Bewegungsstörungen, Beeinträchtigung der Nervenfunktion und der Bluteigenschaften, Beeinflussung der Blutbildung, Veränderungen des Gesichtsfelds, allergische Reaktionen mit Hautveränderungen«. Und bei »etwa 20 Prozent der Patienten treten Wucherungen des Zahnfleischs« auf. Außerdem, wenn man Pech hat, kann es zu »juckendem Hautausschlag, Atemnot, Hitzegefühl, Übelkeit und eventuell Erbrechen kommen«, und »in seltenen Fällen« können »lebensbedrohliche Zustände mit Erstickungsanfällen und Kreislaufschocks entstehen, die sofortiges ärztliches Eingreifen erfordern«.

Das sei aber alles halb so schlimm, denn im Notfall zahle die Versicherung: »Sollte wider Erwarten im Zusammenhang mit der Teilnahme an dieser Studie eine gesundheitliche Schädigung auftreten, wird von der LAB oder deren Auftraggeber kostenfreie medizinische Versorgung in unbegrenzter Höhe angeboten.« Allerdings: »Ausdrücklich ausgenommen hiervon sind Schäden, die nur mittelbar mit der Teilnahme an der Studie zusammenhängen (wie zum Beispiel Wegeunfälle«). Was also, wenn ein »Proband« mit »Kreislauf- und Bewegungsstörungen« einen Verkehrsunfall erleidet?

Nach der Unterschrift unter die Einverständniserklärung bekomme ich (Ali) einen Terminplan für die Einnahme der Medikamente und die stündlich durchzuführenden Blutentnahmen ausgehändigt.

Die Studie beginnt erst morgen, werde ich (Ali) aufgeklärt, trotzdem darf ich (Ali) das Gelände, also das Haus und den angrenzenden Hinterhof, ab sofort nicht mehr verlassen. »Freiwillige Gefangennahme.« Man händigt uns aus: Eine Decke mit Überzug, Bettlaken, Kopfkissenbezug. – Im ersten Stock befinden sich die »Behandlungsräume«: Labor, Raum für Blutentnahmen, Intensivstation. Im zweiten Stock der Fernsehraum und die Schlafräume.

Der Mann, der unten auf dem Etagenbett sitzt, blickt nicht auf, als ich eintrete. Zwei am Tisch lösen ihre Kreuzworträtsel weiter. Ich (Ali) gehe in den zweiten Schlafraum mit Blick auf den Hof. Links die Autowerkstatt und davor, zwischen Mauer und Müllcontainer, ein paar graue Gartenmöbel aus Plastik. Rechts ein Lagerhaus mit einem Großhandel für Naturprodukte. Im Hintergrund der Güterbahnhof. Eine desolate Gegend.

Fast beschwörend betonen alle, die sich als Versuchsmenschen zur Verfügung gestellt haben, dass es überhaupt kein Risiko gibt. »Für die ist das Risiko viel größer als für uns«, sagt einer. »Denn wenn etwas passieren würde, gäbe es einen Riesenskandal. Und das können die sich gar nicht leisten.« Einige machen das nicht zum ersten Mal. »Ich geh schon lange hier auf den Pharmastrich«, sagt einer, der von Institut zu Institut reist. »Versuchstourismus«, nennt das die Industrie.

Ein anderer erzählt von einem »Profi«, der mit einem Wohnmobil durch die Lande zieht. Angeblich stellt der sich nicht nur selbst zur Verfügung, sondern wirbt auch andere an und kassiert dafür Provision.

Zum Abendbrot treffen sich alle an einer Reihe langgezogener Tische. Vier Frauen sitzen zusammen. Sie mussten bei ihrer Aufnahme einen Schwangerschaftstest durchführen lassen. Wenn sie während der Medikamenten-Testreihen, die sich zumeist über Monate hinziehen, trotzdem schwanger werden, können beim Kind schwerste und bleibende Schäden auftreten. Für diesen Fall verspricht das LAB jedoch »medizinische und seelische Hilfe«, was auch immer das heißen mag.

Durch eine Klappe bekommt jeder einen Teller zugeschoben: Brot, Butter, ein paar Scheiben Käse, eine Tomate, eine Gurke, eine Paprika. Im Fernsehraum läuft *Bonny and Clyde.* Die Vorhänge sind geschlossen, um den Fernseher von der Abendsonne abzuschirmen. Die Antenne ist kaputt. Einer muss sie festhalten, damit das Bild schwach erkennbar ist. Es stinkt nach Asche und kaltem Rauch. Fast niemand kann schlafen, und das Fernsehprogramm ist zu Ende. Schweigend sitzen wir bis nach Mitternacht auf dem Hof, rauchen und trinken schales Wasser aus Pappbechern: Das ist das Einzige, was wir noch zu uns nehmen dürfen.

Die in den Betten liegen, starren gegen die Decke oder versuchen zu schlafen. Jemand ist neben seinem Transistorradio eingeschlafen – »Musik nach Mitternacht« in voller Lautstärke. Niemand macht das Licht aus. Ab 2.30 Uhr »Musik bis zum frühen Morgen«. Dann schalte ich das Radio aus und lösche das grelle Neonlicht. Vom Güterbahnhof hallt pausenlos das Donnern der Waggons, die gegeneinander geschoben werden. Der Wind treibt unter dem offenen Fenster die leeren Plastikbecher über den Hof. Jemand onaniert unter der Bettdecke, immer wieder, ohne Erlösung zu finden.

Um sechs Uhr öffnet sich die Tür: »Aufstehen!« Schweigend, grußlos stehen wir auf. Jeder ist ganz mit sich selbst beschäftigt. Meine Urinflasche trägt die Nummer vier. Das bedeutet: 6.04 Uhr Dauerkanüle in den Arm, 7.04 Uhr Medikamenteneinnahme, 8.04 Uhr Blutentnahme, usw.

Die ersten Male stellen wir uns noch in einer Reihe an. Später kennen wir unsere Vor- und Hintermänner und wissen, wann wir dran sind. Der nach mir ist soeben aus dem Gefängnis entlassen worden und konnte nirgendwo Arbeit finden. Hier fragt ihn keiner. Zwei junge Typen, die uns die Kanüle in die Armbeuge stechen, unterhalten sich über ihre nächsten Examensprüfungen. Sie haben ihr Medizinstudium noch nicht abgeschlossen. Die beiden überwachen die Medikamenteneinnahme. Unter ihren Augen muss ich zwei Kapseln schlucken. Zuerst bemerke ich, wie sich mein Blickfeld etwas verkleinert. Ich versuche auf den Hof zu sehen, aber die Sonne blendet zu stark und schmerzt in den Augen. Ich liege auf dem Bett und döse. Zu den stündlichen Blutentnahmen gehe ich wie ein Schlafwandler. Alle sehen bleich und eingefallen aus. Immer häufiger fehlen Leute und müssen erst aus dem Bett geholt werden. Eine Frau klagt über Hitzewallungen, Schwindelanfälle und Kreislaufstörungen. Ihr Arm sei kalt, pelzig und abgestorben.

Am nächsten Tag geht es mir miserabel. Ein an sich unsinniger Versuch, weil die Nebenwirkungen alle bekannt sind. Wir erleben sie gerade: schwerste Benommenheit, starke Kopfschmerzen, totales Wegtreten und schwere Wahrnehmungstrübungen, dazu ein ständiges Wegschlafen. Auch das Zahnfleisch blutet stark. Siebenmal Blut abgezapft bekommen und sich ständig zur Verfügung halten. Auch die anderen haben starke Beschwerden.

Doch erst als es einer ausspricht, stellt sich heraus, dass fast alle Kopfschmerzen haben. Offensichtlich haben sie geschwiegen, aus Angst, zu einem anderen Versuch nicht mehr zugelassen zu werden. Ein Versuchsmensch (39), seit drei Jahren arbeitslos, erzählt mir: »Ich habe schon viel schlimmere Versuche über mich ergehen lassen. Auf der Intensivstation, an Schläuchen angeschlossen. Da haben die meisten unserer Gruppe schlappgemacht, und etliche mussten anschließend in die Betten getragen werden.« Er berichtet von einem Münchener Institut, wo besonders gefährliche Versuche über Nacht vorgenommen werden, »über die Schmerzgrenze hinaus. Die suchen immer welche.« – Ein anderer berichtet über einen »Psychobunker« in der Nähe von München, wo Versuche, oft vier Wochen lang, bei totaler Dunkelheit ablaufen. In einem *Herzzentrum* in München, erzählt ein 18-Jähriger, kann man bei gefährlichen Experimenten mitmachen und sich »für gutes Geld an seinem Herzen herumspielen lassen«.

Ich (Ali) entschließe mich, nach dem »ersten Durchgang«, das heißt nach 24 Stunden, den Versuch abzubrechen. Normalerweise hätte ich (Ali) innerhalb der nächsten elf Wochen noch weitere dreimal kaserniert werden sollen. Und die Nebenwirkungen werden erfahrungsgemäß schlimmer, nicht besser, klärt man mich auf. Darüber hinaus hätte man die gesamten elf Wochen täglich – auch samstags und sonntagmorgens, um sieben Uhr zur Blutentnahme erscheinen und sämtlichen Urin der elf Wochen in Plastikbehältern sammeln müssen. Wer aus dem Versuch vorzeitig aussteigt, erhält keinen Pfennig Honorar.

Der Frankfurter Professor Norbert Rietbrock hält »etwa zwei Drittel derartiger Bioverfügbarkeitsstudien für unnötig«. »Das sind Studien, die für kommerzielle Zwecke umfunktioniert werden und bei denen Nutzen und Aufwand nicht mehr im richtigen Verhältnis zueinander stehen.«* Es ist bereits zu Todesfällen bei Menschenversuchen gekommen. Vor zwei Jahren zum Beispiel brach der 30-jährige irische Berufsversuchmensch Neill Rush während einer Versuchsreihe tot zusammen. An ihm wurde für die Kali-Chemie Hannover ein Mittel gegen Herzrhythmusstörungen erprobt. Am Tag zuvor hatte Rush bereits in einem anderen Institut das Medikament Depoxil, ein Psychopharmakon, an sich ausprobieren lassen. In der Kopplung beider Medikamente, so der Obduktionsbefund, sei die plötzliche Todesursache zu sehen. (Eine Mindestforderung wäre, die Pharmaindustrie zu zwingen, Probandenpässe auszustellen, um solche »Doppelversuche« auszuschließen.)

Einer der Versuchsmenschen der LAB hat mir (Ali) noch eine Adresse zugesteckt: BIO-DESIGN in Freiburg im Breisgau. »Die brauchen immer welche und zahlen gut. Und vor allem das Essen ist besser als der Fraß hier.« Ich (Ali) fahre dort als Nächstes hin. Im Gegensatz zum leicht angegammelten LAB ist BIO-DESIGN ein blitzblankes zukunftsweisendes Institut, architektonisch einer Raumstation nachempfunden. Die Dame am Empfang stellt die gleiche vorsorgliche Frage wie auch Adler, wenn sich ein Neuer bewirbt, nur mit gesetzteren Worten: »Wer hat Sie an uns verwiesen?« – Ich (Ali) nenne den Namen des Kumpels von der LAB.

Sie haben sogleich ein verlockendes Angebot für Ali: 2500 DM für fünfzehn Tage, allerdings »vollstationär«. Sie entgegnen ihm auf seine Frage: »Und muss Steuer zahle?« – »Nee, das wird hier nicht gemeldet. Das ist ein Dienst für die Gesundheit.« Sie scheinen gerade für diesen Versuch noch um mutige Versuchsmenschen verlegen zu sein, denn sie versu-

* Stellungnahme in ZDF-Reportage am Montag »Nebenwirkungen unbedenklich« vom 26. 8. 1985 von S. Matthies und B. Ebner.

chen, ihn mit einem Vorschuss zu ködern. »Sollten Sie sich entschließen, daran teilzunehmen, könnten wir ausnahmsweise auch über einen Vorschuss reden.« Und: »Sie werden hier auch gut verpflegt. Das Essen ist frei.« – »Und wofür so viel Geld? Was wird gemach?« – Eine jüngere Institutsangestellte erklärt es mir (Ali), nicht ohne hintersinniges Lächeln, wie er zu bemerken glaubt.

»Das ist ein Aldosteron-Antagonist, die Substanz heißt Mesperinon. Die bewirkt, dass krankhafte Wasseransammlungen im Körper ausgeschwemmt werden über die Niere. Dieses Mineralkortikoid hat Einfluss auf den Hormonhaushalt. Was bereits im Handel ist, das gehört in die Gruppe von Spironolacton. Bei dieser Substanz hat man festgestellt, dass sie, wenn sie länger verabreicht wird, eine sogenannte Feminisierung bewirkt, das heißt, Brustbildung bei Männern. Es ist bei diesem Versuch über zwei Wochen aber nicht gleich zu erwarten, dass es dazu kommt.«

Ich (Ali): »Isse sicher?«

Institutsangestellte: »Es wird nicht erwartet. Das ist ja gerade der Zweck des Versuchs. Sicher kann man da nie sein.«

Ich (Ali): »Und wenn passiert, geht auch wieder weg?«

Institutsangestellte (beschwichtigt): »Ja, sicher, das wird sich auch wieder zurückbilden.«

Hier informiert sie ganz offensichtlich falsch. Eine »Gynäkomastie«, wie die Brustbildung bei Männern in der medizinischen Fachsprache genannt wird, muss operativ entfernt werden. Das ist jedenfalls die einhellige Auffassung von Wissenschaftlern.

In einem anderen Punkt sagt sie ebenfalls die Unwahrheit. Auf Alis Frage: »Wie is mit Potenz. Bleibt?« Antwort: »Also, in der Hinsicht wird nichts befürchtet.« – In Wirklichkeit liegen für die Anwendung von Mesperinon am Menschen noch so gut wie keine Erfahrungen vor. In einem Begleittext zu dem Versuch wird ausdrücklich hervorgehoben, dass mit Nebenwirkungen wie »Kopfschmerz, Benommenheit, Verwirrtheit, Magenschmerzen, Hautveränderungen« und eben bei höheren Dosierungen auch mit »Gynäkomastie bzw. Impotenz« zu rechnen ist. BIODESIGN-DESIGN versucht, seine Versuchsmenschen unter allen Umständen bei der Stange zu halten. Im Vertrag droht das »Institut«: »Im Falle einer fristlosen Kündigung kann die BIO-DESIGN GmbH von dem Probanden Ersatz für den Teil der Aufwendungen verlangen, die für die Durchführung der Prüfung an ihm entstanden sind ...« Dass dieser Knebelvertrag eindeutig sittenwidrig ist, stört BIO-DESIGN offenbar wenig. Die Versuchspersonen werden damit unter den ungeheuren Druck gesetzt, trotz aller eventuellen Schmerzen und Begleiterscheinungen auf jeden Fall durchzuhalten. Hinter der glatten, freundlichen Fassade einer Schönheitsfirma verbirgt sich ein neuzeitlicher, eiskalter Dr. Mabuse, der im Auftrag großer Pharma-Konzerne in Not geratene Menschen zur Erforschung von Verkaufsstrategien der Chemie ausliefert.

Ich bin glücklicherweise nicht von den verlockend hohen Geldsummen abhängig und kann es mir leisten, dankend abzulehnen. Viele andere können das nicht. Firmen wie LAB und BIODESIGN profitieren von der Wirtschaftskrise, die ihnen immer mehr Menschen zutreibt.

Die Verantwortlichen reden sich auf sogenannte »Ethik-Kommissionen« heraus, in denen Wissenschaftler und sogar Geistliche sitzen. Ethik-Kommissionen sind freiwillige Kontroll-Ausschüsse, deren Votum nur in den USA und Japan gesetzlich befolgt werden muss, in der Bundesrepublik aber nicht.

Ethik in diesem Zusammenhang – ein zynischer Begriff. Diese Kommissionen können von den Firmenchefs jederzeit nach Gutdünken ausgetauscht oder ganz fallengelassen werden. Und selbst wenn es sich dabei um behördliche Einrichtungen handelte, wie das in anderen Staaten schon der Fall ist:

»Ethik«-Kommissionen können bestenfalls über *medizinische* Fragen urteilen. Die *menschliche* Ethik würde aber zumindest verlangen, dass man sich mit den verzweifelten Menschen auseinandersetzt, die an den Rand der Gesellschaft gedrängt worden sind und sich nur deshalb bereitfinden, als Kandidaten zum Selbstmord auf Raten aufzutreten.

Mein Vorschlag:

Es sollte ein Gesetz verabschiedet werden, das die Spitzenverdiener in der Pharmaindustrie verpflichtet, sich für Versuche selbst zur Verfügung zu stellen. Die Vorteile wären unübersehbar: die Leute sind körperlich meist in wesentlich besserer Verfassung als viele der ausgelaugten Berufsprobanden und könnten sich aufgrund ihres Einkommens auch einen viel längeren Urlaub und Erholungskuren leisten. Die Anzahl der Versuche würde dadurch drastisch zurückgehen und auf ein sinnvolles Minimum beschränkt werden.

So unernst ist der Vorschlag gar nicht gemeint. Noch vor sechzig Jahren testeten die Medikamentenforscher neue Wirkstoffe zunächst an sich selbst.

Wie häufig die angeblich so seltenen Nebenwirkungen auftreten, erlebte ich selber. Nach der Rückkehr von meiner Reise durch die Pharma-Labors begann mein Zahnfleisch am Unterkiefer anzuschwellen und zu eitern. Der Zahnarzt diagnostizierte »Zahnfleischwucherungen« und vermutete gleich ganz richtig: »Nehmen Sie Medikamente, in denen Phenytoin enthalten ist?« Als ich bejahte (Phenytoin war einer der Inhaltsstoffe des Medikamentenversuchs beim LAB in Ulm), schloss der Zahnarzt sofort von der Nebenwirkung auf meine vermeintliche Krankheit: »Sind Sie Epileptiker?«

Als ich um sechs Uhr morgens in der Franklinstraße im Düsseldorfer Stadtteil Pempelfort eintreffe, stehen schon sechs Arbeitssuchende vor der Tür der Subfirma GBI. Auch sie wurden für diese Zeit hierherbestellt, nachdem sie auf eine Zeitungsanzeige hin angerufen hatten. Ein Angestellter öffnet. Gleich im Erdgeschoss das Büro: zwei aneinandergeschobene Schreibtische, ein Telefon. Keine Akten, keine Regale, selbst die Tische wirken wie abgeräumt. Am Schwarzen Brett ein Schild: »Diese Firma meldet ihre Arbeitnehmer ordnungsgemäß an!« Doch niemand fragt mich (Ali) nach meinen Arbeitspapieren, nicht mal den Namen brauche ich zu nennen.

Bevor wir nach und nach zu unseren Einsatzorten gefahren werden sollen, müssen wir in einer angrenzenden Zwei-Zimmer-Wohnung warten, die als Aufenthaltsraum dient und mit herabhängenden Tapeten, schmierigen Fenstern und ohne Toilette auf ihre Art signalisiert, welchen ›Status‹ wir hier einnehmen. »Siggi«, ein bulliger Typ mit gelocktem Haar und sehr viel Gold an Händen und um den Hals, sucht vier Helfer »für einen schönen Hochbau in Köln«. Ich (Ali) melde mich und werde der Kolonne zugeteilt.

Unterwegs im Auto werden wir über unseren Stundenlohn und über die Arbeitsbedingungen informiert. »Der Polier will, dass ihr zehn Stunden am Tag arbeitet«, erklärt uns »Siggi«, »dafür zahle ich euch auch 9 Mark – also 90 Mark am Tag.«

»Hier entstehen schicke Stadtwohnungen und reizvolle Maisonettewohnungen mit Blick auf den ruhigen Park«, lese ich auf dem Schild, als wir eine halbe Stunde später unsere Baustelle am Kölner Hohenstaufenring erreichen. Ein Kolonnenschieber, der schon längere Zeit für die GBI auf dieser Baustelle tätig ist, weist uns in die Umkleidekabinen ein. Wir sind gerade umgezogen, als »Siggi« noch einmal hereinkommt. »Ich brauche doch noch eure Namen für den Polier«, sagt er. »Ali«, sage ich. Das genügt.

Unsere Kolonne wird einem Polier der Firma »Walter Thosti BOSWAU« (WTB) unterstellt, das sechstgrößte Bauunternehmen der Bundesrepublik, wie ich später erfahre. Auch an den folgenden Tagen erhalten wir unsere Arbeitsanweisungen ausschließlich von diesem Polier, und das Werkzeug – angefangen vom Besen bis zum Schaleisen – wird ebenfalls von WTB gestellt. Die GBI vermittelt eben Arbeiter »pur«, hat kaum eigenes Werkzeug und auch keine eigenen Baustellen.

Keiner von uns hat seine Papiere bei der GBI abgegeben, wir arbeiten ohne Ausnahme »schwarz«. Nicht einmal krankenversichert sind wir. Ich frage einen Kollegen: »Was passiere, wenn is Unfall?« – »Dann tun die so, als wärste erst drei Tage hier, wirst einfach rückwirkend bei der Krankenkasse angemeldet«, sagt er, »insgesamt haben die ja ein paar Hundert Leute, davon ist höchstens die Hälfte angemeldet.«

In den Pausen sitzen wir mit fünfzehn Leuten dicht gedrängt im Bauwagen, der vielleicht zwölf Quadratmeter fasst. Ein Zimmermann, der vom Kölner Büro der GBI hierher vermittelt wurde, sagt: »Ich bin schon dreißig Jahre auf dem Bau, aber dass mir der Polier sagt, ich soll mich gefälligst vorm Scheißen abmelden, das hab ich noch nie erlebt!« Einige erzählen, dass sie mit An- und Abfahrten täglich fünfzehn Stunden auf den Beinen sind. »Bezahlt bekommst du aber nur die zehn Stunden, die du hier arbeitest, für die Fahrzeit gibt's keinen Pfennig extra.«

Ein etwa 50 Jahre alter türkischer Kollege wird von unserem WTB-Polier besonders schikaniert. Obwohl er seine Arbeit mindestens doppelt so schnell wie die deutschen Kollegen erledigt, beschimpft ihn unser Arbeitsanweiser als »Kümmeltürken«: »Wenn du nicht schneller arbeiten kannst, lasse ich dich beim nächsten Mal zusammen mit dem Bauschutt abtransportieren!«

Freitags warten wir nach Feierabend meist ein paar Stunden auf unseren Lohn. Das Geld muss erst von außerhalb herbeigeschafft werden. Woher diese Lohngelder kommen, scheinen einige Leiharbeiter zu wissen: »Der Klose fährt doch jetzt erst mal nach Langenfeld«, belehrt uns ein illegaler deutscher Stammarbeiter von GBI, als wir alle gemeinsam im Bauwagen sitzen, »da haben die nämlich ihr Konto, und da holt er die Kohle für uns ab.« Wieso die Gelder nicht bei einer Kölner oder Düsseldorfer Bank abgehoben werden, weiß der Kollege auch: »Das Konto in Langenfeld läuft wohl über irgendeinen Privatmann, der da die Schecks von der WTB und anderen Baufirmen gutschreiben lässt. In Düsseldorf könnten die doch gar kein Konto mehr aufmachen, da würde sofort das Finanzamt kommen und alles wegpfänden.«

Zwei Stunden müssen wir noch nach der Schicht auf unser Geld warten, natürlich unbezahlt.

Nicht nur die Firmenkonten bleiben im Dunkeln, alles läuft konspirativ genug, um unsere Arbeit auf der Baustelle zu verheimlichen: Als wir ausgezahlt werden, müssen wir zwar eine Quittung unterschreiben, aber einen Durchschlag oder eine schriftliche Lohnabrechnung bekommen wir nicht. Selbst die Zettel, auf denen der Polier unsere Arbeitszeiten einträgt, nimmt er sofort nach der Auszahlung wieder an sich. Das hat seinen Grund, denn im Baugewerbe ist Leiharbeit, die nach Stunden abgerechnet wird, gesetzlich untersagt. Um das Verbot zu umgehen, arbeiten Subs wie die GBI mit Scheinwerkverträgen, rechnen offiziell etwa »40 Quadratmeter Beton« bei den Baufirmen ab –, kassieren aber für vierzig Stunden Leiharbeit (in vielen Fällen verfügen die Poliere über kaschierte Tabellen, mit denen die Arbeitsstunden der Leiharbeiter in Quadratmeter Beton oder Kubikmeter Erde umgerechnet werden). Um später beweisen zu können, dass auch auf unserer Baustelle Stundenzettel geheim geführt werden, lenke ich (Ali) den

Polier bei einer passenden Gelegenheit ab und nehme seinen Zettel an mich: »WTB Bau AG«, hat der Polier darauf notiert, dreißig Arbeitsstunden mit Tagesdaten und seiner Unterschrift. Mit Alis erstem Arbeitseinsatz soll von Anfang an klargestellt werden, wo er hingehört. Bei den Arbeiterklos sind einige seit über einer Woche verstopft. Die Pisse steht fast knöchelhoch. »Nimm Eimer, Schrubber und Aufnehmer und bring das in Ordnung. Aber dalli.« Ich (Ali) lasse mir an der Werkzeugausgabe gegen Quittung die Sachen geben. – »Genügt, wenn du mit drei Kreuzen unterschreibst«, sagt der verantwortliche deutsche Kalfaktor, der in seinem Werkzeugcontainer eine verhältnismäßig ruhige Kugel schiebt.

Es stinkt bestialisch im Containertoilettenraum. Die Urinrinne ist ebenfalls total verstopft. Diese Arbeit empfinde ich als Schikane. Denn solange die Ursache – verstopfte Rohre – nicht fachmännisch beseitigt wird, kommt es sofort wieder zu Überschwemmungen. Auf der Baustelle gibt es genug Installateure, aber deren Arbeitszeit ist zu kostbar. Sie sind dazu da, die Luxussanitärräume der künftigen Besitzer zu installieren.

Die Bauführer wie Poliere haben ihre eigenen Toiletten in einem gesonderten Container. Sie sind abschließbar, den Arbeitern ist der Zutritt verboten, und Putzfrauen halten sie täglich sauber. Ich (Ali) spreche den Bauleiter darauf an, dass meine Arbeit keinen Sinn hat und erst mal Installateure ransollten. »Du hast hier keine Fragen zu stellen, sondern zu tun, was man dir sagt. Das Denken überlässt du besser den Eseln, denn die haben größere Köpfe«, stellt er klar. Nun gut, tu ich (Ali) also, was unzählige andere Ausländer auch ohne Widerspruch zu tun gezwungen werden, wobei sie froh sein dürfen, überhaupt Arbeit zu haben. Der Gedanke daran hilft mir ein wenig – und auch in späteren Situationen –, meinen Ekel zu überwinden und aus einer ohnmächtigen Demütigung und Scham eine solidarische Wut werden zu lassen.

Die Deutschen, die die Toiletten benutzen, während ich (Ali) die Schiffe mit Aufnehmern, Schwämmen und Eimern wegwische, machen schon mal ihre Bemerkungen. Ein Jüngerer freundlich: »Da haben wir endlich eine Klofrau bekommen.« Zwei etwa 45-Jährige unterhalten sich von Toilette zu Toilette: »Was stinkt schlimmer als Pisse und Scheiße?« – »Die Arbeit«, antwortet der eine. – »Nee, die Türken«, dröhnt es laut durch die andere Klotür.

Allerdings gibt's auch einen deutschen Kollegen, der, während er schifft, sich nach Alis Nationalität erkundigt und, als ich »Türk« antworte, sein Mitgefühl dokumentiert: »Typisch wieder, man lässt euch für uns die Scheiße wegmachen. Da würde sich jeder deutsche Bauarbeiter weigern.«

Ab und zu kommt der Polier Hugo Leine vorbei, um mich (Ali) zu kontrollieren. Es ist günstig, dass er mit einem Sprechgerät ausgestattet ist, denn da piepst's, knattert's und schnattert's raus, so dass man sein Herannahen meist früh genug wahrnimmt und einen Zahn zulegen kann. »Tempo, tempissimo, amigo«, spornt er Ali an, und als ich (Ali) ihn freundlich darauf hinweise, dass ich nicht »Italiano«, sondern »Türk« bin, wird er schon etwas schroffer: »Dann musst du mit der Arbeit längst fertig sein, weil du dich dann ja auskennst. Ihr habt doch dauernd verstopfte Klos.«

Hugo Leine hat schon Ausländer fristlos gefeuert, weil sie während der Arbeit ein wichtiges Telefongespräch von der Telefonzelle direkt vor der Baustelle führten.

In den nächsten Tagen schleppen wir bei 30 Grad Hitze Gasbetonplatten bis zum sechsten Stockwerk hoch. Wir sind billiger als der Kran, der zu einer anderen Baustelle transportiert wird. Leine achtet darauf, dass wir keine zusätzliche Pause machen. In der kommenden Woche wird Ali zum Betonfahren abkommandiert. Mit »Japanern«, so heißen die halbrunden überdimensionalen Schubkarren, muss ich (Ali) den Fertigbeton über den Bauhof zum Gießen eines Fundaments schleppen. Es reißt einen an den Armen, und man muss sich mit aller Gewalt gegen die Karre stemmen, damit sie einem nicht nach vorne wegkippt. Der Vorarbeiter Heinz – auch ein GBI-Mann – genießt es, Ali die Karre immer besonders voll zu machen, um zu sehen, wie er sich damit abmüht, das Umkippen durch Ausbalancieren eben noch zu verhindern. Die Karre wird immer schwerer. Ich (Ali) schreibe es bei der Hitze meiner Erschöpfung zu. Als ein Brett im Weg liegt und die Karre leicht springt, kann ich sie nicht mehr halten. Sie kippt um, und der Beton ergießt sich auf den Bauhof. Andere müssen hinzueilen, um ihn wieder in den »Japaner« zu schippen, solange er noch nicht zu hart ist. Der Polier erscheint und brüllt mich (Ali) an:

»Du verdammtes Stinktier. Es reicht, dass ihr nicht mal bis drei zählen könnt. Da solltet ihr wenigstens geradeaus gucken können! Noch einmal und du kannst wieder nach Anatolien und mit dem Finger im Sand rühren!«

Bei der nächsten Ladung grinst mich der Vorarbeiter genüsslich an und füllt meine Karre trotz Protest bis zum Rand voll, dass sie beim Anrucken leicht überschwappt. Verdammte Scheiße, trotz aller Anstrengung, ich krieg die Karre nicht ausbalanciert. In der ersten Kurve reißt sie mich fast um, und die ganze Ladung kippt wieder in den Dreck. Großes Hallo einiger deutscher Kollegen. Sie stehen untätig herum, während ich (Ali) mich abrackere, den Betonmatsch in die Karre zu schaufeln. Wie wild schaufele ich drauflos, mich umblickend, ob Hugo Leine nicht naht. Zum Glück ist der Polier irgendwo im Bau verschwunden. Ein deutscher Kollege weist mich darauf hin, dass der Reifen meines »Japaners« einen Platten hat. Ein Nagel steckt drin. Das ist auch der Grund dafür, dass die Karre umkippte. Von Weitem feixt der Vorarbeiter. Als ich (Ali) wieder an ihm vorbeikomme, stellt er triumphierend fest: »Ihr solltet langsam merken, dass ihr hier nichts zu suchen habt.« Auf der Toilette ertappe ich ihn später einmal, als er mit Filzstift auf die Wand kritzelt: »Tod allen Tü... « Als ich (Ali) versuche, ihn zur Rede zu stellen, spuckt er vor mir aus und verlässt die Pissbude, ohne sein Werk vollendet zu haben.

Wenige Tage später – ich (Ali) fege und schaufle im fünften Stockwerk Bauschutt weg – stürze ich fast in einen Elektroschacht, der mit einer Styroporschicht unauffällig abgedeckt war. Ich habe Glück und rutsche nur mit einem Bein rein. Nur eine leichte Verstauchung und ein aufgeschrammter Knöchel. Ich hätte mir das Genick brechen können, denn es geht acht Meter tief runter! Ganz zufällig kommt aus einem Nebenraum Heinz, der Vorarbeiter, raus und sagt: »Da hast du ja ein verdammtes Schwein gehabt. Stell dir vor, du wärst da runtergestürzt, da wär wieder eine Stelle frei geworden.«

Als einem deutschen Kollegen aus seinem Spind die Brieftasche mit 100 DM gestohlen wird, gerate ich (Ali) in Verdacht: »Hör mal, du warst doch während der Arbeit eine Viertelstunde weg, wo warst du da?« Ein Deutscher: »Der soll mal sein Portemonnaie aufmachen.« – Ein anderer Deutscher, Alfons, auch Alfi genannt, kommt mir zu Hilfe. »Und wenn er 100 Mark drin hat, sagt das doch nichts. Das kann jeder von uns fünfzehn gestohlen haben oder auch ein Fremder von draußen. Wieso gerade Ali?«

Alfi ist es auch, der mich ermutigt, besser Deutsch zu lernen (während er mir aufmunternd auf die Schulter klopft): »Du sprichst viel besser Deutsch, als du selber glaubst. Versuch's nur mal! Du musst nur die Worte umdrehen, und dein Deutsch ist gar nicht so schlecht. Sag einfach: ›Ich bin ein Türke‹ und nicht: ›Türk ich bin.‹ Ist doch ganz einfach!« –

Alfi war mehrere Jahre arbeitslos und wurde dann vom Arbeitsamt Düsseldorf an den Unternehmer »Bastuba« vermittelt. Für den stand er den ganzen Tag im kalten Wasser, machte

Gewässer- und Uferreinigung, im Auftrag des Landes Nordrhein-Westfalen. Erst später merkte er, dass »Bastuba« ihn nicht angemeldet hatte und genauso illegal beschäftigte wie seine Kollegen – jugoslawische Arbeiter. Als er seinen Chef damit konfrontierte, schmiss der ihn raus. Einige Zeit später gab ihm ein Freund die Adresse von der GBI.

Als ich (Ali) den Zweigstellenleiter von GBI, Köln, Klose, einmal im Beisein von Kollegen nach der Bedeutung des Kürzels GBI fragte, gibt er uns die Erklärung: »Das ist die Abkürzung von ›Giraffe‹, ›Bär‹ und ›Igel‹.« – So bindet er uns seinen Bären auf, und die meisten nehmen's ihm sogar ab. Es ist schon einiges seltsam mit unserer Firma, und die Namen wechseln so oft, dass auch diese Bedeutung geglaubt wird.

Wir haben einen neuen deutschen Kollegen. Fritz, 20 Jahre, blond, hat sich freiwillig zu den Feldjägern gemeldet und brennt darauf, eingezogen zu werden. Die Zeit der illegalen Bauarbeit sieht er nur als Überbrückung. Er führt ein Groschenwurfspiel ein, das wir während der Pausen in den Kellern des Baus spielen. Wer mit seinem Groschen am nächsten an die Wand trifft, kassiert die Groschen der anderen. Ich (Ali) habe Glück und gewinne ständig. Fritz, verärgert: »Ihr Türken seid immer auf unser Geld aus. Ihr seht nur immer euren Vorteil und betrügt uns, sobald wir euch den Rücken kehren.«

Ein andermal: »Wir Deutschen sind klug. Ihr vermehrt euch doch wie die Karnickel auf unsere Kosten.«

Und zu den anderen: »Ab und zu bricht bei dem der Urwald durch!«

Ein Dachstuhl brennt, die Dachdecker waren nicht vorsichtig genug. Mehrere Feuerwehrwagen rücken an, auch Polizei. Ali wird mit anderen Kollegen aufs noch schwelende Dach geschickt, um aufzuräumen. Die Sohlen der Turnschuhe fangen dabei an zu schmoren, ein paarmal krachen angebrannte Balken unter mir (Ali).

Eine Gruppe von Polizeibeamten und Feuerwehrleuten steht neben uns und sieht zu, wie wir die schwelenden Sachen in den Bauhof runterwerfen. Wir turnen vor ihnen rum, ohne Schutzkleidung. Alles Illegale. Ich kann mir vorstellen, sie wissen oder ahnen es zumindest. Aber sie sagen nichts. Auch sie profitieren von uns, wir machen für sie die gefährliche Dreckarbeit.

Ein deutscher Kollege, Hinrich, 20 Jahre, verheiratet, ein Kind, mit Mietschulden, läuft schon seit Tagen mit geschwollenem Gesicht herum. Er hat hohes Fieber. Mehrere Zähne sind vereitert. Tagelang erpresst man ihn, nicht zum Zahnarzt zu gehen. Er verlangt von Klose, dem Kölner GBI-Mann, einen Krankenschein. Hinrich ist sich bisher gar nicht bewusst, dass er nicht angemeldet und damit ein Illegaler ist. Er ist ganz außer sich! »Das ist verboten, das zeig ich an.« – Klose: »Du kannst verduften. Wir wollen dich hier nie wieder sehen. Wer behauptet, hier werde schwarzgearbeitet, der kriegt einen Schadensersatzprozess wegen übler Nachrede angehängt. Hast uns deine Papiere zu spät abgeliefert, so dass wir dich nicht anmelden konnten. Du hast dich selbst strafbar gemacht.« – Hinrich traut sich daraufhin nicht, zur Polizei zu gehen. Am nächsten Tag wird er mit dem Notarztwagen zur Klinik gebracht. Blutvergiftung. Lebensgefahr!

Eines Freitags nach Schichtschluss – wir ziehen uns gerade um – erscheint der Polier von WTB, Hugo Leine: »Wir sind jetzt hier aus dem Gröbsten raus, wir brauchen euch nicht mehr.«

Nach sechs Wochen ist Alis Zeit auf dem Bau vorbei. Ein paar Illegale der GBI-Stammmannschaft werden von derselben Firma unter dem neuen Namen DIMA auf eine andere Großbaustelle nach Bonn-Bad Godesberg geschickt. Der Bundespostminister lässt ein neues Ministerium bauen. Leider ist Ali nicht mit dabei.

Bei Anruf Abzocke

Unter Callagenten

Silbrig glitzernd ragt das Hochhaus in den Himmel über Köln, acht Meter höher als der Dom. Der KölnTurm im MediaPark ist mein Ziel an diesem Morgen, die neue deutsche Arbeitswelt, in der nichts mehr qualmt und rußt wie einst in Fabriken und in Zechen, die vielmehr staubfrei hinter Stahl und Glas versteckt ist. Eine automatische Drehtür schiebt mich ins Foyer, vor den Empfang. Ich trage falsche Haare, Kontaktlinsen, habe meinen Schnauzbart abrasiert, und das Marathontraining hat mich zusätzlich verjüngt. Ich bin 49 statt 65 und heiße von nun an Michael G. – mein Name und damit meine Identität ist von dem Freund eines Freundes entliehen.

Die junge Dame am Empfang erkundigt sich auf der Zieletage, ob ich erwartet werde. »Mit dem Anwachsen der Geschäftsvolumina steigen in gleicher Weise die Diskretionsbedürfnisse«, lautet die KölnTurm-Eigenwerbung. Deshalb »schützt Sie das Lift-look-Aufzugssystem vor ungebetenen Gästen«. So viel Diskretion wird Gründe haben. Im KölnTurm haben sich Unternehmen niedergelassen, die sich nur ungern in die Karten schauen lassen: Finanzdienstleister, Makler, Beratungsfirmen, Callcenter. Der Bürokomplex ist ein Paradebeispiel der schönen neuen Arbeitswelt. Ganz unbescheiden stellt er sich in eine Linie mit dem Rockefeller Center und dem Empire State Building in New York oder dem Philipp Street Commercial Office Tower in Sydney. Im hauseigenen Werbeprospekt sind diese und andere Weltberühmtheiten unter den Bürohochhäusern kommentarlos auf der ersten Doppelseite abgelichtet. Im KölnTurm, so die Betreiber der »Primelocation«, residieren Unternehmen, die »zu den führenden Adressen zählen«. Ich will zu CallOn, dem zweitgrößten Vermarkter von Lotterielosen in Deutschland. CallOn ist ein Callcenter, einer der Big Player in diesem neuen Wirtschaftszweig.

Mehr als 6000 Callcenter gibt es in Deutschland. 440 000 Beschäftigte hatte die Branche 2007. Eine Wachstumsbranche. Jahr für Jahr sollen 40 000 Mitarbeiter hinzukommen. Es scheint, als seien Callcenter die Bergwerke der Neuzeit: Zigtausende arbeiten im Verborgenen, werden unsichtbar – und ihre Arbeitsbedingungen auch. Die Branche wächst schnell und verändert sich rasant: Nur noch ein Drittel der Firmen ist mit sogenannten Inbound-Geschäften betraut, nimmt also im Auftrag eines Unternehmens Anfragen, Beschwerden oder Anregungen von Kunden entgegen. Zwei Drittel widmen sich teilweise oder vollständig dem Outbound: Verkaufsgeschäften. Allgemein bekannt ist, dass diese Callcenter Lotterielose und Zeitschriftenabonnements verkaufen, weniger bekannt, dass sie im Grunde mit allem Möglichen handeln: mit Nahrungsmitteln, Versicherungsverträgen, Reisen oder Hedgefonds. Was auch immer sie verkaufen: Meist ist es überteuert, von minderer Qualität, oft wertlos. Fast immer ist der Kunde der Betrogene. Die Callcenter rufen tagein, tagaus bei den Deutschen an – in der Regel ungebeten. Weit über eine Million unaufgeforderte Anrufe, schätzt der Bundesverband der Verbraucherzentralen, werden täglich von Callcentern aus geführt. In 95 Prozent der Fälle fühlen sich die Verbraucher belästigt.

Die Branche selbst spricht 2009 von 24 Millionen »Kundenkontakten« täglich. Das klingt schön neutral, aber die Verbraucherzentralen berichten über eine zunehmende Zahl von nervtötenden Telefonanrufen, mit denen Kunden über angebliche Gewinne bei Glücksspielen »informiert« und zu Anrufen bei teuren 0900er-Nummern gelockt werden, um sich ihre »Gewinne« abzuholen. Tatsächlich flattern den so Hereingelegten wenig später Rechnungen über Hunderte von Euro ins Haus.

Wer belästigt da? Wer will, soll, muss verkaufen? Ich will eintauchen ins Zentrum der heißlaufenden Drähte. Zu diesem Zweck habe ich mich auf eine Anzeige in einer Regionalzeitung gemeldet. Zwei Tage später werde ich in den KölnTurm einbestellt, wir sind ein Dutzend Bewerber. Hoffnungsfrohe Menschen beiderlei Geschlechts und jeden Alters haben den Weg hierher gefunden. Jetzt warten wir auf das Vorstellungsgespräch. Nervosität, kaum Gespräche untereinander, ein paar von uns rauchen hektisch in einem winzigen Glaskasten mit Abzug. Dann erscheint ein junger Mann mit federndem Schritt und offenem Jackett und geleitet uns zu den Aufzügen. Keine Tasten oder Knöpfe sind dort zu sehen. Stattdessen hält er einem der Aufzüge eine Scheckkarte hin, die Türen öffnen sich, und wir treten ein in die Schlagader des Turms. Automatisch fährt der Aufzug – auch drinnen ist kein Tastenfeld angebracht – in die gewünschte Etage. Teils beeindruckt, teils verunsichert schreiten wir in das weiß gestylte Großraumbüro. [...]

CallOn zählt mit mehr als 600 Beschäftigten in fünf Niederlassungen und einem Jahresumsatz von 70 Millionen Euro zur Oberklasse der Branche. Firmenchef Eckhard Schulz will, so sagt er der Presse, weitere 700 Stellen schaffen, überdies seien 2000 Heimarbeitsplätze geplant. Das Unternehmen gibt sich erfolgreich – daran haben auch ein lange schwebendes Verfahren wegen Steuerhinterziehung in zweistelliger Millionenhöhe und die vorübergehende Inhaftierung von Eckhard Schulz nichts geändert. Unser Teamleiter stellt klar: CallOn ist ein anständiges Haus. Dreimal am Tag kommt das Reinigungsteam. Und es gibt eine Kleiderordnung. »Jeans sind verboten und Turnschuhe unerwünscht. Aber sonst sind wir hier ganz locker drauf. Wir haben flache Hierarchien und duzen uns«, sagt unser Instrukteur und stellt sich mit seinem Vornamen vor. Ich kann es mir nicht verkneifen, auf einen Widerspruch hinzuweisen: »Wir telefonieren doch nicht am Bildtelefon, da sieht uns doch keiner!« Der Teamleiter hält dagegen: »Euer Äußeres überträgt sich auf eure innere Haltung. Das spürt der Kunde.« Später sagt er: »Wer sich als Callagent mit vielen Abschlüssen besonders hervortut, hat die Chance, in unseren Stützpunkt auf Mallorca versetzt zu werden, mit Cocktails und Partys und so.«

CallOn telefoniert im Auftrag der Firma LottoTeam, die der Firmeninhaber aus juristischen Gründen nach Holland ausgelagert hat, und verkauft Systemlotto-Scheine. Woche für Woche spielen die Deutschen für 20 Millionen Euro Lotto, einzeln oder in Tippgemeinschaften. LottoTeam sammelt pro Tippgemeinschaft jeweils 240 Spieler, die sich einen teuren Systemschein für knapp 700 Euro teilen und dafür wöchentlich 77 verschiedene Sechser-Kombinationen spielen. Der Trick besteht darin, dass dem Angerufenen verschwiegen wird, dass er sich in einer Tippgemeinschaft befindet. Die Chance, mit einem einzelnen Lottoschein einen Hauptgewinn zu erzielen, liegt bei eins zu 14 Millionen. Um ihre Chancen auf sechs Richtige mit Zusatzzahl auf angeblich eins zu 7000 zu erhöhen, zahlen die Kunden von CallOn zwölf Euro pro Woche. Der mögliche Gewinn würde allerdings drastisch sinken. Sollte eine Tippgemeinschaft wirklich mal eine Million Euro gewinnen, blieben für den einzelnen Spieler vom erträumten Millionenglück klägliche 4200 Euro.

Im Großraumbüro herrscht das Prinzip »Learning by doing«. Keiner sagt direkt: Ihr müsst betrügen. Der Teamleiter empfiehlt stattdessen: »Spitzt eure Ohren. Orientiert euch an den Erfolgreichen. Wer Erfolg hat, hat recht.« Einer der Erfolgreichsten ist Michael Fischer. Er hat in Wirklichkeit einen anderen Namen, wie fast alle hier. Seine Verkaufsmasche ist äußerst primitiv, aber sehr effektiv: Offensichtlich hat er gerade jemanden am Angelhaken: »Michael Fischer ist mein Name. Von der Firma CallOn. Kennen Sie Lotto? Sagen Sie mal ganz leise: ›Ich gewinne!‹ Nein, nicht so, sondern mit Elan! Sagen Sie noch mal: ›Ich gewinne!‹ Noch ein bisschen lauter jetzt! Sehen Sie. Ich schicke Ihnen die Unterlagen zu. Sie prüfen das bitte. Und ab dem 2. Juni können Sie dann mitspielen.« [...]

Unser Teamchef behauptet, die Adressen, die hier angewählt werden, stammten sämtlich von Menschen, die bei irgendwelchen Gewinnspielen angekreuzt hätten, sie wollten die Weitergabe ihrer Adressen nicht verbieten. Oder die vergessen hätten, genau das anzukreuzen. Das sagt er mit einem Augenzwinkern. »Die können wir anrufen, völlig legal.« Eine Auskunft, die definitiv falsch ist.

Sowohl CallOn als auch LottoTeam haben ihren Hauptsitz in den Niederlanden. Beide gehören Eckhard Schulz. 1999 erstattete die staatliche Lotteriegesellschaft WestLotto Strafanzeige gegen LottoTeam wegen Lottosteuerhinterziehung und illegalen Glücksspiels. Die Staatsanwaltschaft Düsseldorf ermittelte, LottoTeam-Konten in Höhe von 192 Millionen Euro wurden eingefroren, im März 2004 wurde Anklage erhoben, und Eckhard Schulz nahm sich vier Anwälte. Am 17. November 2006, nach 17 Verhandlungstagen, beantragte die Staatsanwaltschaft die Einstellung des Verfahrens. Sie hatte vermutet, dass Schulz die Gelder der Spieler überhaupt nicht eingesetzt, sondern auf Konten geparkt hatte. Die Gewinne, die den Spielern theoretisch, entsprechend der deutschen Lottoziehung, zustanden, habe er zwar von diesen Konten gezahlt. So habe er jedoch die anfallenden Lottosteuern umgangen. Der Firmenchef besaß so viele Gesellschaften und Treuhandgesellschaften in Deutschland, Spanien und den Niederlanden, dass es unmöglich war, den Geldfluss nachzuvollziehen. Die Staatsanwältin kapitulierte schließlich und einigte sich mit Schulz' Anwälten darauf, das Verfahren gegen Zahlung von 750 000 Euro Bußgeld einzustellen.

Ich setze das Headset auf. Mir wird eine ältere Dame aus Süddeutschland zugeschaltet. Sie hört sich geduldig meinen Spruch an und sagt: »Nein, da hab ich eigentlich kein Interesse.« Ich bedanke mich artig.

Der Coach neben mir schüttelt den Kopf. Er rät mir, beim nächsten Mal zu sagen: »Aber Sie haben doch Interesse, Geld zu gewinnen, oder etwa nicht?« Beim zweiten Anruf bemerke ich, dass mir der Drang fehlt, einer jungen Mutter, ein weinendes Kind im Hintergrund, mit derlei Suggestivfragen auf die Pelle zu rücken.

Ein älterer Mann klagt: »Ich lebe von Hartz IV. Wissen Sie, die zwölf Euro in der Woche bräuchte ich dringend, aber zum Leben. Ich habe heute nicht mal ein Stück Brot zu essen.«

»Dann entschuldigen Sie bitte die Störung«, sage ich, »es tut mir aufrichtig leid.«

Der Coach reagiert verärgert: »Da hast du ja einen Sentimentalen hingelegt!« Als ich ihm den Fall schildere, sagt er nur: »Ihr braucht hier keine Gewissensbisse zu haben. Euer Gewissen könnt ihr zu Hause lassen!«

Viele der Angerufenen legen auf, bevor wir ihnen etwas versprechen können. Einer brüllt: »Ich zeige Sie an, Sie sind jetzt schon der Dritte heute, der mir was andrehen will.« In solchen Fällen lautet unsere Instruktion: das Gespräch sofort beenden. Unsere Telefonnummer wird ohnehin unterdrückt.

Eine jüngere Frau hört sich kommentarlos meinen Spruch an. Dann sagt sie leise, aber sehr bestimmt: »Glücksspiele sind uns verboten.«

»Wer verbietet Ihnen das? Wir leben doch in einem freien Land.«

»Es sind religiöse Gründe.«

»Darf ich fragen, welcher Religionsgemeinschaft Sie angehören?«

»Islam.«

»In welcher Sure steht das denn geschrieben?«, frage ich aus echtem Interesse und kann ihr nicht verübeln, dass sie auflegt.

Einmal gerate ich an einen mathematisch versierten Experten. Bevor ich ihm unser Gewinnsystem erklären kann, fällt er mir ins Wort: »Ich habe das längst durchgerechnet. 52 Prozent der Lottoeinnahmen werden gar nicht ausgeschüttet. Lotto ist die reinste Strafsteuer auf mathematischen Unverstand. Die Chance, vom Blitz erschlagen zu werden, ist 45-mal höher als sechs Richtige.«

Eine ältere Dame aus Ostdeutschland beschwert sich mit weinerlicher Stimme: »Jetzt wollen Sie mir den Schwindel schon wieder andrehen. Ich habe gerade gekündigt, und die Kündigung wurde nicht angenommen.«

»Aber Sie haben doch sicher schon Gewinne eingesteckt«, versuche ich sie zu beschwichtigen.

»Ja, 2,50 Euro«, antwortet sie, »aber die wurden mir nicht ausgezahlt, die würden mit einem neuen Spiel verrechnet.« Da konnte ich nicht dagegenhalten.

Zumal völlig undurchschaubar ist, wie viel Prozent der Einnahmen sich CallOn und die einzelnen Telefonverkäufer einstecken und wie viel tatsächlich in den Ankauf von Lottolosen geht. Darüber spricht bei solchen Callcentern niemand. Und wissen werden es wahrscheinlich nur Eckhard Schulz und einige seiner Getreuen. [...]

Das Ziel eines jeden Anrufes bei CallOn ist es, eine Kontonummer zu ergattern, für die Abbuchung. Von uns Neulingen schafft das niemand. Nur eine von uns kommt überhaupt dazu, nach der Bankverbindung zu fragen, doch der Angerufene verweigert die Antwort. Unser Teamleiter sagt: »So geht das nicht! Das darf gar nicht als Frage kommen. Du musst sagen, dass der Gewinn nur überwiesen werden kann, wenn wir die Kontonummer haben. Und mitspielen kann natürlich auch nur der, der zahlt. Ist doch klar.«

Er empfiehlt uns: »Das Gespräch weich aufbauen, dann festklopfen! Behauptet, wir hätten vor Jahren schon mehrfach den Jackpot geknackt. Das können die ja doch nicht überprüfen. Und immer nur positiv argumentieren. Wenn euch jemand blöd kommt mit dem Argument ›Ich will gar kein Lotto spielen‹, haltet dagegen: ›Das ist ja richtig, deswegen rufe ich Sie ja an.‹« Hartz-IV-Empfängern und anderen Mittellosen sollen wir flüstern: »Auch Sie sollten endlich mal auf der Sonnenseite des Lebens stehen! Haben Sie nicht auch mal Lust, in die Karibik zu fahren?« Wen das nicht anmache, dem dürfe man deutlicher kommen. »Unsere Mädels haben gerne den Spruch drauf: ›Wenn Sie dann den Scheck von uns kriegen, fahren wir zusammen in die Karibik!‹« [...]

Regelmäßig findet eine »Psycho-Schulung« im Köln-Turm statt. Der Ausbilder, Mitte 30, ist Jurist und hat zusätzlich Psychologie studiert: »Wir müssen den Kunden führen. Nur wir wissen, wo es hingeht. Schon vor dem ersten Satz – ›Schönen guten Tag!‹ – wissen nur wir, dass wir zur Kontonummer wollen. Im Verkauf spielt eine ganz starke Rolle, dass der Verkäufer die Konventionen und Höflichkeitsregeln ausnutzt, die man in unserer westlichen Gesellschaft verinnerlicht hat. Das Tempo spielt eine große Rolle. Das ist wie im Hollywood-Actionkino: schnelle Schnittfolgen, Bildergewitter, Verfolgungsjagden. Da rast ein Auto um die Ecke, und sofort kommt die nächste Information und die nächste und die nächste. So kann ich erreichen, dass der andere sich gedanklich einlässt. Denn wenn ich zu viele Pausen mache, fällt der Kunde wieder auf seine eigene Haltung zurück, die ja prinzipiell ablehnend ist. Wenn der Kunde sagt: ›Meine Kontonummer gebe ich grundsätzlich nicht über Telefon raus!‹, dann haben wir ihn schon zur Hälfte. ›Grundsätzlich‹, ›im Prinzip‹, ›prinzipiell‹ – das sind Verkaufsindikatoren. Weil der Kunde damit sagt: ›Ich mach das im Prinzip nicht, es sei denn, du gibst mir einen Grund dafür. Für dich mache ich eventuell eine Ausnahme.‹ Und so versuche ich wie die Termite am Fundament seiner Einwände zu nagen. Ich versuche, sie zu zerbröseln.«

Die »Fortbildung« ist wie eine Gehirnwäsche: »Nur ja keine Pausen entstehen lassen! Gegenenergie aufbringen! Ich zerbrösele die Haltung des Kunden, so wie die Termite das Fundament.« Die Termite hat es dem Teamleiter angetan! »Und dann betoniere ich seinen Einwand. Hauptsache, ich bringe keinen Satz, der eine Negation enthält. Kein ›Nicht‹, kein ›Nein‹, kein ›Aber!‹, ›Ich bräuchte Ihre Bankverbindung!‹ – absolut falsch. Da spürt der Kunde doch, ich greife in sein Portemonnaie und raube ihm sein Geld. Stattdessen ganz unpersönlich: ›Wir nehmen jetzt die Bankdaten auf.‹ Eine Situation der Unvermeidlichkeit suggerieren: ›Wie lautet Ihre Kontonummer?‹ Das ist wie Voodoo.« [...]

Vom Mitspieler zum Mittäter

Bei CallOn lerne ich eine Kollegin kennen, die von der Arbeitsagentur zu einem Callcenter namens ZIUInternational geschickt worden war. Dort, erzählt sie mir, seien ihr Verkaufspraktiken abverlangt worden, die sie mit ihrem Gewissen nicht habe vereinbaren können, da sie eindeutig kriminell gewesen seien. Nachdem sie der Arbeitsagentur den Fall unterbreitet hatte, informierte die nicht etwa die Gewerbeaufsicht oder die Kriminalpolizei, sondern bestrafte die Frau mit einer Sperrzeit. Mein nächstes Callcenter wird also ZIUInternational.

Ich muss gestehen, dass ich bereits an meinem zweiten Arbeitstag in dieser geschlossenen Anstalt mit den anderen um die Wette telefoniere. Mein Selbstversuch, das Outbound-Geschäft zu erkunden, um die Drahtzieher aus eigener Erfahrung überführen zu können, leitet allmählich eine mir selbst unheimliche Persönlichkeitsveränderung ein. Anfangs bin ich noch erleichtert, wenn ich auf eindeutige Ablehnung stoße; vor allem die deutschen Kneipiers wehren sich. Dann gibt mir der Teamleiter zu verstehen: »Jetzt mach endlich mal 'n Abschluss. Geh an die Ausländer ran!« Nach meinem ersten erfolgreichen Abschluss gratulieren mir der Chef und der Teamleiter, und die anderen applaudieren. Ich bin aufgenommen in die Betrugsfamilie. »Du machst das richtig routiniert. Du machst das sicher nicht zum ersten Mal«, lobt mich Vanessa. Vom Mitspieler zum Mittäter – so schnell geht das also. Ich erschrecke. Und erfahre von vielen Kollegen, dass es ihnen ähnlich ergangen ist. Moralische Skrupel der Callagenten werden in dem fatalen Klima aus innerem Gruppendruck und Angst vor Arbeitslosigkeit und Hartz IV erstickt. »Du kannst nur mitmachen oder aufhören«, sagt mir einer, der dann wirklich aufgehört hat. »Wenn man die Leute am Telefon hört, dass da jemand nur eine kleine Rente hat und auch so alleine ist, und du hast vor dir diesen Leitfaden liegen, nach dem du dich richten musst, um den Leuten das Geld aus der Tasche zu ziehen: Da bekommt man ein sehr schlechtes Gefühl. Das hat mich sogar noch zu Hause beschäftigt.«

Ich muss nicht um meinen Job fürchten wie die anderen. Ich rufe abends von zu Hause aus die von mir zum Kauf Überredeten an und mache ihnen klar, dass sie die Tafel nicht anzunehmen brauchen und den Gesetzestext besser selbst kostenlos aus dem Internet herunterladen können. Aber das ist auf Dauer keine Lösung.

Am fünften Tag versuche ich, während der Pause unser kriminelles Treiben, das die Straftatbestände Betrug in Kombination mit Nötigung und eventuell noch Amtsanmaßung vereint, im Kollegenkreis zur Sprache zu bringen. Um kein Misstrauen zu erwecken, spreche ich das Thema sehr vorsichtig an: »Dürfen wir wirklich sagen ›im Auftrag des Deutschen Jugendschutzes‹? Hat uns da noch nie jemand angezeigt? Ist da noch nie was passiert? Und der Trick, dass es die Tafel nirgendwo sonst gibt?«

Zuerst betretenes Schweigen, dann antwortet Vanessa fast beschwörend: »Da wird auch nix passieren, da wird nix passieren.«

Und alle behaupten und glauben es am Ende selbst: Der Chef hat es so gesagt und damit allein zu verantworten, es geht alles mit rechten Dingen zu! Von ihrer Unschuld am stärksten überzeugt ist Daniela: »Die Erste, die hier nicht mehr arbeiten würde, wenn ich was mit meinem Gewissen und Glauben nicht vereinbaren könnte, das wäre ich.«

»Und ich würde dir folgen«, beeilt sich Gerda, ihr beizupflichten.

Nach der Pause kommt der Teamleiter. »Neue Order vom Chef. Die Jugendschutztafel läuft ganz phantastisch. Wer 69 Euro dafür ausgeben kann, der zahlt auch 89. Und jetzt statt mit Holz- mit Aluklapprahmen.«

Da ziehe ich es vor, mein Gastspiel zu beenden. »Ich muss dringend zum Zahnarzt«, sage ich.

»Bleib nicht zu lange weg und bring eine ärztliche Bescheinigung mit«, ermahnt mich der Chef, »du hast wirklich Talent als Callagent.« [...]

Ein ehemaliger Spitzenverkäufer/Betrüger von Tectum, einem der umsatzstärksten Callcenter in Nordrhein-Westfalen, hat sich mir anvertraut: »Irgendwann fiel ich in ein schwarzes Loch. Das atemlose Telefonieren, teilweise neunzig Anrufe pro Tag, forderte seinen Tribut. Es war nach einem freien Wochenende: Ich begann montags früh wieder zu telefonieren, und mir war so, als hätte ich eine Stimme im Kopf. Die Stimme sprach schneller als ich, und zwar den Text, den ich eigentlich dem Kunden aufsagen wollte. Ich war verwirrt, konnte mich nicht mehr konzentrieren, redete Unsinn am Telefon.

Meine Quote ging bergab, der Teamleiter wollte wissen, was los war.

Als ich ihm sagte, ich könne nicht mehr, ich würde durchdrehen, winkte er ab. ›Quatsch! Du kriegst das hin. Coach mal zur Abwechslung deine Kollegen. Dann kommst du wieder auf den Teppich.‹

Ganz unbekannt schien ihm also dieses Phänomen nicht zu sein. Ich wurde auf die anderen losgelassen, sollte ihnen unter die Arme greifen, Argumente verbessern, Abschlüsse fördern. Ich machte das spontan so, wie ich es auf dem ›Meeting‹ gelernt hatte, ich sagte der ersten Kollegin, bei der ich saß: ›Das war schlicht scheiße!‹ Mit dem Schocker weckte ich sie tatsächlich auf, sie hörte mir zu, sie bedankte sich schließlich sogar bei mir. Der Teamleiter hatte das mitgekriegt und bestätigte mich: ›Man kann denen nicht oft genug sagen, dass sie scheiße sind. Nur dadurch erreicht man, dass sie Gas geben. Wenn man sie lobt, lehnen sie sich zurück.‹

Ich bekam die Stimme tatsächlich wieder aus dem Kopf und legte erneut los. Ich log noch einen ganzen Monat durch und hatte nicht einmal ein schlechtes Gewissen dabei. Die Teamleitung feuerte mich regelrecht an. Ich machte sogar Überstunden, unbezahlt natürlich, denn Tectum bezahlte keine Überstunden.

Draußen erzählte ich wie meine Kollegen wenig oder gar nichts von unserer Arbeit. Wir wurden ein verschworener Haufen, fast wie eine Sekte, für die andere Gesetze und Moralmaßstäbe galten als für den Rest der Welt. Das alles geschah nicht bewusst. Es geschah einfach. Der Übergang zum routinierten Betrüger war fließend, ein schleichender Prozess. Man hörte bei einem Kollegen ein Argument, baute es ein, merkte, dass man Erfolg hatte und blieb dabei, vervollkommnete die ›Beweisführung‹. Die ständigen Vergleiche, wer mit den Abschlüssen die Nase vorn hatte, trieb diese Entwicklung weiter.

Da nimmt man irgendwann keine Rücksicht mehr auf andere, man blendet aus, dass man die Leute nach Strich und Faden bescheißt. Wir machten uns sogar einen Spaß daraus, das Verarschen von Kunden war ein verbreiteter Abteilungssport, man rief als Telekom an und bat den Kunden, für einen Leitungstest am Telefon zu bleiben. Das konnte durchaus dreißig Minuten dauern, der Kunde blieb am Apparat und wartete. Irgendwann schalteten wir uns wieder drauf und fragten, ob er einen Pieps gehört habe. Natürlich verneinte der Kunde, und wir erklärten ihm, dass der Test erfolgreich beendet sei. Und lachten uns schlapp. [...]«

Jetzt ist angeblich nicht mehr alles erlaubt. Jetzt, das ist Juni 2009. Zwei neue Gesetze wurden verabschiedet. Denn angesichts der heftigen Kritik, die nach meinen Veröffentlichungen und Stellungnahmen in der *Zeit* und im ZDF 2007 über die Outbound-orientierten Callcenter hereingebrochen ist, hat die Politik tatsächlich reagiert. Zuerst wurde zum 1. Januar 2008 der neue Glücksspielstaatsvertrag beschlossen, der die Telefon- und Fernsehwerbung für Lottoverkäufe verbietet (bzw. einschränkt, denn die Ziehung der Lottozahlen ist nicht davon betroffen). Sogar die SKL-Show zog sich nach mehreren Rechtsstreitigkeiten im Mai 2009 aus dem Fernsehen zurück; nur im Internet ist Günther Jauch noch in diesem Job zu sehen. Ob der Glücksspielstaatsvertrag Bestand haben wird, ist allerdings noch nicht endgültig geklärt. Es ist zu erwarten, dass die Europäische Union ihn noch nachträglich verbietet.

Die Branche hat auf die Verbote sofort reagiert und steigt nach Informationen der Verbraucherzentrale Berlin um: »Die Praxis zeigt, dass Unternehmen, die bisher Telefonwerbung für Lotto-Produkte betrieben haben, jetzt für andere Leistungen zum Telefon greifen. Die in Berlin ansässige ZKV Marketing GmbH bietet nun unter dem Namen ›Preisspitzel‹ angeblich verbilligte Einkäufe aller Waren. Die DTD Dienstleistungs

GmbH, Speyer, bewirbt – als Gewinnmitteilung getarnt – jetzt telefonisch eine sogenannte Urlaubsflatrate.«

Im Juni 2009 wurde dann das »Gesetz zur Bekämpfung unerlaubter Telefonwerbung« beschlossen. Die wichtigsten Vorschriften: Erstens darf kein Callcenter mehr bei Anrufen seine Nummer unterdrücken (das kann bis zu 10 000 Euro kosten), zweitens muss der Angerufene ausdrücklich in derartige Anrufe eingewilligt haben (wenn nicht, kann das den Anrufer bis zu 50 000 Euro Bußgeld kosten), und drittens darf der Käufer den am Telefon geschlossenen Vertrag widerrufen.

Hat es nun endlich ein Ende mit den »cold calls«, den unerwünschten und betrügerischen Anrufen?!

Kleine Brötchen für Lidl

Vom schlechten Arbeiten für schlechtes Essen

Der Brief trug keinen Absender. Eines Morgens lag er in meinem Briefkasten, und es ging darin um die üblen Arbeitsbedingungen in einer Brotfabrik. Auf mehreren Seiten wurde genau beschrieben, welche unerträglichen Zustände dort herrschten. Am Ende stand: »Haben Sie bitte Verständnis dafür, dass ich mich nicht zu erkennen gebe. Ich bin Arbeiter, habe Familie und bin auf diese Arbeit angewiesen …«

Ich bekomme jede Woche Briefe oder E-Mails, in denen Menschen mir schildern, welchen Schikanen sie bei der Arbeit ausgesetzt sind, oder sie stehen bei mir vor der Tür, um sich mir anzuvertrauen. Ich kann nur selten selbst aktiv werden und erst recht nicht, wenn ein Informant nicht bereit ist, aus seiner Anonymität herauszutreten. In diesem Fall sollte sich die Sache aber anders entwickeln: Ein paar Wochen später klingelte das Telefon; der Anrufer berichtete von Mobbing, willkürlichen Entlassungen und Unfallgefahren – in derselben Brotfabrik. Und der Mann schlug mir vor: »Finden Sie einen jüngeren Arbeiter, der sich bei uns bewirbt. Dann wird er sehr schnell feststellen, was hier los ist.« Ich bat den Anrufer um seinen Namen, schlug ihm ein Treffen vor, fragte nach zusätzlichen Details. Aber er wehrte ab: »Wenn rauskommt, dass ich mit Ihnen gesprochen habe, fliege ich raus. Mit Kritikern machen die hier kurzen Prozess.« Dann klickte es im Telefon. Er hatte aufgelegt.

Schließlich kam mir ein Zufall zu Hilfe. Ein Freund, den ich seit Jahren nicht mehr gesehen hatte, lud mich ein, ihn zu besuchen. Er wohnt im Hunsrück, nicht weit von dieser Brotfabrik. Ich beschloss umzudisponieren. Denn eigentlich bereitete ich gerade eine neue Reportage aus der »schönen neuen Arbeitswelt« vor und wollte demnächst in einem Großbetrieb in Norddeutschland anheuern. Mein Freund bot mir an, ein Zimmer in seiner Wohnung zu beziehen und für die Zeit meiner Reportage sein altes, unauffälliges Auto gegen meine schrottreife, verbeulte Kiste mit Kölner Kennzeichen zu tauschen.

Ich habe wirklich öfter das verdammte Glück, dass ich zum richtigen Zeitpunkt den richtigen Menschen begegne. Und dann bin ich losgezogen. In den schönen rheinland-pfälzischen Hunsrück, wo Wein und Billiglöhne wachsen. Nicht ohne zuvor einen Blick ins Internet geworfen zu haben; und natürlich, ich fand »meine« Firma:

»Tradition seit mehr als 600 Jahren«, warb auf ihrer Homepage mit ansprechendem Design die Großbäckerei »Gebr. Weinzheimer Brot GmbH & Co. KG«.

Und weil die Fabrik wirklich – da lügt die Werbung ausnahmsweise einmal nicht – mitten im Hunsrück liegt, genauer: am Rande des Luftkurortes Stromberg, sah ich mir zuerst einmal das kleine Städtchen an.

Stromberg liegt nicht weit von Bingen am Rhein, hat eine eigene Autobahnausfahrt auf der A 61 und nennt sich »Heimat des Deutschen Michel«. Den Ort durchfließen gleich drei Bäche, kurvig und tief geht es von der Autobahn hinunter ins Tal mit seinen »romantischen Burgen, idyllischen Waldwegen«, so die Werbebroschüre der Touristeninformation, mit »Höhenfreibad, temperiert auf 23 Grad«, »Wohn- und Freizeitpark« mit »Tennis-, Reit- und Golfhotel«. Man könne auch »lukullisch speisen: in der ›Stromburg‹ beim Fernseh- und Promikoch Johann Lafer«.

Aber ich war nicht zum Vergnügen, sondern zum Malochen hierhergekommen. Und ich war neugierig auf die Arbeit bei Weinzheimer. Immerhin gehörte die Firma seit einigen Jahren zum »System Lidl«, nämlich zu den Lieferanten des Lebensmitteldiscounters, der ständig negative Schlagzeilen produzierte, weil er aus seinen Mitarbeitern Höchstleistungen herauspresste, weil er sie auch noch überwachte, weil er ihnen gewerkschaftliche Rechte verweigerte und dessen Konzernherr Dieter Schwarz auf diese Weise mit seinen mehr als zehn Milliarden Euro »Ersparnissen« zum viertreichsten Deutschen emporstieg. Weil Lidl also wie eine frühkapitalistische Profitmaschine arbeitet, wie zu Zeiten, als Arbeitsrechte noch nicht erfunden waren.

Wie Lidl mit seinen Lieferanten umsprang, darüber wusste ich damals noch nicht viel. Wie groß die Zahl seiner Zulieferer ist, gibt Lidl nicht bekannt. Es sind sicher Hunderte – in den Filialen von Lidl gibt es mehr als 1500 Produkte. Viele Produkte, die wir kaufen, werden bekanntlich nicht mehr in Deutschland hergestellt, sondern zum Beispiel in China, Indien oder Rumänien, wo man den Arbeitern weniger zahlt, wo sie weniger gut oder gar nicht versichert sind und weniger gut oder gar nicht gegen Gefahren geschützt. Wie reagiert ein Betrieb, der in Deutschland produziert, auf den Kostendruck? Kann es sein, dass die Arbeitsbedingungen der sogenannten Dritten Welt längst Einzug gehalten haben in unsere »schöne neue Arbeitswelt«?

Ich will es wissen. Auf der Homepage von Weinzheimer steht, dass in der Firma »qualifizierte Mitarbeiter im Einklang mit der Backkunst backen«. Ich bin zwar weder qualifiziert, noch verstehe ich etwas von Backkunst, dennoch rufe ich an, um mich als Arbeiter anzubieten. Von einem Angestellten erfahre ich, sie suchten »20 bis 30 Jahre alte Männer, die robust sind und belastbar« – also nicht mich. Ich gebe vor, 51 Jahre alt zu sein statt 65, und habe mir die Identität eines Freundes entliehen.

Falsche Haare und ein schwarzer Oberlippenbart verjüngen mich. So schwinge ich mich im Rennfahrerdress und mit windschlüpfrigem Helm auf mein schnittiges rotes Rennrad mit eindrucksvollem Triathlonlenker und fahre so direkt vor die Verwaltung der Großbäckerei. »Mein Name ist Frank Kimmerle, ich soll hier eingestellt werden«, stelle ich mich der Dame am Empfang vor. Sie mustert mich verwundert, drückt mir ein Formular in die Hand und wimmelt mich mit den Worten ab: »Dann füllen Sie das hier erst mal aus und legen Ihre Zeugnisse dazu.« In diesem Augenblick kommt eine etwa 35-jährige Frau dazu, gepflegt und bestimmt im Auftreten. Sie wird von der Empfangsdame als Gattin des Inhabers begrüßt. Ich wende mich an sie: »Man hat mir gesagt, ich könne sofort hier anfangen. Ich bin die fünfzig Kilometer von zu Hause mit dem Rennrad gekommen!« Aber auch ihr ist mein Auftritt nicht geheuer, sie weicht aus: »Mag schon sein, aber ich habe noch zu tun.«

Sie will gehen, da lege ich noch eins drauf: »Ich weiß ja, dass Sie jüngere Leute suchen. Aber ich mache Triathlon und habe den Ironman geschafft: 3,8 Kilometer schwimmen, 180 Kilometer Rad und den Marathon noch obendrein, da ist die Arbeit für mich wie lockeres Training. Ich kann Ihnen außerdem ein sportärztliches Attest vorlegen, in dem mir das biologische Alter eines 30-Jährigen bescheinigt wird.« Ich habe mich vorbereitet und seit einigen Monaten reichlich Ausdauer- und Krafttraining absolviert, dennoch übertreibe ich gewaltig. Die Kernpunkte aggressiver Gesprächsführung kommen mir in den Sinn, die ich im Callcenter bei meiner letzten Recherche gelernt habe. Ich fand es widerwärtig, diese Methode am Telefon anzuwenden, aber jetzt kommt sie mir zugute. »Den anderen nicht zu Wort kommen lassen! Gegenenergie aufbauen! Unvermeidlichkeit suggerieren! Positive Bilder erzeugen. Auf den Abschluss drängen!«, höre ich meinen »Ausbilder« von damals, als stünde er hinter mir.

Also gebe ich noch mal Gas (ich hatte erfahren, dass bei Weinzheimer Arbeiter ohne Entlohnung ein bis zwei Wochen probeweise arbeiten mussten): »Ich kann die ersten Tage ja umsonst hier arbeiten, damit Sie sich ein Bild machen können. Und Sie gehen keinerlei Risiko ein.« Und wirklich: Meine Dreistigkeit siegt. Die Chefin bleibt stehen, wendet sich mir zu, ich entdecke eine Regung in ihrem Gesicht, und sie fragt tatsächlich: »Haben Sie schon mal im Schichtsystem gearbeitet?« – »Ja, am Fließband bei Ford und bei Siemens im Akkord«, antworte ich wahrheitsgemäß und verschweige, dass das fast vierzig Jahre zurückliegt. »Dann erscheinen Sie morgen um acht zur Frühschicht«, sagt sie, »normalerweise ist Schichtbeginn um sechs.«

Ich bin drin. Für 7,66 Euro Stundenlohn brutto nach der unbezahlten Probezeit. Dafür hat man immerhin Arbeit, hier in dieser Region, wo die Arbeitslosenquote hoch ist und die Jobs rar sind. Der Verdienst fast jedes vierten Vollzeitbeschäftigten in Deutschland liegt inzwischen unter der offiziellen Niedriglohnschwelle von weniger als 9,61 Euro im Westen bzw. weniger als 6,81 Euro im Osten. Damit hat Deutschland einen höheren Anteil an Niedriglöhnern unter den Beschäftigten als Großbritannien und nur noch einen wenig geringeren als die USA.

Am ersten Morgen begrüßt mich die Chefin selbst, mit Handschlag, dafür ohne Vertrag. Den gibt es weder heute noch später. Die Chefin überreicht mir eine weiße Arbeitshose und ein T-Shirt mit kurzen Ärmeln. Ich frage, ob man darin – es ist Winter – nicht friere. »Wenn es Ihnen zu kalt ist, müssen Sie eben schneller arbeiten.« Dann überlässt sie mich meinem Schicksal und meiner Schichtführerin. [...]

Allmählich registriere ich: Ich befinde mich am Ende der Verpackungsstraße. Die Brötchen sind in eine luftdichte Folie eingeschweißt, die mit Kohlendioxid aufgebläht wurde. Die prallen Tüten strömen unentwegt mit immer gleicher Fließgeschwindigkeit der Mündung des Bandes entgegen. Zwei Arbeiter verstauen die Packungen am Bandende in Kartons, knallen einen Deckel drauf und stapeln sie dann auf Paletten. Jetzt erhalte ich zum ersten Mal eine handfeste Instruktion. Der Kollege neben mir erklärt, ohne aufzublicken und die Mechanik seiner Handbewegungen zu unterbrechen, was wir tun müssen: »Haltbarkeitsdatumsstempel kontrollieren, fehlerhafte Brötchen aussortieren, schlaffe Packungen vom Band runternehmen und aufreißen! Die sind nicht prall genug mit Kohlendioxid gefüllt.« Na ja, denke ich, nichts Ungewöhnliches. Fließbandarbeit halt. Und ich packe zu, schaue hin, reiße auf – oder nicht, werfe in die Kartons und so weiter und so fort. Nach einer Viertelstunde merke ich allerdings: Diese Arbeit ist nicht fehlerfrei zu erledigen. Es geht alles viel zu schnell. Aber vielleicht, so hoffe ich, kann ich mein Tempo steigern.

Ich stehe ungefähr eine Stunde am Band, da geht plötzlich ein Geschrei los. Eine Sirene heult auf, und meine beiden Kollegen rennen fluchend in die Nebenhalle. Die Schichtführerin brüllt mich unvermittelt an, ich solle hinterher. »Schnell, schnell, helfen, helfen!«, ruft sie ganz verzweifelt und schubst mich. »Bleche vom Band runter, Tempo, Tempo!« Nebenan steht der glühende Backofen, aus dem die Bleche sich auf das Band schieben. Unsere Aufgabe ist es, die heißen Bleche mit den herunterpurzelnden Brötchen wieder vom Band zu nehmen und in fahrbare Gestelle zu schieben. Jedes Blech misst achtzig mal sechzig Zentimeter und ist mit 42 Brötchen beladen. Ein Kollege wirft mir ein paar zerfetzte Handschuhe zu, und ich verbrenne mir als Erstes die rechte Hand. Beim Hochstemmen der Bleche über dem Kopf zischt es auf der Haut meines rechten Arms und am Kinn, und es bilden sich dicke Brandblasen. Fast alle meine Kollegen, so erfahre ich später, haben sich diese Brandverletzungen zugezogen.

Jetzt springt auch noch die stählerne Kette des Bandes ab, und nun ist richtig die Hölle los. Brötchenbleche schießen weiter aus dem heißen Ofen auf uns zu, und etliche fallen krachend auf den Boden. Die Kollegen brüllen sich an, zwei greifen mit den Händen ins laufende Band, um die Kette wieder in die Halterung zu bekommen. Dabei kam es schon zu schlimmen Verletzungen. Das erfahre ich allerdings erst nach zwei Wochen, nachdem ich selbst schon mehrfach in das laufende Band gegriffen habe. Endlich scheint alles wieder im Lot, die Produktion läuft weiter, das Chaos lichtet sich, und ich kehre zurück in meine Halle. Ich habe keine Zeit, meine Verbrennungen unter kaltem Wasser zu kühlen und die Schmerzen zu lindern. Ich befürchte schon, durch die Brandwunde am Kinn fortan wie ein Rind gebrandmarkt zu sein; aber zum Glück verheilt und verblasst dieses Brandmal mit der Zeit.

Verletzungen gehören bei Weinzheimer zum Arbeitsalltag. Wir sind hier so etwas wie die Gemeinschaft der »gebrannten Kinder«, mit Wunden an den Armen oder auch am Oberkörper. Erst nach einer Woche erfahre ich von dem Notausknopf, der seitlich des Bandes angebracht ist. Aber den dürfen wir nur im alleräußersten Notfall betätigen, das wissen die Kollegen. Denn wird er gedrückt, bleiben die Brötchen zu lange im Ofen, werden zu dunkel und sind nicht mehr zu verwenden. Mit großem Nachdruck warnt mich ein Kollege, ein gelernter Bäcker, unbedingt die Finger von diesem Knopf zu lassen. Darauf achtet auch der Eigentümer und Geschäftsführer der Firma, der sich zum Unglück seiner Beschäftigten selbst zum Unfallbeauftragten ernannt hat.

In den Wochen, in denen ich in der Brötchenfabrik arbeite, erlebe ich die Pannen und Blockaden wie ein ständig wiederkehrendes Naturereignis: Bleche müssen vom Band, Brötchen fliegen durch die Luft und liegen auf dem Boden, wo wir sie aufsammeln müssen, damit sie später entsorgt werden. Die Bleche verziehen sich nämlich mit der Zeit in der Hitze des Ofens, und wenn sie sich verzogen haben, blockieren sie das Band, es kommt zu einem Stau, auch weil die Anlage mehr als marode ist. Ein Betriebsschlosser hat mich aufgeklärt: »Die holen hier das Letzte aus Mensch und Maschine raus und sparen an allem. Lidl bestimmt die Lieferquote. Für jede nicht gelieferte Palette zahlt Weinzheimer eine Konventionalstrafe von 150 Euro, zuletzt waren es mal über 15 000 Euro.« Ein Backblech kostet 70 Euro, und so frage ich einmal einen Schichtleiter, ob man denn nicht neue kaufen könne, um die dauernden Staus zu vermeiden. »Ihr seid billiger als neue Bleche«, ist seine Antwort. [...]

Ausbeutungsterror durch Abhängigkeit

Ich frage mich, wer für das »Billig-billig«-System von Lidl letztlich verantwortlich ist. Mit Billiglöhnen werden Billigbrötchen zu Billigpreisen und in Billigqualität an den Verbraucher gebracht. Warum kaufen die Kunden diese altbackenen Aufbackbrötchen, die obendrein nicht gut schmecken und nicht gerade gesundheitsförderlich sind? Ja, sie sind in der Tat billig, zumindest auf den ersten Blick. Pro Brötchen zahlt der Kunde 10,5 Cent. Aber er muss immer gleich zehn Stück kaufen. Er muss sie außerdem selbst aufbacken, was Zeit und Strom kostet.

Mittlerweile stammen zwei von drei Broten aus der Supermarkttheke, bei Brötchen sind es etwas weniger. Waren, die natürlich schon allein wegen der Anfahrtswege länger liegen und mit allerlei fragwürdigen Methoden haltbar gemacht werden. Liegt es an der Unbedarftheit und am fehlenden Verbraucherbewusstsein der Kunden? Oder hat es mit deren dürftigem Einkommen zu tun? Natürlich ist es verständlich, dass ein Hartz-IV-Empfänger solche Billigbrötchen kauft. Aber leider treibt die »Geiz-ist-geil«-Mentalität auch viele Verbraucher, darunter sogar Besserverdienende, zum Billigangebot der Discounter, und auch sie nehmen die zum Teil mangelhafte Qualität der Produkte hin. Es wäre aber ähnlich günstig, zu ganz gewöhnlichem Brot vom Bäcker um die Ecke zu greifen, der noch selbst backt. Und sicher schmackhafter. [...]

Der Schimmel blüht

Die Leidtragenden der Marktmacht großer Discounter – fünf von ihnen setzen in Europa über 70 Prozent der Lebensmittel um – sind nicht nur die Lieferanten und die Beschäftigten, sondern ebenso die Verbraucher. Auch wenn mitunter die Schimmelbildung bei den Lidl-Brötchen rechtzeitig entdeckt und auf Kosten der Beschäftigten bei Weinzheimer – »bereinigt« wird, der Schimmel entsteht in der Stromberger Brotfabrik nicht durch »ungenaues oder unsauberes Arbeiten«, sondern blüht hier permanent – davon konnte ich mich selbst überzeugen und kann es durch Fotos belegen – an schwer zugänglichen Stellen der Anlage, rieselt an verrotteten Eisenteilen herunter oder entwickelt sich im Gärschrank.

Thorsten Scholz ist Mechatroniker. Ihn graust es, als er mir bei sich zu Hause von seiner Zeit bei Weinzheimer erzählt: »Der Gärschrank, wo die Teigrohlinge durchlaufen, war voll mit Schimmel. Ist klar, da wird ja eine gewisse Temperatur erzeugt, ein gewisser Wasserdampf: Da gehen nicht nur die Brötchen auf, davon ernährt sich auch der Schimmel, wenn man ihn lässt. Das war eklig, richtig eklig. Als ich das gesehen hab, war Schluss mit Weinzheimers Brötchen. Ich hab keins mehr runtergekriegt.«

Die Arbeiter trifft keine Schuld. Sie sind im ständigen Einsatz und malochen – durch die immer wiederkehrenden Pannen auf Trab gehalten – bis zur Erschöpfung. Unser Soll pro Schicht sind vierzig Paletten. Durch die dauernden Blockaden und die damit verbundene Mehrarbeit ist das meist nicht zu schaffen. Auch von jungen, sehr kräftigen Kollegen bekomme ich zu hören, dass sie nach der Arbeit total ausgelaugt seien und sich kaum noch zu etwas aufraffen könnten. Auf der Strecke bleibt – für zusätzliches Personal ist anscheinend kein Geld da – die Sauberkeit. Der Verbraucher kriegt es ja nicht mit. Denn die ach so naturreinen Brötchen, die »ohne Konservierungsstoffe« hergestellt werden (Eigenwerbung), enthalten eben solche Mittel zur Verhinderung von Schimmelpilzbildung mit einem Gewichtsanteil von 0,5 Prozent in der Backmischung. Bei diesem Anteil sind sie noch nicht deklarierungspflichtig. Aber trotzdem da. [...]

Insgesamt herrscht bei der Fabrikbäckerei Weinzheimer das System Lidl. Dieser Supermarktkonzern hat es geschafft, dass von seinen 3250 Filialen in Deutschland lediglich sieben einen Betriebsrat haben. In einem Fall wurde sogar eine Filiale geschlossen, um die Gründung eines Betriebsrats zu verhindern. Auch der Brötchenfabrikant im Hunsrück drohte mit Schließung seines Betriebs, bzw. mit Entlassungen wegen »betriebsbedingter Teilautomatisierung«, um Stimmung gegen eine geplante Betriebsratswahl zu machen.

Bereits die erste von ihm unter Vorwänden immer wieder hinausgezögerte Betriebsversammlung geriet zum Fiasko. Er versuchte den Wahlvorstand, der das Vertrauen fast der gesamten Belegschaft genoss, als inkompetent hinzustellen und lächerlich zu machen. Die Kollegen hielten ihm die gesundheitsruinierenden Arbeitszeiten vor und begründeten damit die Notwendigkeit eines Betriebsrats; einer berichtete, er habe dreißig Tage am Stück arbeiten müssen. Der Brötchenfabrikant feixte: »Na super, dafür haben wir ja auch mal zwei Wochen nix zu tun!« Als die Kollegen nicht auf seinen »Scherz« eingingen, sondern weiter ihrem Ärger Luft machten, schmiss er sie schlicht und einfach raus: »Das ist meine Firma, ich mache jetzt von meinem Hausrecht Gebrauch!«

In der Folgezeit versuchte er, die Wahl eines Betriebsrats mit Drohungen zu verhindern. Unliebsamen Mitarbeitern wurde die Kündigung angedroht, sollten sie sich an der Wahl beteiligen.

Alban Ademaj, der es schließlich dennoch wagte, sich zum Betriebsratsvorsitzenden wählen zu lassen, erinnert sich: »Ich wurde von den Arbeitskollegen gebeten, mich aufstellen zu lassen, weil sie großes Vertrauen zu mir hatten. Doch schon während der Wahlvorbereitung wurden wir so oft abgemahnt und als dumm und unwissend dargestellt, dass ich mehrmals kurz davor war, alles hinzuschmeißen. Als ich zu meinem großen Erstaunen die meisten Stimmen bekommen hatte, ermutigte mich das weiterzumachen. Wir versuchten als Erstes, die gröbsten Verstöße abzustellen, doch jeder Versuch und Vorschlag wurden abgeblockt. So wollten wir zum Beispiel unsere Stundennachweise ausgehändigt bekommen, weil viele den begründeten Verdacht hatten, dass Stunden unterschlagen wurden. Denn der Betriebsleiter konnte über den PC die Stundenzahl manipulieren. Ich konnte ihn überführen, da ich meine Stunden immer aufgeschrieben hatte.«

Der 27-jährige Ademaj wurde nach seiner Wahl systematisch unter Druck gesetzt, bekam eine Abmahnung nach der anderen, obwohl – er vorher nie wegen seiner Arbeitsleistung kritisiert worden war. Er wurde versetzt, musste Springerdienste leisten und wurde auf jede mögliche Weise schikaniert.

Schließlich hat er aufgegeben und sein Amt niedergelegt: »Ich dachte, wenn ich zurücktrete, dann lässt er mich wenigstens in Ruhe meine Arbeit machen.« Weit gefehlt! Ademaj wurde zur unbeliebtesten Arbeit, zum Einpacken am Endband, versetzt. »Palettenkontrolle. Da findet man immer was, wenn man will. Als sie aber beim vierten Mal bei mir immer noch nichts gefunden hatten, fragte ich die Frau des Inhabers, die mich kontrollierte, spöttisch: ›Gibt's beim fünften Mal, wenn wieder alles okay ist, wenigstens 100 Euro Prämie?‹« [...]

Den vielleicht widerwärtigsten Fall von Mobbing erlebte ein Mann namens Ottmar Thiele, ein gelernter Bäckermeister. Er arbeitete seit 33 Jahren in der Firma, als der Chef ihn zwingen wollte, eine Änderungskündigung zu unterschreiben, die ihm 500 Euro weniger im Monat beschert hätte, dafür aber Schwerstarbeit im Schicht- und Nachtdienst. Obwohl Thiele nicht unterschrieb und trotz eines ärztlichen Attests, wonach ihm wegen einer Herzerkrankung weder Nacht- noch Spätschicht zugemutet werden dürfe, wurde er zum Schichtdienst gezwungen. Er wurde in die Produktion versetzt und musste schwere Paletten von Hand schieben. »Alles im Dauerlauf«, erzählt er. »Die wollten, dass ich von selbst gehe. Ich habe kaum noch geschlafen, Tag und Nacht an die Firma gedacht.«

Er reichte eine Klage ein, weil er nach seiner Weigerung, die Änderungskündigung zu unterschreiben, immer schlimmer schikaniert wurde. Am nächsten Tag erteilte die Firma ihm Hausverbot. »Die Chefsekretärin kam morgens in die Werkstatt, verlangte meine Stempelkarte und meinen Schlüssel. Doch kaum war ich zu Hause, rief der Betriebsleiter an, ich müsse am nächsten Tag wieder zur Spätschicht antreten. Ich habe das gemacht, aber bekam dann nach vier Stunden härtester Arbeit plötzlich keine Luft mehr, hatte panische Angst, mein Herz krampfte sich zusammen. Ich musste sofort zum Arzt.«

Nach einjährigem Prozess bekam Thiele recht. Die Änderungskündigung war unbegründet und unwirksam. Der Unternehmer hatte trotzdem seinen Sieg errungen, denn Thiele verzichtete dar auf, wieder eingestellt zu werden. Er gab sich mit einer siebenmonatigen Gehaltsnachzahlung zufrieden, nachdem der gegnerische Anwalt trickreich suggeriert hatte, dem Betrieb stehe womöglich ein Insolvenzverfahren bevor.

Ich habe Ottmar Thiele gefragt, was seiner Meinung nach die gerechte Strafe für solch einen Menschenschinder wäre. »Es müsste ein Gesetz geben«, sagt er, »dass so ein Mann mindestens acht Wochen in der Produktion arbeitet, unter den Bedingungen, die er zu verantworten hat.« [...]

Meinen schwärzesten Tag habe ich nach etwa zwei Wochen. Es ist der indische Kollege, der mich rettet, denn ich breche fast zusammen. Ich höre, wie mein Herz schlägt, laut und rasend und unregelmäßig. Herzrhythmusstörungen. Ich erkenne sie gleich, weil ich sie schon einmal erlebt habe: vor fünfzehn Jahren, als ich mit dem Kajak auf dem Atlantik in Seenot geriet. Ein Sturm trieb mich aufs offene Meer, ich verlor das Land aus den Augen. So fühle ich mich jetzt auch: Ich sehe kein Land mehr. Mein Kollege merkt offensichtlich, wie schlecht es mir geht. Er übernimmt, ohne ein Wort darüber zu verlieren, einen Teil meiner Arbeit.

»Glaubst du an Wiedergeburt?«, frage ich bei einem kurzen Bandstillstand meinen Kollegen aus Kalkutta. – »Kann schon sein«, antwortet er zögernd. – »Dann kommst du automatisch ins Nirwana und erreichst die höchste Stufe der Inkarnation, wenn du das hier über Jahre erduldet hast«, sage ich und meine es auch so, obwohl ich selbst weder an Wiedergeburt noch an Auferstehung glaube.

Seltsamerweise kommt mir bei dieser Fronarbeit, die endlos erscheint und einem das Letzte abverlangt, wiederholt ein Bibelspruch aus dem Religionsunterricht meiner Schulzeit in den

Sinn: Im Schweiße deines Angesichts sollst du dein Brot – bzw. deine Brötchen – verdienen oder wörtlich »essen«!

Nachts träume ich mittlerweile von umherfliegenden Brötchen und Blechen; ich weiß, dass ich kaputtginge, wenn ich hier auf Dauer weiterarbeiten müsste. Als mich abends der Freund, der mir seine Identität geliehen hat, fragt, wie es mir geht, sage ich allen Ernstes, dass ich die Brötchen als meine Feinde betrachte. Wirklich, ich fühle mich wie im Schützengraben, nur dass einem hier keine Granatsplitter, sondern heiße Bleche um die Ohren fliegen. Und dann plötzlich, wenn alles normal läuft, denke ich: Ach, es sind vielleicht sogar ganz anständige Brötchen. Manchmal duften sie sogar. Ich merke, so erzähle ich ihm, dass mir meine Identität verloren geht, ich verliere den Abstand zu dieser Arbeit, ich weiß nicht mehr, was zu Hause los ist, in Köln; ich bin fix und fertig. Genauso wie die Kollegen, die erzählen, dass sie abends vor dem Fernseher regelmäßig einschlafen.

Aber dann gebe ich mir wieder einen Ruck. Sehe, wie die anderen durchhalten. Spüre manchmal so etwas wie ein solidarisches Miteinander. Irgendwann einmal habe ich unwillkürlich während der wenigen ruhigen Arbeitsphasen die Internationale zu pfeifen begonnen und die erste Strophe »Wacht auf, Verdammte dieser Erde …« vor mich hin gesummt. Es besteht wohl keine Gefahr, dass der Inhaber oder einer der Chefs die Melodie kennt. Als ich also, laut die alte Hymne der Arbeiterbewegung pfeifend, einen Gestellwagen, schwer mit leeren Brötchenblechen beladen, im Laufschritt vor mir herrolle, reagiert ein türkischer Kollege. Er schaut sich um, ob ihn auch keiner sieht, zwinkert mir zu und hebt kurz die geballte Faust.

An diesem Tag kommt mir das Wort »Streik« in den Kopf. Man muss etwas tun gegen diese Ungeheuerlichkeiten. Man kann etwas tun! Die Erste, die ich anzusprechen wage, ist eigenartigerweise meine Schichtführerin aus den ersten Tagen.

Sie hat sich gewandelt. Sie schreit uns nicht mehr an, ist in sich gekehrt, verunsichert. Denn sie ist abgemahnt worden. Westerhorstmann hat sie zur einfachen Arbeiterin degradiert, weil sie angeblich zu wenig Leistung bringt. Also hoffe ich, dass meine Streikidee bei ihr auf fruchtbaren Boden fällt. Aber sie sieht mich erschrocken an. »Um Gottes willen, sagen Sie so etwas nicht! Es haben ja schon mal welche versucht, einen Betriebsrat zu gründen. Die sind alle raus, die sind alle weg.« Schnell wendet sie sich von mir ab. Die Angst unter den Geschundenen ist so groß, dass allein der Gedanke an Aufbegehren sie schreckt.

Dafür offenbart sich mir der türkische Kollege, als ich ihn nach der Arbeit unauffällig anspreche. Er ist einer der wenigen noch verbliebenen Gewerkschaftsmitglieder bei Weinzheimer, die sich wie in einem Geheimbund nicht zu erkennen geben dürfen, da ihnen sonst Schikanen, Mobbing und der Rauswurf drohen. Ich komme mir vor, wie sich Proletarier vor hundert Jahren gefühlt haben müssen. Die Verfolgungsmethoden in den Betrieben haben dieses Jahrhundert leider überdauert. Es gibt ein Grundgesetz. Es gibt Arbeitsschutzbestimmungen! Bei Weinzheimer im Hunsrück offensichtlich nicht. Die Zustände in dieser maroden Brötchenklitsche sind den Behörden keine Intervention wert. Im Gegenteil. Das Arbeitsamt verpfichtet die Leute sogar noch in diese Brötchenfabrik.

Unter null

Die Würde der Straße

Heiligabend, kurz nach 17 Uhr, die Kölner Innenstadt ist wie ausgestorben, hier und da läuten Kirchenglocken. Der 24. Dezember sei der »gefühlt wichtigste Tag des Jahres«, hat der Juniorchef eines großen Kölner Verlagshauses in seiner Zeitung verkündet, aber mir ist alles andere als weihnachtlich zumute.

Der Pförtner in Kölns ältestem und größtem Nachtasyl, dem Johanneshaus in der Annostraße, wirft mir einen misstrauischen Blick zu. Vielleicht habe ich es auch übertrieben mit meiner Kleidung: Die zerschlissene, zehn Jahre alte Hose habe ich zusätzlich mit Löchern versehen und eine Jacke aus einer Kleidersammlung an einigen Stellen zerfetzt. Die klobigen, verschmutzten Schuhe sind Arbeitsschuhe aus meiner Zeit als türkischer Arbeiter »Ali« bei Thyssen in den 80er Jahren. Die Hornbrille aus meiner Jugendzeit hilft mir bei der Verfremdung. Ich trug sie als 22-Jähriger, als ich ein halbes Jahr auf Tramptour die Nachtasyle Skandinaviens besuchte und meine erste Reportage über Deutschland größtes Obdachlosenasyl, das Hamburger Pik As, veröffentlichte. Ich trage eine alte Reisetasche mit zusammengerollter Isomatte und einen Rucksack bei mir.

Mein Ausweis ist von einem Freund entliehen. Ich lernte ihn kennen, als ich hörte, es gebe einen Doppelgänger, der ständig mit mir verwechselt werde. Er tat mir den Gefallen, sich beim Einwohnermeldeamt wohnungslos zu melden. Dort bekam er einen Aufkleber in den Pass: »Ohne festen Wohnsitz«. Ohne diesen Aufkleber darf man nicht in Notunterkünften übernachten. Auch der Notfall hat seine Regeln. Die Bürokratie, das werde ich in nächster Zeit oft zu spüren bekommen, macht einem das Leben auch dann noch schwer, wenn man ganz unten angekommen ist.

Wieder bin ich unterwegs, doch diese Reise im Winter führt mich nicht in die Arbeitswelt, sondern in die Welt derer, die schon längst keinen Job und keine Wohnung mehr haben. Ich lerne Menschen kennen, die auf der Straße leben, manchmal in Nachtasylen unterkommen, die vom Betteln leben oder von dem einen oder anderen Gutschein eines Sozialamtes – vielfach verachtete Menschen. Menschen, die auch Angst machen. Denn sie scheinen uns zu zeigen, was geschieht, wenn alle sozialen und familiären Netze reißen. In den Zeiten der Krise wächst die Angst vor dem sozialen Absturz. Deshalb will ich mich bei denen umsehen, die anscheinend nichts mehr zu verlieren haben.

Mindestens 30 000 Menschen in Deutschland haben kein Dach über dem Kopf. Sie leben und übernachten auf der Straße, manchmal kreuzen sie in einer »Notschlafstelle« auf, dem, was wir üblicherweise als Obdachlosenunterkunft bezeichnen. Diese Menschen tauchen in keiner Statistik auf. Sie gehören auch nicht zu den »Wohnungslosen« in Deutschland, die in städtische Notunterkünfte eingewiesen wurden. Ihre Zahl liegt laut Bundesarbeitsgemeinschaft Wohnungslosenhilfe bei etwa 350 000, und es werden immer mehr, seit die Arbeitslosigkeit zunimmt. Das gilt gerade auch für Frauen und für jüngere Menschen.

Die Menschen, die wir gemeinhin als »Obdachlose«, »Trebegänger«, »Berber« oder mit menschenverachtendem Dünkel als »Penner« bezeichnen, heißen in der Amtssprache »Nichtsesshafte«. Sie sind die Nichtgröße der datenverliebten Bürokratie, die Gespenster des Elends, die aus allen Netzen Herausgefallenen. Um ihren Alltag kennenzulernen, quartiere ich mich über Monate in Obdachlosenunterkünften ein, in Köln, Frankfurt, Hannover, Koblenz und anderswo. [...]

Die Zuständigkeitsfrage

Am ersten Weihnachtstag, ich bin auf der Suche nach einem Schlafplatz – ich will »Platte machen« –, treffe ich gegen 21 Uhr vor dem Kölner Hauptbahnhof einen jungen Mann. Tränen laufen ihm übers Gesicht, er macht einen verwirrten Eindruck und kann sich kaum verständlich machen. Das Hemd ist ihm aus der Hose gerutscht, er zittert vor Kälte. Stockend berichtet er, dass er aus einem Heim für betreutes Wohnen in Bad Honnef, einem Städtchen dreißig Kilometer südlich von Köln, weggelaufen sei, seit drei Tagen auf der Straße schlafe und in der letzten Nacht ausgeraubt worden sei.

Ich hake ihn unter, und gemeinsam suchen wir die Bahnhofspolizei auf. Dort nennt er seinen Namen, Thomas S., und sein Geburtsdatum. Der Polizist schaut in den Computer: »Also, unter dem Namen ist er nicht gemeldet. Da können wir dann leider nichts machen.«

»Aber er braucht dringend Hilfe«, wende ich ein, »es ist Frost angesagt für heute Nacht.«

»Tut mir leid«, wehrt der Polizist ab. »Sie können ja mal zur Bahnhofsmission mit ihm gehen, die sind für solche Fälle zuständig.«

Am Gleis 1 finden wir die Bahnhofsmission und schauen durch die Fenster. Auf unser Klopfen öffnet ein Bärtiger vorsichtig die Fensterluke und mustert uns. Als ich nach einer Unterkunft für den Hilflosen frage, wird er ungehalten: »Was fragen Sie denn jetzt um diese Uhrzeit! Ich meine, der Tag hat 24 Stunden! Ich verstehe so was einfach nicht. Der Mann ist seit gestern hier und heute auch schon da rumgeturnt.«

Ich appelliere an sein Mitgefühl: »Aber er kann unmöglich draußen schlafen, er hat keinen Schlafsack und ist nur leicht bekleidet. Da erfriert er noch. Und schließlich ist Weihnachten.«

Der Diensthabende bleibt ungerührt: »Na, der wird ja nicht

gleich … Wenn er sich tagsüber nicht an die entsprechenden Stellen wendet, können wir jetzt auch nichts mehr machen.« Er ist der Ansicht, die Polizei sei zuständig. Mein Hinweis, dass die uns gerade zu ihm geschickt habe, interessiert ihn nicht. Der Mann beendet das Gespräch und schließt sein Fenster.

Also zurück zum SKM. Die Eingangstür ist verschlossen. Eine junge Frau kommt dazu, sie spricht kaum Deutsch, auch kein Englisch. Aus Russland komme sie, so viel kann ich verstehen. Und dass sie durch die Stadt geirrt und nirgends untergekommen sei, entnehme ich ihren Gesten.

Nach einigem Suchen finden wir die Sprechanlage, eine jüngere Frauenstimme antwortet. Weil ich weiß, dass der SKM am Hauptbahnhof ausschließlich Suchtkranke betreut, behaupte ich, mein orientierungsloser Freund sei drogenabhängig und die junge Russin auch. Die Mitarbeiterin des SKM will uns nicht einlassen, immerhin rückt sie zwei Adressen raus. Dort könnten die beiden wohl noch unterkommen. Thomas soll in das sogenannte Notel in der Viktoriastraße, in der Nähe des Bahnhofs. Die Russin könne ins Elisabeth-Fry-Haus, eine Notaufnahmestelle speziell für Frauen, etwas weiter weg.

Mittlerweile weht der Wind immer eisiger über den Bahnhofsvorplatz. Einige Reisende hasten zu den Taxis, eng in ihre Mäntel oder Jacken gehüllt. Es ist 22.30 Uhr, um 23 Uhr schließen die beiden Heime. Ich missachte wieder mal den vielfach missbrauchten Leitsatz des Vorzeigejournalisten Hajo Friedrichs, der da lautet: »Sich nicht mit einer Sache gemeinmachen, auch nicht mit einer guten«, und begleite ganz unjournalistisch die beiden abgerissenen Gestalten zum Taxistand. Die Adressen der Heime notiere ich auf einem Zettel und will ihn einem Taxifahrer reichen. Er schaut uns angewidert an und weigert sich, die beiden zu befördern. Der zweite reagiert ähnlich und murmelt, er kenne die Adressen nicht. Im dritten Taxi lässt eine Frau die Scheibe herunter. Sie wirft einen Blick auf unsere nicht gerade weihnachtliche Kleidung und winkt ebenfalls ab. Da versuche ich es mit einer Notlüge. Sehr energisch sage ich: »Ich warne Sie. Ich mache gerade einen Test für die Taxiinnung. Es geht darum, ob die Fahrer ihre Beförderungspflicht ernst nehmen.« Die Frau beißt die Zähne zusammen und quittiert die 25 Euro, den doppelten Fahrpreis, den ich im Voraus zahle. [...]

Kalte Angst

Im neuen Jahr kehre ich nach Köln zurück und verbringe dort meine zweite Nacht im Freien. Es ist der 6. Januar 2009. Die Stadt ist schneebedeckt, völlig unüblich für das Rheinland, die Seen locken mit einer dicken Eisschicht zum Schlittschuhlaufen. Die kälteste Nacht dieses Winters, bis zu minus 15 Grad, ist angekündigt.

Meldungen, es seien bereits Menschen auf der Straße erfroren, schockieren mich jetzt auf ganz andere Weise. Köln, so höre ich, will es anderen Städten gleichtun und Leute, die im Freien übernachten, einsammeln und in Wärmenotquartieren unterbringen.

Draußen ist von dieser Samariteraktion nichts zu spüren. Gegen 23 Uhr zähle ich allein in Bahnhofs- und Domnähe über ein Dutzend Menschen, die sich unter Decken oder in Schlafsäcken der extremen Kälte aussetzen. Zu mir kommt in dieser Nacht jedenfalls niemand, der mich in eine Notunterkunft bringen will.

Dabei schlage ich mein Schlafquartier an zentraler Stelle auf, vor dem Obdachlosencafé Gulliver hinter dem Hauptbahnhof, ganz in Rheinnähe. Hier haben fünf Berber schon seit Monaten Quartier bezogen. Sie kennen sich und leben hier wie eine Großfamilie. Der Älteste, Thomas, ist 61 und lässt mich gewähren, als ich mein Gelumpe zu einem Lager auszubreiten beginne. »Aber nur für eine Nacht«, stellt er klar, »wir sind hier nur geduldet. Es dürfen nicht mehr werden.« Seine kräftige Nase gibt ihm einen entschiedenen Ausdruck, sein bis auf die Schultern wallendes weißgraues Haar umrahmt sein Gesicht würdevoll. Aber die Augen! Rot gerändert, matt. Thomas ist gesundheitlich angeschlagen, sein ständiges Husten geht in ein Röcheln über. Er ist seit Oktober hier, nachdem er in der Annostraße, wo er ab und zu mal übernachtet hat, ausgeraubt wurde. Seitdem sieht er die Kälte als das kleinere Übel an. »Alles, was ich mir nach und nach angeschafft hatte und mit meinem Fahrradanhänger hinter mir herzog, war weg.«

Thomas ist gelernter Maler und Putzer, seit sechsundzwanzig Jahren lebt er auf der Straße. Er gehört zur aussterbenden Gattung der echten Vagabunden. Die Hände sind kräftig, geschmückt mit vielen Ringen, eine Uhr am tätowierten Handgelenk. »Warum hast du deine Arbeit verloren?«, frage ich.

»Ich hab sie nicht verloren, ich habe selbst hingeschmissen. Ich bin Aussteiger«, betont er nicht ohne Stolz. Er hat auf Baustellen in Frankfurt malocht, nicht schlecht verdient. »Aber das Arbeitsklima, der Druck, der Stress und das Tempo haben mir nicht gefallen. Da hab ich gesagt: Feierabend! Ohne mich.« Er hustet heftig und anhaltend. »Ich habe die Welt kennengelernt bis zur Südspitze Italiens.« Er bereut, wie er sagt, seinen Ausstieg nicht.

Thomas weist mir einen Schlafplatz neben seinem »Stiefsohn« Matthias zu, der, an seinen Hund gekuschelt, an der Wand liegt. Matthias ist dreißig, hat rote Strähnen und ein paar geflochtene Zöpfe im Haar. »Ich nenne Thomas meinen Vater, weil ich mit ihm wahlverwandt bin und viel von ihm lernen kann.« Matthias ist seit über zehn Jahren in ganz Deutschland unterwegs. Ursprünglich kommt er aus München, wo er in Heimen aufwuchs. Zwei Lehren hat er als Schreiner und Verkäufer angefangen und wieder hingeschmissen. Auch er zieht die Straße den Notunterkünften vor. Selbstbewusst erzählt er, in einen dicken bunten Pullover und eine schwarze Weste gehüllt, das freundliche Gesicht mir zugewandt.

Er lacht: »Hier draußen gibt's keine Käsefüße. Du hast etwas mehr Zufriedenheit und Ordnung. Auf einem kleinen Fleck kann man mit den Leuten leben, zu denen man gehört.« Zwischendurch jobbt Matthias als Tagelöhner auf dem Bau, auf einem Ökobauernhof und als Schausteller. »Ich bin als Berber groß geworden, in München habe ich mit Moshammers Vater unter der Donaubrücke gepennt. Das war noch ein Mensch.« (Richard Moshammer nahm sich als Obdachloser das Leben. Sein Sohn Rudolph, ein Münchener Original aus der Modebranche, wurde Anfang 2005 ermordet.)

Die Nacht wird kälter, wir liegen in unseren Schlafsäcken, der Hund zwischen uns, und Matthias erzählt mir von einem »Höhepunkt seines Lebens«, auf den er »besonders stolz« sei. Das sei in München gewesen. Da habe er mit einer Gruppe Jugendlicher Edmund Stoiber, den damaligen bayerischen Ministerpräsidenten (CSU), mit Eiern beschmissen. Matthias grinst fröhlich. »Schade, dass ich ihn nicht getroffen habe.« Andere hätten glücklicherweise besser gezielt.

Aber es gab ein Polizeifoto, auf dem zu sehen gewesen sei, wie er ein Ei wurfbereit in der Hand hielt. Matthias wurde angeklagt und, wie er sagt, zu sechs Monaten Gefängnis verurteilt. Die habe er absitzen müssen, weil er noch eine Bewährungsstrafe wegen eines früheren Drogendelikts offenhatte. »Es war die schönste Zeit meines Lebens, denn die Mitgefangenen, viele Ausländer dabei, haben mich groß gefeiert.«

Marco G., Anfang vierzig, ist der Schweigsamste in der Runde. Er gibt nur preis, dass er aus Berlin komme und seit zwei Jahren »alles hinter sich gelassen« habe. Er wirkt in sich gekehrt, verfolgt aber wohl, was wir miteinander reden. Schließlich sind wir alle müde, ich ziehe mir den Schlafsack bis übers

Kinn, der Hund von Matthias knurrt und bellt. Ich streichle ihn, da leckt er meine Hand. Ich fühle mich irgendwie aufgehoben in dieser kleinen Gemeinschaft. Besonders die sehr persönlichen und auch politischen Bekenntnisse meiner Schlafgenossen haben mich berührt; ich hatte das nicht erwartet, so viel Reflexion und Bewusstheit. Aber ich habe auch Angst vor der Nacht, vor der Kälte. Ich denke an Geschichten von Menschen, die gar nicht merken, wie der Frost sie holt. Sie wachen einfach nicht mehr auf.

Und in meinen Schlafsack zieht die Kälte, als wäre er nur ein dünnes Leinentuch. Ein Leichentuch, denke ich und zittere. Wie ich erst später erfahre, bietet mein Schlafsack nach Herstellerangaben nur bis null Grad ausreichend Schutz. Ich versuche bibbernd, mich wachzuhalten und meine eisigen Zehen zu bewegen, schlage mit den Beinen gegeneinander und mit den Armen an meinen Körper, um irgendwie die nach mir greifende Kälte zu vertreiben. Gegen drei Uhr falle ich dann doch in den Schlaf und werde erst morgens gegen sieben Uhr steif und zitternd wieder wach. Aber ich habe Glück gehabt: Von einem schweren Schnupfen abgesehen, habe ich die Nacht bei minus 15 Grad und trotz der in den Morgenstunden vom Rhein hochziehenden feuchteisigen Luft unbeschadet überstanden.

Marco, der Schweigsame, das erfahre ich zwei Wochen später, ist nach weiteren Kältenächten eines Morgens plötzlich tot zusammengebrochen. Wahrscheinlich vor Entkräftung. Da den Behörden keine Angehörigen bekannt sind, wird ein Begräbnis in einem anonymen Armengrab angeordnet. Aber offenbar haben sich die Behörden auch keine sonderliche Mühe gemacht, Marcos Angehörige ausfindig zu machen. Es wäre so einfach gewesen. Wie alle, die ihn vom Café Gulliver kannten, weiß ich, dass er aus Berlin stammt. Das Telefonverzeichnis im Internet führt 31 Einträge unter Marcos Nachnamen auf.

Ich will sie der Reihe nach anrufen. Gleich bei der ersten Nummer meldet sich eine Frauenstimme. Ich frage, ob sie vielleicht einen Marco G. kennt.

»Warum?«, fragt sie zurück.

Ohne groß nachzudenken, erzähle ich, was vorgefallen ist: »Weil er vor Kurzem verstorben ist. Ich bin ein Kumpel von ihm und suche nach Angehörigen.«

Da höre ich, wie die Frau in heftiges Schluchzen ausbricht. Sie ist seine Mutter und hat ihren Sohn vor zwei Jahren das letzte Mal gesehen. Nach seinem Verschwinden hatte sie eine Vermisstenanzeige aufgegeben. Erfolglos. Ich erfahre, dass Marco in Zockerkreise geraten war, hohe Spielschulden hatte. Um seine Familie, die ihm immer wieder Geld geliehen hatte, nicht weiter zu belasten, brach er schließlich alle Brücken hinter sich ab und wählte das anonyme Leben auf der Straße. Aber vielleicht ist alles viel komplizierter. Ich weiß es nicht. Jedenfalls bedankt sich sein Bruder bei mir. Er erreicht, dass Marcos Leiche, die wegen der Obduktion noch nicht beigesetzt war, nach Berlin überführt wird. Dort wird Marco im Familiengrab bestattet.

Des Anderen Last

Als Paketfahrer bei GLS

Immer schneller, immer billiger – das Internet macht's möglich. Handys, Kleidung, Laptops, Wein, Büroartikel, Bücher – es gibt nichts, was nicht angeblich preisgünstig und fast wie von selbst nach Hause kommt. Das Schleppen übernehmen andere: die Paketauslieferer. GLS ist einer der großen »Dienstleister« bei der Paketauslieferung. Er soll einer der schlimmsten sein, ist immer wieder zu hören. Einer der schlimmsten, was die Löhne und die Arbeitsbedingungen für die Fahrer angeht. Das sind nicht nur ein paar Leute, 250 000 bis 300 000 Menschen arbeiten in dieser stetig wachsenden Branche. Die Umsätze sind in den letzten zehn Jahren um 30 Prozent nach oben geschnellt, heute jagen jährlich mehr als zwei Milliarden Pakete durch die Republik. Einschließlich der Rücksendungen, die wir als »kostenlose« Leistung ganz selbstverständlich in Anspruch nehmen, wenn uns die zugeschickte Ware nicht gefällt. Aber kostenlos ist diese Leistung nicht, da zahlen andere drauf: Die Paketzusteller bleiben oft mit Stundenlöhnen von fünf und weniger Euro auf der Strecke. Ermöglicht hat das Preis- und Lohndumping der Gesetzgeber, der die Branche »zum Nutzen aller« dereguliert und privatisiert hat. Die Post wurde stückweise zerschlagen, mehrere Konzerne raufen sich um die Kundschaft.

Ich will die Arbeitsbedingungen der Paketauslieferer selbst erfahren und so heuere ich bei GLS-Germany an, einer Tochter des europaweiten Konzerns General Logistic Systems (GLS) mit Sitz in Amsterdam und im Besitz der privatisierten englischen Post. GLS ist einer der zehn Großen in der Paketauslieferung. Der Konzern wirbt mit dem Spruch: »Egal, was du tust, ein unterstützendes Team trägt dich. Zusammen lassen wir Träume wahr werden. Ein Europa, eine Kraft, ein Erfolg. Lasst uns die Zukunft gestalten. G-L-S.«

Ich bin auf einiges gefasst. Auf das, was ich dann selber erlebt habe und was mir anhand von Dokumenten und Zeugenaussagen glaubhaft gemacht wurde, war ich nicht gefasst.

4,2 Tonnen im Laufschritt

Vier Uhr früh aufstehen, um Punkt fünf einsatzbereit am Paketband in Polch zu stehen. Von Polch aus, einem der 57 GLS-Paketdepots in Deutschland, werden bis zu 35 000 Pakete pro Tag befördert. Schon die ersten Minuten an jenem Morgen sind Hektik pur. Tausende Pakete rauschen an den sechzig bis siebzig Fahrern vorbei, jedes mit einer vierstelligen Nummer versehen, anhand derer die Fahrer die Pakete für ihre Tour erkennen, vom Band reißen und hinter sich aufstapeln. Suchen, erkennen, zupacken, ablegen, suchen, erkennen, immer so weiter, eine Stunde, zwei Stunden und mehr. Irgendwann habe ich mit Andy zusammen Pakete mit einem Gewicht von mehr als einer Tonne vom Band gewuchtet. Ich drücke mir die Hände ins Kreuz. Keine Pause. Die Rolltore gehen jetzt hoch, dahinter haben die Fahrer ihre Sprinter geparkt, die Ladeklappen stehen offen. Wir nehmen zum zweiten Mal die Pakete hoch, tragen sie raus, wuchten sie in den Laderaum, die richtige Reihenfolge ist wichtig für die Tour. Bei einem der Pakete komme ich ins Stolpern, es hat sicher an die zehn Kilo mehr als das zulässige Gewicht der Vierzig-Kilo-Standardpakete, egal, rein mit dem Monstrum, jedes Zögern kostet Zeit. Es ist jetzt kurz vor acht, und wir müssen los, sofort, ohne auszuruhen, ohne Frühstück nach diesen fast drei Stunden Plackerei.

Als wir endlich im Wagen sitzen und losfahren, atme ich zum ersten Mal tief durch, nehme einen Schluck aus meiner

Wasserflasche. Doch Andy, der Fahrer, hält, kaum dass ich die Flasche abgesetzt habe, abrupt an. Unser erster Stopp ist erreicht. Die Straße heißt bedeutungsschwer Am alten Galgen. Andy springt aus dem Auto, rennt nach hinten zum Laderaum, reißt die Türen auf, packt sich ein Paket auf die Schulter, es wiegt mindestens zwanzig Kilo, nimmt ein kleineres zweites unter den Arm, er zeigt mir ein drittes, das ich mir auf die Schulter packe, ich schätze es auf dreißig Kilo. Andy wirft die Türen zu, läuft los, ich renne hinter ihm her.

Wir müssen an diesem Tag 130-mal anhalten, an 130 verschiedenen Orten, die wir mit höchstmöglichem Tempo anfahren, manchmal auch über der zulässigen Höchstgeschwindigkeit. Wir legen etwa 200 Kilometer zurück, halten wir an, rennen wir. Immer. Wir haben keine einzige Pause, die diesen Namen verdient hätte, wir haben nichts Warmes zu uns genommen, haben keine Mittagspause, mein Fahrer isst den ganzen Tag über gar nichts, trinkt nur seine Dosen mit »Monster«, ein sogenannter Energy-drink auf Koffeinbasis, einmal geht mein Fahrer aufs Klo, bei einem ihm gut bekannten Kunden, ich darf auch. Es ist eine Woche vor Weihnachten, Hochkonjunktur bei den Paketauslieferern. Es wird aber noch schlimmer: Zwei Tage vor Weihnachten liefern wir 330 Pakete aus, 1,4 Tonnen, die wir drei Mal bewegen müssen, vom Band auf den Boden der Depothalle, vom Boden der Halle in den Wagen, aus dem Wagen an den Kunden; das sind drei Mal 1,4 Tonnen anheben und tragen, das macht zusammen 4,2 Tonnen, die mein Fahrer normalerweise alleine getragen hätte, wenn wir Glück haben, nur wenige Meter, aber immer wieder, wenn man keinen Parkplatz direkt beim Kunden bekommt, können es fünfzig oder hundert Meter sein, 4,2 Tonnen, im Laufschritt.

Um 18 Uhr werden wir zurück im Depot sein, zwanzig Pakete, die wir von Kunden mitgenommen haben, müssen noch ausgeladen werden, Papierkram muss im Büro erledigt werden, um 19.30 Uhr sind wir zu Hause. Vierzehn Stunden haben wir gearbeitet.

Überwachen und Strafen

Ich hatte aus gutem Grund kurz vor Weihnachten 2011 im Paketgeschäft angefangen, ich wollte die Extremsituation kennenlernen. Ich dachte: Auch wenn das eine Ausnahme ist, in dieser Zeit erfahre ich die Wahrheit über diese Branche. Dass es auch in anderen Zeiten nicht viel besser ist, sollte ich später noch erleben.

Am Tag vor meinem Arbeitsbeginn mache ich mich in einen kleinen Ort in der Voreifel auf, dort wohnt Andy, der sich bereit erklärt hat, mich anzulernen. Man kann nicht einfach aus dem Stand allein eine Tour übernehmen. Mein neuer Kollege stellt mir die Ausziehcouch in seiner kleinen Mansardenwohnung zur Verfügung, er kennt mich nicht, ich trage falsche Haare. So unterhalten wir uns von Gleich zu Gleich und gehen früh schlafen. Am nächsten Morgen stehen wir um vier Uhr auf. Nicht gerade meine Zeit. Aber wessen Zeit ist das schon.

Andy stellt mich nicht vor, als wir im Depot ankommen. Ein Neuer fällt hier nicht auf, die Fluktuation ist hoch, Andy sagt, er merke sich die Namen der Fahrer erst nach einem halben Jahr, vorher lohne sich das nicht.

GLS stellt die Fahrer nicht selbst ein, sondern schließt Verträge mit Subunternehmern, die wiederum die Fahrer anstellen. Damit kann GLS sämtliche Risiken auslagern – ein Traum für jeden Unternehmer. Die Subunternehmer erhalten einen individuell mit GLS ausgehandelten Preis pro Paket, der in der Regel zwischen 1,20 und 1,40 Euro liegt. Mit dem »Lohnfuhrvertrag« zwischen GLS und dem Subunternehmer werden alle Pflichten, wie etwa Abhol- und Auslieferungszeiten, festgelegt, außerdem das Auslieferungsprozedere, die Überwachungs- und Kontrollmodalitäten, das Outfit von Fahrern und Fahrzeugen und ein spezieller Strafenkatalog. Die Fahrer erhalten von den Subunternehmern einen Monatslohn, der in der Regel zwischen 1200 und 1300 Euro brutto liegt. Für dieses Geld müssen sie ihre Touren abfahren, wie lange sie dafür brauchen, ist ihr Problem. (Bei DHL sind die Fahrer Angestellte des Dienstleisters, ohne Subunternehmer dazwischen, bei UPS ist es noch die Mehrheit, aber Hermes und DPD arbeiten wie GLS ausschließlich mit Subunternehmern.)

Andy warnt mich, das Gespräch mit anderen Fahrern zu suchen. »Das wird hier nicht gern gesehen.« Das könne als Abwerbung eines Fahrers durch einen anderen Subunternehmer ausgelegt werden. Andy zeigt vieldeutig auf die Überwachungskameras an der Decke, die jeden unserer Handgriffe aufzeichnen. Überall gibt es Kameras. Gegen Diebstahl, heißt es. Aber sogar im einzigen Aufenthaltsraum, einem Raucherraum, wurde überwacht. Das ist lange unentdeckt geblieben. Irgendwann hat ein Kollege gemerkt, dass in einem Bewegungsmelder eine Kamera steckte. Sie war mit einer Abhöreinrichtung gekoppelt und wurde vom Betriebsrat entfernt. Offen bleibt, ob auch in anderen Depots heimlich derartige Überwachungstechnik installiert ist.

Kontrollieren und strafen – GLS hat ein komplettes Überwachungs- und Strafsystem errichtet, mit dem die Fahrer und ihre Subunternehmer schikaniert und ausgenommen werden können.

Ich brauche zwei, drei Tage, bis ich selber aus den Paketen, die an mir vorbeiziehen, unsere herausfischen kann. Bei meinem Kollegen Andy hat sich die 6010, mit der die Pakete unserer Tour gekennzeichnet sind, längst in die Netzhaut eingebrannt. Seine Augen arbeiten wie ein Scanner, kommt die Zahl, greift er automatisch zu, nimmt das Paket vom Band und legt es hinter sich auf den Boden. Einen Teil der Pakete scannt er dann auch gleich elektronisch, die anderen erst beim Einladen. Mit dem Scannen beginnt die Überwachung des weiteren Arbeitsablaufs durch GLS. Diese erste Phase des Jobs, das Paketefischen und -laden, wird nicht bezahlt. Sie wird als »vorbereitende Arbeit« deklariert. Eine Ungeheuerlichkeit, ein Trick, um bei möglichen Prüfungen den gesetzlich geschützten Normalarbeitstag von maximal zehn Stunden nicht zu überschreiten. [...]

Frühkapitalistische Verhältnisse

Nach meinen ersten Fahrten in den Tagen vor Weihnachten hatte ich noch geglaubt, nur diese Zeit sei besonders stressig. Aber als ich einige Zeit später in einem anderen Depot anheure, ist es nicht besser. Diesmal fahre ich mit Augustine F., einem Deutschghanaer, der in seinem Herkunftsland Lehrer war. Er hat drei kleine Kinder, ist ein bewundernswert sanfter Familienvater, der in sich zu ruhen scheint. Aber als uns der erste Stopp zu einer Straße in einem Industriegebiet führt, ist es dasselbe Tempo, dieselbe Hetze, dasselbe Rennen wie mit Andy.

Ich mache Marathontraining, hebe Gewichte. Aber die Arbeit als Paketauslieferer im Dauerlauf und Dauerstress hat mich an meine Grenzen gebracht. Ich schäme mich fast, darüber mehr als einen Satz zu verlieren. Denn die Männer und die wenigen Frauen, die sich diesen Job antun, ertragen in den Monaten und Jahren, in denen sie durchhalten, ein Vielfaches. Dahinter verblasst meine Erschöpfung, sie wird nichtig. Denn was mir die Kollegen in dieser Zeit berichtet haben, welche Zerstörung an Leib und Seele diese Arbeit für sie gebracht hat – ich hatte geglaubt, so etwas gäbe es in diesem Extrem seit dem Frühkapitalismus nicht mehr, und wenn, dann auf anderen Kontinenten, die wir »Dritte Welt« nennen.

Augustine will gar nicht nachrechnen, auf welchen Stundensatz er kommt. »Dann hab ich überhaupt keinen Bock mehr«, sagt er. Schaut er dann doch mal genauer hin, kriegt er »die Krise«. Wenn er kurz nach fünf im Depot ist und abends gegen 19 Uhr zurückkehrt, manchmal früher, meist später, kommt er auf vierzehn Stunden, vor Weihnachten werden es sechzehn Stunden. In der Woche sind das über siebzig Stunden, im Monat 280 bis 300, und das für einen Stundenlohn, der bei vier bis fünf Euro liegt. Er macht den Job trotzdem – nicht nur, weil es schwer ist, einen anderen zu bekommen. Es droht auch Hartz IV, was ihn zu einem Almosenempfänger degradieren würde.

Die sechsjährige Tochter von Augustine bringt es mit kindlicher Naivität auf den Punkt. Wenn er wirklich mal – selten genug – um 18 Uhr nach Hause kommt, fragt sie: »Papa, hast du heute nicht gearbeitet?«

Mit wie viel Galgenhumor manche Fahrer ihren Job machen, erfahre ich im Depot Rennerod, in dem ich später recherchiere. »Uns ist das vom Prinzip her kackeimeregal«, sagt einer der Fahrer. »Kackeimeregal« ist ihm, dass er für dieses kümmerliche Festgehalt fährt und die Anzahl seiner Arbeitsstunden gar nicht mehr zählt. Montags früh wird er von seinem Sub zu Hause abgeholt, mit sechs anderen, so gegen drei Uhr, wenn der Hahn noch nicht gekräht hat. Dann geht's in eine ehemalige Schule, wo die Männer während der Arbeitswoche wohnen. Erst mal werden nur die Sachen abgestellt, dann schnell ins Depot, Pakete sortieren und packen und rauf auf den Wagen. Dann ist die ganze Woche Maloche angesagt. Am Freitag fährt ihr Sub sie wieder nach Hause. »Der Job ist krisensicher, wenn du keinen Scheiß machst«, sagt der Fahrer, der aus einem Dorf in Thüringen kommt. Er ist einer der wenigen, die das schon seit mehreren Jahren machen. »Zu Hause, da, wo ich herkomme, gehören wir noch zu den Reichen«, sagt er und lacht.

Andy und ich sind bald befreundet, das geht schnell in so einem Knochenjob. Auf einer unserer Fahrten erfahre ich zufällig, dass Andy an diesem Tag Geburtstag hat. »Feierst du?«, frage ich ihn. Nein, antwortet er, das mache er nie. Ich überrede ihn dann doch, mit mir am Abend zum Italiener zu gehen. Er bestellt zum Essen eine Cola, Alkohol trinkt er nie, der mache ihn zu schlapp, sagt er. Er komme dann am nächsten Tag nicht aus dem Bett und halte nicht durch.

Eigentlich ist Andy Fahrer aus Überzeugung, nach einer Malerlehre hat er bei verschiedenen Firmen als Fahrer gearbeitet, dann war er längere Zeit arbeitslos und bewarb sich auf eine Anzeige hin bei GLS. Das Fahren unter erträglichen Bedingungen würde ihm sogar Spaß machen. »Als Fahrer bist du allein und für dich selbst verantwortlich, du hast keinen, der dir reinredet.« Aber das Ausliefern unter dem irren Zeitdruck ist für alle Fahrer eine ständige Überforderung. Man ist ein Gejagter. Es gab Fahrer, die den ganzen Stress nicht mehr aushielten, die den Sprinter irgendwo stehen ließen, den Chef anriefen und ihm sagten: »Ich komm nicht mehr. Hol dir deine Karre! Der Schlüssel steckt.« [...]

2005 ist Jan Jansen bei GLS eingestiegen, zwei Jahre ist er als einfacher Fahrer gefahren, für 1250 Euro netto, zwölf Stunden am Tag. Davon sind 950 brutto als Gehalt und der Rest Spesen und Reisekosten, rentenfrei. 2007 wollte sein Sub ihm einen Teil der Touren abgeben, vielleicht wollte GLS das auch so. Jedenfalls sollte Jan Jansen selber Sub werden. GLS versprach ihm, von den 30 bis 40 000 Euro, die er monatlich umsetze, würden vier- bis fünftausend Euro als Gewinn für ihn übrig bleiben. Also das Dreifache seines bisherigen Lohns. Verlockend.

10 000 Euro hat sich Herr Jansen deshalb bei der Bank geliehen, damit wollte er Fahrzeuge und Sprit bezahlen, bis er dann ins Plus fahren würde. Sechs Autos für sechs Touren schaffte er

sich an, zuerst per Leasingvertrag. Aber er brauchte ständig ein siebtes Auto, weil die große Zahl der Pakete und die große Zahl der Kunden von sechs Fahrern nicht zu bewältigen waren. Pech für ihn. Die von GLS hatten ihm nicht gesagt, dass sechs Fahrer bestenfalls dann ausreichen, wenn keiner krank wird und auch sonst nicht ausfällt. Ein siebter Wagen, ein siebter Fahrer: Das bedeutete 16 Prozent mehr Kosten. Also mehr als die Hälfte des Geldes, das er als Sub hätte verdienen sollen! Von dem, was noch blieb, vom Rest des Restes, musste Jansen auch noch den einen oder anderen Unfallschaden zahlen.

Aber es kam noch schlimmer. Immer wenn ein Fahrer das Handtuch warf, und das passierte öfter, denn die meisten hielten die über zwölf bis fünfzehn Stunden geforderte Höchstleistung für diesen Hungerlohn über längere Zeit nicht aus, musste ein neuer eingearbeitet werden. Das dauerte. Während dieser Zeit sank die sogenannte Quote, d. h. die Anzahl der Pakete, die täglich zugestellt werden müssen. Sank sie unter 97,5 Prozent, und das geschah in den Einarbeitungszeiten für neue Fahrer häufig, stellte GLS auf Kosten von Jan Jansen Kurierfahrer ein. Insofern auf Kosten von Jan Jansen, als GLS den Kurieren nur ein Grundgehalt zahlte. Den Rest musste der Sub aufbringen. Wieder Pech für ihn. Woher das Geld nehmen?

Die Banken jedenfalls drehten ihm Mitte 2010, drei Jahre nach seinem Sprung in die Selbständigkeit, nicht nur den Hahn zu, sondern wollten auch die ausstehenden Kredit- und Zinszahlungen.

GLS interessierten die Probleme von Jan Jansen einen Dreck. Die Firma setzte sogar noch einen drauf. Als Strafe für zu schlechte Auslieferungsquoten kürzte sie ihm den Paketpreis ab dem 20 000sten Paket um 33 Cent pro Stück. Und später ab dem 15 000sten Paket. Das waren pro Monat mit einem Federstrich weitere 1650 Euro weniger. Und noch ehe Jansen völlig pleite war, inserierten sie schon die Touren seiner Fahrer im

Internet. Für andere Interessenten, für neue Subs, für die nächsten Wahnsinnigen, die sich auf die falschen Versprechungen einließen: »Da bleibt mehr als genug bei Ihnen hängen!« [...]

Politik und Verbraucher als Mittäter

Und welche Rolle spielen wir, die Konsumenten, die Nutznießer dieser viel zu billigen Paketauslieferung? Wir verschließen nicht nur die Augen vor den Ausbeutungsmethoden, denen die Fahrer und ihre Subs ausgesetzt sind. Wir machen uns zu Mittätern, solange wir weiterhin Waren bedenkenlos zu Billigtarifen ordern und dann auch noch kostenfrei zurückschicken.

Auch der Umwelt werden durch dieses abstruse System Schäden zugefügt. Alle Konzerne lassen dieselben Strecken befahren, doppelt und dreifach wird Sprit verschleudert. Dabei könnte einer der Fahrer alle Auslieferungen in einem jeweils kleineren Bezirk übernehmen. Er hätte weniger Stress, und es gäbe trotzdem keine Entlassungen, weil jeder genug Arbeit in überschaubaren Regionen hätte. Das wäre der Vorteil eines geordneten Auslieferungssystems, der alten Post nicht unähnlich.

Es wundert nicht, wenn unter diesen Bedingungen die meisten Fahrer höchstens ein bis drei Jahre durchhalten. Und wenn von zehn Fahrern, die angelernt werden, gerade mal einer oder zwei den Job tatsächlich antreten. Die Arbeit zehrt an der Gesundheit, auch bei den vorwiegend jungen Fahrern. Sie altern in einem rasanten Tempo.

Andy, mein erster Kollege, hat zu Hause ein Foto von sich und seiner früheren Freundin stehen. Er sieht dort gesund und strahlend und mindestens zehn Jahre jünger aus als heute, eben wie ein junger Mann Anfang zwanzig. Aber das Foto ist gerade mal vier Jahre alt.

Andy sagt, er liebe seine Exfreundin immer noch, aber er könne als Paketfahrer nicht ernsthaft darauf hoffen, eine Frau zu finden. Eigentlich will er gerne eine Familie gründen und Kinder haben. Er selbst hat sechs Geschwister und kümmert sich an den Wochenenden um seinen kranken Vater, der durch Arbeit verschlissen und nach mehreren Operationen pflegebedürftig ist. Ich frage ihn, wie er sich seine Frau vorstellt. »Sie muss zu mir passen, ist ja klar. Sie kann auch gern ein Kind mitbringen. Aber meine Vorstellungen sind ziemlich egal«, antwortet Andy, »welche Frau nimmt schon jemanden wie mich?«

Es ist nicht nur Andy, dessen Beziehung in die Brüche gegangen ist. Das geht vielen Fahrern so. Und noch schlimmer ist es bei den Subs. Ich habe bei meinen Recherchen über ein Dutzend Subunternehmer kennengelernt, die für GLS fahren oder gefahren sind. Bei allen, mit zwei Ausnahmen, sind die Beziehungen kaputt, die Familien zerbrochen.

Unterdessen machen die Logistikkonzerne satte Gewinne. Allein GLS erzielte 2010 europaweit einen Umsatz von 1,75 Milliarden Euro, fünf Prozent mehr als im Vorjahr, Tendenz steigend. Der Gewinn stieg sogar um zehn Prozent auf 145 Millionen Euro. Mit den Dumpingmethoden von GLS, Hermes, DPD und anderen wächst der Druck auf Konzerne wie die Deutsche Post und UPS, wo es noch größtenteils erträgliche Arbeitsbedingungen und eine tarifliche Entlohnung gibt. Am Ende dieser Ausbeuterei zahlt die Gesellschaft noch einmal drauf. Am Ende soll heißen: Die unterbezahlten Fahrer steuern zielgenau in die Altersarmut und müssen dann von der Allgemeinheit alimentiert werden. Wie verblendet ist eigentlich eine Politik, die das zulässt?

Schwarz auf weiß

Fremd unter Deutschen

Für Oury Jalloh, der in einer Polizeidienststelle verbrannt wurde. Mit Dank für seinen Freund Mouctar Bah, der mich in der Rolle als Schwarzer beraten hat.

Ein Jahr lang reise ich immer wieder als »Schwarzer« durch die deutschen Lande, in Ost und West. Ich will auf Straßenfesten mitfeiern, suche eine Wohnung, unternehme einen Bootsausflug, versuche einen Campingstellplatz mit meiner »schwarzen Familie« zu mieten, will in Discos, in Kneipen, mische mich unter Fußballfans und spreche bei Behörden vor.

Ist die Vorstellung vom unverbesserlich fremdenfeindlichen deutschen Wesen nur noch ein Klischee? Wird mein schwarzes Alter Ego das tolerante Deutschland kennenlernen, wie es zuletzt anlässlich der Fußballweltmeisterschaft 2006 so gepriesen wurde? Oder werde ich umgekehrt entdecken müssen, dass das von der Boulevardpresse so gern gepflegte Schreckbild vom Schwarzen als Dealer, Asylbetrüger und Kriminellen immer noch die Stimmung im Lande prägt? Ich will den Lackmustest machen und bin neugierig und besorgt zugleich.

Diese Rolle zu spielen entsprang keiner Augenblickslaune. Schon vor Jahren hatte ich einen ersten Anlauf gemacht, das Vorhaben aber wieder abgebrochen, weil ich glaubte, es nicht bewältigen zu können. Nicht, weil diese Rolle anmaßend wäre gegenüber schwarzen Migranten oder schwarzen Deutschen. Jede meiner Rollen ist auf eine bestimmte Art anmaßend. Ohne diesen Schritt auf »fremdes« Terrain, das eigene Ich zu überwinden, um ein anderer zu werden, ist meine Art der verdeckten Recherche nicht möglich. Nein, der Grund für mein Zögern lag in der Befürchtung begründet, dass man mich zu rasch »enttarnen« könnte. [...]

Auch die rassistischen Aussprüche von Politikern haben meinen Wunsch nach der schwarzen Rolle über die Jahre wachgehalten: wenn etwa Edmund Stoiber, der ehemalige bayerische Ministerpräsident, vor einer »Durchrassung und Vermischung« der deutschen Gesellschaft warnte oder Ronald Schill, der frühere Innensenator von Hamburg, als »Richter Gnadenlos« sagte: »Von mir haben die N... alle immer etwas mehr bekommen« (sollte heißen: ein höheres Strafmaß als weiße Delinquenten). Oder die rassistische Weltanschauung eines Wolf Schneider, angesehener Journalistenausbilder und Talkmoderator: »Die N... sind nun mal nicht so intelligent wie die Weißen, weil sie nur auf Körperkraft hin gezüchtet worden sind. Wenn der Schöpfer doch so offensichtlich alle Menschen äußerlich verschieden gemacht hat, was die Hautfarbe, Beinlänge, den Augenschnitt usw. angeht, warum sollte er dann die Intelligenz auf einer Goldwaage abgemessen haben?« Derartige Äußerungen bestärkten meinen Wunsch, am eigenen Leib zu erfahren, wie sich von oben angeheizter Rassismus im Alltag bemerkbar macht. [...]

Stellplatzsuche auf Schwarz

Mein nächster Zugehörigkeitstest findet auf einem Campingplatz in der Nähe von Minden im Weserbergland statt. Ich bin dort mit Mercedes und Wohnwagen vorgefahren, und ich bin nicht allein, sondern es tritt eine komplette schwarze Familie auf: Papa, Mama, zwei Töchter, die eine schon fast erwachsen, die andere süß und klein, alle hübsch angezogen. Ein Freund von der Deutsch-kongolesischen Gesellschaft hatte mir den Kontakt vermittelt. Ob sie bei einem Filmprojekt mitmachen würden, hatte er sie gefragt. Die drei sind wirklich schwarz und sie glauben, dass auch ich ein Schwarzer sei; die kleine Tochter »meiner« Frau hat mich gleich als Ersatzpapa adoptiert, und wir haben im Nu eine herzliche Beziehung zueinander entwickelt.

Vor der Rezeption des Campingplatzes hocken ein paar Dauercamper, Menschen also, die fast jedes freie Wochenende und meist auch ihre Urlaube dort verbringen, wenn sie sich nicht ohnehin als Rentner mehr oder weniger das ganze Jahr über dort einquartiert haben. Um die mehr als hundert Stellplätze herum, auf denen die Wohnwagen mit den abmontierten Rädern stehen, sind kleine Hecken gepflanzt, manchmal auch niedrige braune Jägerzäune gesetzt. Die Bewohner solcher Plätze kennen sich oft seit Jahren, die Kinder spielen zusammen, sogar Ehen kommen hier zustande. Hinzukommen Feriengäste und Durchreisende aus europäischen Nachbarstaaten.

Und hier stehe ich nun und frage nach einem Dauerplatz. Den Campern, die an ihrem Tisch beim Bier sitzen, fällt fast die Kinnlade herunter. Der Platzwart und Eigentümer versucht mich abzuwimmeln: »Aber ist nicht zum Wohnen.« Er verrenkt sich gehörig, denn er weiß, dass er jedes Wort, das er an mich richtet, vor den Dauercampern wird rechtfertigen müssen.

»Ob die Sie akzeptieren …«, versucht er mir die Idee auszureden, einen Stellplatz zu mieten. »Ich sage das ja bloß, weil das ein kleiner Platz ist.«

Ich gebe vor, ihn nicht zu verstehen, und frage, wo denn das Problem sei.

»Ja, Problem … der Mensch, wo der wegkommt, würde ich sagen.«

Ich habe gar nicht gesagt, woher wir kommen – ob aus Wanne-Eickel, Hoyerswerda, Timbuktu oder sonst woher. Und meinen Pass hat er nicht sehen wollen. Also frage ich, was er denn meint.

Endlich ringt sich der Campingplatzbesitzer durch: »Ja, wie soll ich sagen. Das ist die Hautfarbe, ob man eben schwarz ist oder weiß. Das ist ein Problem. Die werden immer einen Bogen um Sie machen.«

Ich lenke ein und bitte darum, dass wir uns wenigstens für eine Nacht einquartieren dürfen. Dem stimmt er schweren Herzens zu und weist uns eine Stelle am Rande des Platzes zu. Einem von unserem Team ins Rennen geschickten weiteren Stellplatzinteressenten klagt er dann sein Leid: »Alle sind Deutsche, Luxemburger, Holländer, auch Ungarn dabei – aber ich sag mal: Weiße.«

Mein Teamkollege fragt, ob er schon mal Erfahrungen mit Schwarzen gemacht habe. Der Platzwart antwortet: »Bis jetzt noch nicht. Aber alle, die ich weiß, leben von unserem Geld. Uns ist es egal, wo ich mein Geld herkriege. Ob die das bezahlen [er weist mit dem Kopf zu uns, die wir im Hintergrund miteinander Ratschlag halten], aber die anderen laufen weg. Die haben ganz klar gesagt: ›Die Zigeuner, lässt du die hier rein, dann packen wir.‹« Eine sonderbare Begriffsverwirrung, aber irgendwo in seinem Unterbewusstsein muss es da eine Verbindung zwischen Schwarzen und Sinti und Roma geben.

»Ich weiß ja auch nicht, was das für Leute sind«, meint der Platzwart zu unserem Teamkollegen. »Er spricht Deutsch, die anderen alle nix; das sind immer so Sachen …«

Das ist nun kompletter Blödsinn, »meine« Frau und »meine« Kinder haben bislang kein Wort gesagt. Sie sind eingeschüchtert, verletzt und traurig.

Am nächsten Morgen versuche ich noch mal mein Glück, einen dauerhaften Standplatz festzumachen. Aber der Herr der Stellplätze dreht uns demonstrativ den Rücken zu und biedert sich stattdessen bei den Kollegen des Filmteams an, die am Nebentisch sitzen: »Ist das noch immer in Köln so mit den Kellnern, dass die ›Köbesse‹ heißen, und das mit dem Karneval? Mit allem Drum und Dran. Die sind ja immer gut drauf: Gib ihm!« Wir geben auf und packen ein.

Hinterher unterhalten wir uns. »Meine Frau«, die seit acht Jahren in Deutschland lebt und mit einem bekannten Fußballspieler liiert ist, meint lakonisch: »Für uns war das normal. Wir wissen, dass viele Weiße Schwarze nicht mögen.«

»Die dummen Sprüche«, ergänzt »meine« Tochter, die 15 Jahre alt ist, in der Schule zu den besten Schülerinnen gehört und perfekt Deutsch spricht. »Von Jugendlichen höre ich manchmal ›N…‹ oder ›Schokolade‹. Die denken, ich würde das nicht verstehen. Die sagen auch: ›Hat es hier irgendwo gebrannt?‹ Ich bin dann traurig und möchte wieder zurück in meine Heimat, dort, wo mich alle verstehen. Dort, wo mich alle mögen, wie ich bin.«

Während dieser Unterhaltung in unserem Wohnmobil werde ich abgeschminkt. Das ältere Mädchen ist leicht konsterniert, als ich mich als Weißer entpuppe. »Meine« kleine Tochter ist geradezu empört und rückt von mir ab. Sie fühlt sich von mir betrogen. Ein Glück, dass wir noch einige Zeit zusammensitzen und uns auch in den Tagen danach treffen; ich erkläre mein Vorhaben und den Zweck der gemeinsam durchgestandenen Szene und stelle erleichtert fest, dass sie ihr Vertrauen zu mir zurückgewinnt. […]

»Volle Esse in die Fresse! Die Deutschrunde!«

Wie viele Menschen in Deutschland noch rassistisch-aggressiv gegen Schwarze eingestellt sind, ist bei Soziologen umstritten. Fest steht, dass nicht unerhebliche Teile der Gesellschaft den Rassismus als ideologisches Klebemittel brauchen, um sich ihrer »nationalen« Identität und ihrer eingebildeten Großartigkeit zu versichern. Sie gehören zu der unangenehmsten Sorte Mensch, die mir auf meiner Reise begegnet ist. Zwischen 30 und mehr als 60 Prozent der Bevölkerung – eine gewaltige Spanne – haben rassistische Vorurteile, schätzt die Forschung.

Und man kann davon ausgehen, dass etwa ein Drittel der Deutschen bekennende Rassisten sind.

Obwohl eine Minderheit, vergiften sie die Atmosphäre und geben den Ton auf der Straße und überall dort an, wo sie auftauchen, wenn die »schweigende Mehrheit« abduckt, sich still verhält, wegsieht und die krakeelende Minderheit machen lässt. Entsprechende Berichte sind in jeder Zeitung nachzulesen; zu Zeiten des Fußball-»Sommermärchens« 2006 wurde auch über »No-go-Areas« für Schwarze in Ostdeutschland berichtet. Auch wenn der schwarze Brasilianer Grafite (VfL Wolfsburg) 2009 bei der Wahl des Magazins *kicker* Fußballer des Jahres wurde und der ebenfalls schwarze Cacau vom VfB Stuttgart im selben Jahr sein Debüt in der deutschen Nationalmannschaft gab – die Rassisten haben nicht aufgegeben.

Vor dem Fußballstadion des FC Energie Cottbus will ich es im Selbstversuch erleben. Heute ist Dynamo Dresden zu Gast. Bei Spielen sind in Cottbus immer wieder Schmährufe gegen schwarze Fußballspieler zu hören gewesen. Anpöbeleien und Schlägereien sind an der Tagesordnung – und die Vereinsführung gibt sich machtlos. Im Juli 2009 sagte sie sogar ein Freundschaftsspiel mit dem Fußballverein FSV Germania Storkow (»Mit Energie für Toleranz«) ab, weil die NPD mit Protesten gedroht hatte. Über sieben Prozent haben die Neonazis in Cottbus bei der letzten Kommunalwahl erzielt. Das Freundschaftsspiel hatte eigentlich »ein Zeichen gegen den Rechtsextremismus« setzen sollen.

Ins Stadion selbst will ich nicht. Ich halte mir Fluchtwege offen, bleibe draußen, spaziere ein wenig herum wie andere auch, trete zu der einen oder anderen Warteschlange vor einer der Kassen – und ängstige mich. Dies ist wirklich Feindesland. Glatzen. Wütende Blicke. Gespannte Atmosphäre, angespannte Bizepse. Die Kleidung etlicher junger Männer strotzt nur so von kaum verheimlichter NS-Symbolik: Ziffernkombinationen wie »88« oder »18« (nach der Stelle im Alphabet stehen die Codes für »Heil Hitler« bzw. »Adolf Hitler«) sind ebenso zu sehen wie Jacken der englischen Marke Lonsdale, deren Schriftzug die Buchstaben »NSDA« enthält – deutlich genug für alle bekennenden Nazis, auch wenn das »P« fehlt. Einer trägt stolz sein Urgermanentum zur Schau: »Wotan statt Christus«.

Trotz des mulmigen Gefühls, das mich beschleicht, versuche ich, mit den Fans ins Gespräch zu kommen. »Was bedeutet der Aufdruck auf Ihrem T-Shirt?«, will ich z. B. von einem wissen, der in Frakturschrift »Deutschland« auf seiner breiten Brust prangen hat.

»Weiß ich nicht«, knurrt er mich an.

»Wer gewinnt heute?«, frage ich ein paar junge Männer – eigentlich naheliegend vor einem Fußballspiel.

»Du nicht«, presst einer die bedrohlich knappe Antwort zwischen den Zähnen hervor.

Ich gebe nicht auf: »Können wir wetten?«

»Lauf weiter«, sagt ein anderer mit aggressiver Verachtung in der Stimme, er hätte mir am liebsten eine verpasst. Aber er will ja noch ins Stadion und verzichtet deshalb vielleicht auf eine Prügelei, die ihn nur aufgehalten hätte. Und immerhin halten sich Polizisten, wenn auch unauffällig, in Sichtweite auf.

Nach dem Spiel mache ich einen neuen Anlauf. Es ist 1:1 ausgegangen, also kein Grund zur Trauer für die Cottbuser Fans. Auf meine Frage, wie das Spiel ausgegangen sei, schiebt mich einer mit den Worten weg: »Ich war nicht drin.«

Als ich bekenne, dass ich das Spiel nicht habe sehen können, weil mir das Geld für eine Karte fehle, bekomme ich zu hören:

»Dann geh arbeiten!« Mit dem wutschnaubenden Nachsatz: »Aber nicht in diesem Land.« Von einem etwa 30-jährigen Stiernackigen erhielt ich auf meine Frage, wer denn nun gewonnen habe, die mir schon vertraute Antwort: »Du jedenfalls nicht!«

Vor dem Stadion besteigen die Fans von Dynamo Dresden ihre Busse. Ich frage, ob ich mitfahren kann.

»Du willst nach Dresden? Dann fährst du über die Elfenbeinküste, über Afghanistan, Mosambik einen großen Bogen machen, dann bist du da. In zwei Tagen.« Großes Gelächter der Umstehenden.

Ein anderer Fan weist auf die geöffneten Gepäcktüren des Busses und meint: »Da unten, da, bei den Bierkästen ist noch Platz, leg dich da rein.«

Ich taumele durch die bedrohliche Szenerie – einige heben den Arm zum Hitlergruß –, erwarte von irgendwoher einen Schlag, frage in meiner Verunsicherung einfach weiter, was denn der Aufdruck auf dem T-Shirt eines der jungen Männer bedeute.

»Deutschland den Deutschen, heißt das.« Ein Muskelbepackter dreht mir auf meine Frage abrupt den Rücken zu. »Wir wissen, wen wir hassen!«, lese ich auf seinem T-Shirt in altdeutscher Schrift.

Ich spüre, wie sich was zusammenbraut, und gehe zu dem Einsatzleiter der Polizei, der lässig an seinem Wagen lehnt. »Die sind alle hart drauf«, sage ich zu ihm, »die sind alle unheimlich, Faschos.«

»Nein«, antwortet er kurz und bündig. Als ich insistiere, meint er nur: »Ist mir bis jetzt noch nicht aufgefallen.« Ich frage mich: Ist das Ignoranz oder Sympathisantentum?

Ich glaube, ich habe in diesem Augenblick va banque gespielt, ich will es wissen. Wie weit werden diese Typen gehen? Ich steige in den Fanzug nach Dresden ein, den die Bahn bereitgestellt hat. Voll besetzt ist er, meist junge Männer, aber auch einige junge Frauen, Fußballbräute. Es ist eng und laut, die Atmosphäre alkoholgeschwängert, ich habe Angst. Und ich trete aus der sprachlichen Beschränkung meiner Rolle heraus, ich muss mich einfach wehren, wenigstens mit Worten. Der

Dialog mit einem vielleicht 20-jährigen Anführer, der sich vor seinen Leuten produzieren will und sich auf dem schmalen Weg zwischen den Sitzreihen an mir vorbeidrängt, geht so:

»Ey, Schwarzer, mach mal Platz.«

»Weißer.«

»Ey, was Weißer? Ich bin dein Meister, ja, das ist richtig.«

»Nee, ich habe gesagt: Weißer.«

»Weiß ist deutsch, Junge.«

»Was ist denn deutsch? Sag es mir, erklär es.«

»Hier mein Arsch.« Er streckt mir demonstrativ sein Hinterteil entgegen.

»Das glaube ich dir. Du bist am Arsch.«

»Volle Esse in die Fresse! Die Deutschrunde!«

Bei dieser Ansage überlege ich, den Waggon zu verlassen. Mein Kontrahent ist zwar mittlerweile an mir vorbei, rotzt seine Drohung aber laut genug aus dem Schutz seiner Gruppe heraus. Aber ich kann gar nicht weg, wird mir plötzlich bewusst. Ich bin umzingelt von diesen Fratzen. Im nächsten Waggon, im übernächsten.

Fast der ganze Zug ist von ihnen in Besitz genommen. In ihrem Jargon »eine national befreite Zone« auf Rädern. Ich kann mich nicht verstecken. Ich bin über alle Maßen sichtbar, schwarz auf weiß!

Einige fangen an, mich zu stoßen, nach mir zu grapschen. Ich muss in die Offensive und sie dazu bringen, mich in Ruhe zu lassen. Der Wortführer wird unflätig:

»Du kannst mir einen runterholen!«

»Das kannst du selber machen.«

»Was?«

»Kannst du selber machen, wenn du es überhaupt noch schaffst.«

»Dir zieh ich gleich die Haut ab! Zieh aus, Alter! Zieh aus aus diesem Land! Dieses Land wird weiß!«

Er torkelt leicht, vielleicht ist er zu betrunken und traut sich eine Prügelei nicht zu.

Ich sage ihm, auch aus Selbstschutz und mit Angst, dass er einen schwarzen Deutschen vor sich hat.

»Du deutsch? Hah.«

Seine Freundin assistiert ihm: »Hab ich noch nie gesehen, einen schwarzen Deutschen.« Einige fangen an zu rempeln und ich befürchte, hier nicht mehr heil herauszukommen. Ich bin kurz davor, mir die Perücke herunterzureißen und mich zu erkennen zu geben. Ob mir das dann allerdings noch geholfen hätte, wage ich inzwischen zu bezweifeln.

Zu DDR-Zeiten hatten Schwarze aus »befreundeten« afrikanischen Staaten dort studiert oder waren in den Betrieben ausgebildet worden. Allerdings verhinderte die Staatsführung ein gleichberechtigtes Zusammenleben dieser »Gäste« mit der Bevölkerung genauso, wie es die westdeutsche Politik in den 1950er und 60er Jahren mit den sogenannten Gastarbeitern tat. Hier wie dort wurden die Ausländer in Lagern oder gesonderten Unterkünften untergebracht. Während im Westen schon allein durch die stetig wachsende Zahl von ausländischen Arbeitern diese Politik nicht länger aufrechtzuerhalten war, dauerte die Ausgrenzung im Osten Deutschlands bis zum Ende der DDR an. Nach 1989 wurden zahlreiche Schwarze aus den dann »neuen« Bundesländern abgeschoben. Ein wirklicher Kontakt zur Bevölkerung kam eher selten zustande. Im Gegenteil, offener Rassismus brach sich hier noch mehr Bahn als in den »alten« Bundesländern. Die Übergriffe gegen Schwarze liegen in Ostdeutschland prozentual deutlich über denen im Westen – bei einer erheblich geringeren Zahl von Ausländern.

Ein anderer der stolzen Deutschen hat sich unterdessen erhoben und stellt sich mir in den Weg, die Hand zur Faust geballt. Wieder eskaliert die Situation, wir stehen dicht voreinander. Da mischt sich eine junge Polizeibeamtin ein. Mutig, denn sie schlägt sich auf meine Seite. Sehr bestimmt und mit lauter Stimme sagt sie: »Lass ihn durch! Verstehst du mich nicht!?«

Gegröle, Gelächter – sie geben nach.

»Warum lacht ihr?«, frage ich noch einen der kraftstrotzenden Typen.

»Weil du schwarz bist, deswegen lachen wir!«

»Deutschland den Deutschen«, brüllt ein anderer aus ihrer Truppe und versetzt mir einen Stoß. Zum Glück hält der Zug gerade an. Ich gebe meinen Plan auf, bis Dresden mitzufahren, und steige aus.

Draußen auf dem Bahnsteig skandieren sie: »Bambule! Randale! Sieg heil! Randale!« Wir sind in Ruhland, und mir zittern die Glieder. Dieser Hass, diese Verachtung, dieser Vernichtungswille. Wenn sie könnten, wie sie wollten ... Ich bin kein Schwarzer, ich kann aus meiner Haut wieder raus. Ich fühle mich trotzdem getroffen, um meine Würde gebracht. Die mutige Polizistin und wohl auch ihr Kollege im Hintergrund haben mich vor Schlimmerem bewahrt. Ich muss zugeben, dass ich noch nie so innige Gefühle für Polizeibeamte gehegt habe. Nur gut, dass der Einsatzleiter, der keine Faschos sehen wollte, nicht zur zweiköpfigen Begleitung dieses Fanzuges gehört hat.

Die junge Polizistin hat sich übrigens später mit mir in Verbindung gesetzt. Sie erzählte, dass sie erst drei Monate im Einsatz war und aus Rosenheim stammt. Laut Polizeibericht waren 600 fanatisierte und teilweise alkoholisierte Fußballfans von Dynamo Dresden im Zug. Sie würde, sagte sie mir noch, meine angstgeweiteten Augen so schnell nicht vergessen.

Zu dieser Ausgabe

Der vorliegende Band versammelt Auszüge aus zentralen Reportagen und Werken von Günter Wallraff, die in fast sechs Jahrzehnten entstanden sind. Um einen repräsentativen und kompakten Überblick über dieses umfangreiche Werk zu gewährleisten, konnte der überwiegende Teil der Texte nur in Auszügen oder Strichfassungen aufgenommen werden.

Die Auswahl wurde von Karl-Heinz Göttert in enger Abstimmung mit dem Autor getroffen, der sämtliche Texte durchgesehen, teilweise behutsam redigiert oder den notwendigen Kürzungen angepasst hat.

Die Textpassagen aus *Ganz unten* und *Der Aufmacher* entsprechen dem Wortlaut der 2022 im Verlag Kiepenheuer & Witsch veranstalteten erweiterten Neuausgaben.

Textnachweise

Die Texte wurden in Absprache mit dem Autor behutsam modernisiert.

Protokoll aus der Bundeswehr [1963]. In: Wallraff, Günter: Ich – der andere. Reportagen aus vier Jahrzehnten. Köln ^{3}2008. S. 13–16, 20–24.

»Sinter zwo« – im Stahlwerk [1966]. In: Wallraff, Günter: Ich – der andere. Reportagen aus vier Jahrzehnten [2002]. Köln ^{3}2008. S. 26–32, 39–40.

Die Judenehrung von Paderborn. »Baun wir doch aufs neue das alte Haus« [1968]. In: Wallraff, Günter: Reportagen 1963–1974. Mit Materialien und einem Nachwort des Autors. Hrsg. von Dorlies Pollmann. Köln 1987. S. 132–137, 143–146.

Ab nach Goddelau. Als Alkoholiker in der Psychiatrie [1969]. In: Wallraff, Günter: 13 unerwünschte Reportagen. Köln ^{3}2020. S. 20–35 (dort unter dem Titel »Als Alkoholiker im Irrenhaus«).

Wiederaufnahme einer Verfolgung [1969]. In: Wallraff, Günter: 13 unerwünschte Reportagen. Köln ^{3}2020. S. 138–148.

Napalm? Ja und Amen [1969]. In: Wallraff, Günter: 13 unerwünschte Reportagen. Köln ^{3}2020. S. 149–155, 158–161.

Unternehmerfreiheit oder die »uferlosen Entgelterhöhungen in Heimarbeit« [1969]. In: Wallraff, Günter: Neue Reportagen, Untersuchungen und Lehrbeispiele. Köln 1970. S. 54–57, 59–61.

Brauner Sud im Filterwerk. Melitta-Report [1972]. In: Wallraff, Günter: Ich – der andere. Reportagen aus vier Jahrzehnten. Köln ^{3}2008. S. 78–81, 83 f., 88–91, 95–98. Auch in: Wallraff, Günter: Neue Reportagen, Untersuchungen und Lehrbeispiele. Köln 1970. S. 11–37.

»Das Gesetz bin ich« [1970–1972]. In: Wallraff, Günter: Neue Reportagen, Untersuchungen und Lehrbeispiele. Köln 1970. S. 46–53.

»Gastarbeiter« oder der gewöhnliche Kapitalismus [1972–1974]. In: Wallraff, Günter: Neue Reportagen, Untersuchungen und Lehrbeispiele. Köln 1970. S. 62 f., 67 f., 78—80, 84–87, 89.

Engelmann, Bernt / Wallraff, Günter: Gerling-Konzern. Als Portier und Bote [1973]. In: Wallraff, Günter: Ich – der andere. Reportagen aus vier Jahrzehnten. Köln [3]2008. S. 99–107.

– / – Fürstmönch Emmeram und sein Knecht Wallraff [1973]. In: Wallraff, Günter: Ich – der andere. Reportagen aus vier Jahrzehnten. Köln [3]2008. S. 121, 123 f., 131–133, 135 f.

Die Griechenland-Aktion [1974]. In: Wallraff, Günter: Ich – der andere. Reportagen aus vier Jahrzehnten. Köln [3]2008. S. 137 f., 140 f., 144,147, 152 f.

Berührt – geführt. »Im Namen des Volkes« [1977]. In: Wallraff, Günter: Der Aufmacher. Der Mann, der bei Bild Hans Esser war. Köln 2022. S. 13–22.

Konrad-Adenauer-Preis [1977]. In: Wallraff, Günter: Der Aufmacher. Der Mann, der bei Bild Hans Esser war. Köln 2022. S. 101–111.

Raubfische [1977]. In: Wallraff, Günter: Der Aufmacher. Der Mann, der bei Bild Hans Esser war. Köln 2022. S. 130–136.

Vampirismus [1972/73]. In: Wallraff, Günter: Zeugen der Anklage. Die *Bild*-Beschreibung wird fortgesetzt. Köln 1979. S. 118–122, 124–129.

Die Verwandlung [1985]. In: Wallraff, Günter: Ganz unten. Köln 2022. S. 11–13.

Im letzten Dreck oder »vogelfrei, ich bin dabei.« [1985]. In: Wallraff, Günter: Ganz unten. Köln 2022. S. 85–104.

Der Test [1985]. In: Wallraff, Günter: Ganz unten. Köln 2022. S. 151–164.

Die Baustelle [1985]. In: Wallraff, Günter: Ganz unten. Köln 2022. S. 38–48.

Bei Anruf Abzocke. Unter Callagenten [2007]. In: Wallraff, Günter: Aus der schönen neuen Welt. Expeditionen ins Landesinnere. Köln 2012. S. 125 f., 128, 130 f., 135–139, 151–153, 170 f., 180 f. (Erstdruck in: *Die Zeit* 22, 2007.)

Kleine Brötchen für Lidl. Vom schlechten Arbeiten für schlechtes Essen [2008]. In: Wallraff, Günter: Aus der schönen neuen Welt. Expeditionen ins Landesinnere. Köln 2012. S. 187 f., 190–192, 194–198,200–202, 204–206, 212 f. (Erstdruck in: *Die Zeit* 19, 2008.)

Unter null. Die Würde der Straße [2009]. In: Wallraff, Günter: Aus der schönen neuen Welt. Expeditionen ins Landesinnere. Köln 2012. S. 77 f., 87–89, 99–102. (Erstdruck in: *Die Zeit* 11, 2009.)

Des Anderen Last. Als Paketfahrer bei GLS [2012]. In: Wallraff, Günter: Aus der schönen neuen Welt. Expeditionen ins Landesinnere. Köln 2012. S. 7 f., 10–13, 17–19, 23 f., 26 f. (Erstdruck in: *Die Zeit* 23, 2012.)

Schwarz auf weiß. Fremd unter Deutschen [2009]. In: Wallraff, Günter: Aus der schönen neuen Welt. Expeditionen ins Landesinnere. Köln 2012. S. 33–36, 45–48, 54–59. (Erstdruck in: *Die Zeit* 43, 2009).

Volker Weidermann: Die selbst erlebte Wirklichkeit war sein einziges Material. In: V. W.: Lichtjahre. Eine kurze Geschichte der deutschen Literatur von 1945 bis heute. Köln [4]2006. S. 200–202. –

Cem Özdemir: Laudatio anlässlich der Verleihung des Hermann-Kesten-Preises in Darmstadt. 18. November 2021. –

»Die selbst erlebte Wirklichkeit war sein einziges Material«

Volker Weidermann

Am Anfang stand bei ihm die Kunst. Das glaubt man ja kaum bei jemandem, dessen Schreibmotto später sein sollte: »Kunst, das wäre das Allerletzte!« Aber damals, als er kaum achtzehn Jahre alt war, da war es noch nicht das Allerletzte, und da schrieb er am Expressionismus geschulte Gedichte, die durchaus Kunstanspruch hatten, wenn sie auch auf einem Flugblatt erschienen, der *Flugschrift für Lyrik*. Aber sein lebenslanges Empörungs- und Widerstandspotenzial, das hat Günter Wallraff erst gesammelt, als er den Militärdienst verweigern wollte und dieses Ansinnen vom Staat abgelehnt wurde. Zehn Monate war er beim Bund, sah sich »Willensbrechungen und Schikanen« ausgesetzt, da er sich beharrlich weigerte, eine Waffe zu tragen. Er galt als »Unruhestifter und Zersetzer«, wurde in die psychiatrische Abteilung eines Bundeswehrlazaretts eingewiesen und als »abnorme Persönlichkeit« entlassen.

Wallraff, der das Gymnasium nach der Mittleren Reife verlassen hatte, um wie Hochhuth zunächst als Buchhändler zu arbeiten, ging jetzt in die Industrie und erlitt in deutschen Großbetrieben die zum Teil unmenschlichen Bedingungen, denen die Arbeiter dort ausgesetzt waren. Seine ersten Reportagen erschienen in einer Gewerkschaftszeitung, später als Buch.

Die selbst erlebte Wirklichkeit war sein einziges Material. Und als Hans Magnus Enzensberger im *Kursbuch* seine berühmte Grabrede auf die Literatur hielt, war Wallraff einer seiner Kronzeugen, das leuchtende Beispiel, was eine Gegenkunst für Möglichkeiten bietet. Wallraff schrieb damals: »Nicht

Literatur als Kunst, sondern Wirklichkeit! Die Wirklichkeit hat noch immer größere und durchschlagendere Aussagekraft und Wirkungsmöglichkeit, ist für die Mehrheit der Bevölkerung erkennbar, nachvollziehbar und führt eher zu Konsequenzen als die Fantasie des Dichters.« Wallraff hatte seine Methode gefunden und entwickelte sie weiter. Ob im Obdachlosenasyl, in der Fabrik, in kirchlichen Organisationen oder auch an der Spitze eines Versicherungskonzerns, Wallraff ließ sich immer ganz ein auf jede Situation, lebte mit, litt mit, schrieb mit. Unter Einsatz des Lebens. Als er sich 1974 aus Protest gegen die griechische Militärjunta auf dem Athener Syntagmaplatz an einen Laternenpfahl kettete und Flugblätter gegen das Regime verteilte, wurde er von Polizisten zusammengeschlagen, verhaftet und im Hauptquartier der Geheimpolizei gefoltert. Erst nach dem Sturz des Regimes, nach zehn Monaten, kam Günter Wallraff wieder frei.

Und war sofort wieder in neuen Verkleidungen, mit neuen Zielen unterwegs, deckte, verkleidet als Waffenhändler, die Putschpläne des portugiesischen Generals Spinola auf und begab sich als Journalist Hans Esser ins Zentrum der publizistischen Macht in Deutschland, zur *Bild*-Zeitung. Sein daraus resultierendes Buch *Der Aufmacher. Der Mann, der bei »Bild« Hans Esser war* erschien 1977 und machte wahrheitsverbiegende Methoden des Boulevardblattes erstmals detailliert publik. Es beschäftigte die Gerichte der Bundesrepublik viele Jahre lang, bis ein Grundsatzurteil des Bundesverfassungsgerichts dem Autor 1983 in Grundzügen recht gab.

Und im Jahr darauf kam dann Wallraffs Welterfolg in die Buchläden, sein Bericht *Ganz unten* (1985), die Geschichte des Hilfsarbeiters Ali, die bis heute allein in Deutschland mehr als fünf Millionen Mal verkauft und in dreißig Ländern als Buchsensation gefeiert wurde.

Das Buch gab Einblick in eine Welt, von der der gemeine

Buchleser oder gar der Kritiker nicht die Spur einer Ahnung hatte. Günter Wallraff war der Hilfsarbeiter »Ali Levent Sigirlioglu« – jeder kennt heute noch das Coverbild des kohleverschmierten, schnauzbärtigen Leidensgesichtes unter dem großen grauen Helm. Niemand kann in diesem Bild den Autor Wallraff erkennen. Er wird der Mann, den er beschreibt. Zweieinhalb Jahre lang. »Ich (Ali)« heißt es immer wieder im Buch, in dem es um alles geht: um den Arbeitsalltag, um die Bezahlung, die Lebensgefahr und die täglichen Demütigungen, den täglichen Rassismus, das Leben als beinahe nichts. Ali erhält als Leiharbeiter einen Lohn von 5 Mark die Stunde, keiner zahlt für ihn Sozialabgaben, die Firma, die ihn verleiht, erhält 52 Mark pro Stunde. Die Arbeitgeber verstoßen gegen alle Schutzvorschriften. Die Gesundheit leidet massiv. Immer wieder ist er in Lebensgefahr.

Der Erfolg ist einmalig in der deutschen Literatur- und Kulturgeschichte. Binnen sechs Wochen sind eine Million Bücher verkauft. Menschen, die noch nie einen Buchladen betreten hatten, kauften das Buch. Thyssen gab den meisten Leiharbeitern feste Verträge, Politiker reagierten aufgebracht, Sprecher aller Bundestagsfraktionen sahen sich genötigt, Wallraffs Arbeit zu würdigen, die Schutzbestimmungen in den Betrieben wurden verschärft, Strafverfahren gegen Verantwortliche eingeleitet.

Laudatio auf Günter Wallraff

Cem Özdemir

Gehalten anlässlich der Verleihung des Hermann-Kesten-Preises

Es gibt Namen, die mit der Geschichte der Bundesrepublik Deutschland so verbunden sind wie das Grundgesetz, die schwarz-rot-goldene Nationalflagge oder das Reichstagsgebäude, in dem der Bundestag zu Hause ist. Namen, hinter denen man mehr vermuten darf als eine Person. Namen, die selbst zur Institution geworden sind, ohne die unsere Republik eine andere wäre, ohne die dieser Gesellschaft etwas Entscheidendes fehlen würde.

Günter Wallraff ist so ein Name. Er ist aus der Geschichte dieser Republik nicht wegzudenken. Ich muss die Institution Wallraff hier nicht groß vorstellen, stattdessen werde ich versuchen, mich der Person zu nähern. Seine ersten Bücher und Reportagen hat Günter Wallraff in den 1960er Jahren veröffentlicht. Der Krieg und die Verbrechen des Nationalsozialismus waren noch nicht lange her, die junge Bundesrepublik litt an Gedächtnisverlust. Für junge Journalisten, wie Wallraff einer war – Journalistinnen waren in den Redaktionen damals wenig anzutreffen –, gab es kaum Vorbilder, das NS-Regime hatte ja nicht nur Millionen Menschenleben auf dem Gewissen, sondern auch viele demokratische und zivile Traditionen zertrümmert. Auch der deutsche Journalismus musste neu erfunden werden.

Nichts weniger hat Günter Wallraff damals getan. Es ging ihm nicht darum, aus sicherer Distanz Allwissenheit vorzutäuschen, er begnügte sich auch nicht mit szenischen Einstiegen, nach denen dann im weiteren Text über eine maskierte

Sprache eine politische These durchgebürstet wurde. Diese »Masche«, wie Hans Magnus Enzensberger den Stil des Spiegels schon 1957 kritisierte, überließ er den von ihm durchaus geschätzten Kollegen in Hamburg. Günter Wallraff wollte nicht nur Geschichten schreiben, er wollte diese Geschichte sein und warf sich als Protagonist mit Haut und Haaren hinein. Im Laufe der Jahrzehnte wurde er so zum Industriearbeiter, zum Waffenschieber, Dienstboten und Boulevardreporter; zum Napalm-Produzenten, Alkoholiker, Mönch und Obdachlosen und zum Türken. Er sei in diesen Rollen oft »mehr ich selbst, als wenn ich in einer Talkshow sitze«, hat Günter Wallraff in einem Interview mit der *Süddeutschen Zeitung* einmal gesagt.

Diese journalistische Arbeitsweise wurde zunächst sehr angefeindet, nicht nur von denen, die nach Wallraffs Enthüllungen in Erklärungsnot und Rechtfertigungszwang gerieten. Auch Journalisten rümpften die Nase. Wallraff stand mit seinen Methoden ziemlich alleine da, in gewisser Weise machte ihn das zum journalistischen Dissidenten. Vielleicht ist das der Grund dafür, dass Wallraff sich später oft um Dissidenten gekümmert und bemüht hat; im Osten wie im Westen. Wallraffs Solidarität galt nicht nur der guten Sache, sondern immer auch dem Einzelnen, dem Menschen, der in Not geraten war und der nicht nur warme Worte, sondern konkrete Hilfe brauchte. Er hat sich wohl selbst oft in diesen Abweichlern erkannt, Dissidenten verstehen einander. Im Falle von Günter Wallraff könnte man sogar ein Paradoxon formulieren: Dissidenz verbindet. Auch für diese Erkenntnis muss man ihm dankbar sein.

Heute gehört das von ihm erfundene Vorgehen zumindest zum redaktionellen Arsenal vieler Verlage. Wallraffs Methode hat Schule gemacht, mit ihr wurde zuletzt vor vier Jahren in der so genannten Ibiza-Affäre die österreichische Regierung gestürzt. Seine Methode hat sogar Eingang in Sprachen gefunden: Im Schwedischen nennt man es »wallraffa«, im Norwegischen »wallraffe«, wenn ein Journalist unter vorgetäuschter Identität recherchiert, um an Informationen zu kommen.

Diese Arbeitsweise setzt Wandlungsfähigkeit voraus, auch Mut. Vor allem aber: Neugier, aus meiner Sicht die wichtigste Eigenschaft, die ein Journalist oder eine Journalistin besitzen sollte. Denn man weiß ja nie, was kommt, wenn man sich auf so ein Rollenspiel einlässt. Erstaunlich oft aber übertreffen die Ergebnisse die schlimmsten Erwartungen. Günter Wallraff hat Ende der 1970er nicht nur die zweifelhaften, ja inhumanen Methoden der *Bild*-Zeitung offengelegt. Wenige Jahre später hat er in seinem Buch *Ganz unten* alltäglichen Rassismus und Menschenrechtsverletzungen sichtbar gemacht, unter denen so genannte »Gastarbeiter« zu leiden hatten. Er selbst hat zu dieser Rolle gesagt:

> »Sicher, ich war nicht wirklich ein Türke. Aber man muss sich verkleiden, um die Gesellschaft zu demaskieren, muss täuschen und sich verstellen, um die Wahrheit herauszufinden. Ich weiß immer noch nicht, wie ein Ausländer die täglichen Demütigungen, die Feindseligkeiten und den Hass verarbeitet. Aber ich weiß jetzt, was er zu ertragen hat und wie weit die Menschenverachtung in diesem Land gehen kann.«

En Alttakiler, die türkische Fassung von *Ganz unten* war auch in der Familie Özdemir im Bücherregal, so wie in vielen türkeistämmigen Familien damals. Erstmals wurde ihr Schicksal zu einem Diskussionsthema in der Mehrheitsgesellschaft. Dies hat ihm einen dauerhaften Platz in den Herzen nicht nur der türkeistämmigen Migrantinnen und Migranten eingebracht.

Zum ersten Mal schlüpfte Wallraff bereits 1974 in die Rolle eines sogenannten »Gastarbeiters«. Zehn Jahre lang habe er die Rolle vor sich hergeschoben, »weil ich geahnt habe, was mir bevorstehen würde. Ich hatte einfach Angst«, hat er dazu einmal gesagt.

Ich war 19, als ich *Ganz unten* gelesen habe. Wallraff hat damals Menschen eine Stimme gegeben, die noch keine vernehmbare Stimme hatten. Ich war 1985 schon Mitglied der Grünen, ich wollte diese Republik verändern – und will das im Übrigen immer noch. Wallraffs Buch hat mich damals angespornt. So wie er es beschrieben hat, durfte es nicht bleiben. Vieles hat sich geändert, auch verbessert, aber einen Grund, uns zufrieden zurückzulehnen, haben wir wirklich nicht.

Ganz unten war eines der erfolgreichsten Bücher in der Geschichte dieser Republik. Aber was ist in dieser Republik anschließend nicht trotzdem noch alles passiert, welche Verbrechen mussten wir erleben: Die Pogrome und Terroranschläge in Rostock-Lichtenhagen, Mölln, Solingen, Hoyerswerda. Schließlich die Mordserie des NSU, die immer noch nicht vollständig aufgeklärt sind. Nichts ist vorbei, nichts ist vergessen.

Dennoch, und hier zitiere ich Wallraffs Biographen Jürgen Gottschlich: »Dieser Mann hat, wie ihm heute auch seine früheren Gegner zubilligen, mit seinen Büchern das Land verändert.« Eine linke Geschichte, wie Günter Wallraff sie repräsentiere, sei nicht nur eine wichtige Erinnerung, sondern auch eine Anregung für die Zukunft, schreibt Gottschlich weiter.

Dem kann ich nur zustimmen. Ich bin Günter Wallraff dankbar dafür, dass er sich auch regelmäßig mit denen kritisch ins Benehmen setzt, die glauben, auch ohne große intellektuelle Kraftanstrengung auf der richtigen Seite der Geschichte zu stehen. Dass die Kritik an den Menschenrechtsverletzungen in der DDR bei der politischen Linken oft zu kurz kam, hat er oft thematisiert. Und heute mahnt er:

»In meinem Bekanntenkreis, ob das nun innerhalb der Gewerkschaften, der Grünen, der SPD oder der Linken ist, er-

> lebe ich häufig eine übertriebene Zurückhaltung, wenn es um Kritik an Menschenrechtsverletzungen geht, die im Namen des Islam begangen werden. Es heißt dann, man würde damit die Rechtsradikalen und Rassisten in ihrem Hass Muslimen gegenüber bestärken. ›Islamophobie‹ ist dann das Totschlagargument, womit jede ernsthafte Kritik tabuisiert werden soll.«

Es gibt bei Mord, Terror, Verfolgung und Diskriminierung keinen Kulturrabatt! Wegducken und falsch verstandene Toleranz seien oft nichts anderes als Ignoranz oder Feigheit, hat er einmal dazu gesagt. Das gilt heute mehr denn je. Wallraffs Beispiel mahnt uns, freiheitliche und humanistische Ideale nicht nur zu beschwören, sondern sie zu leben und sie überall zu verteidigen, wo sie bedroht werden. Von dem Mut, den er immer wieder bewiesen hat, können wir uns alle eine Scheibe abschneiden – und von seiner Beharrlichkeit.